Liebe Leser

Ich gratuliere Ihnen: Sie haben ein Vorurteil überwunden, indem Sie dieses GEO-Special gekauft haben. Das Vorurteil, das einer Verurteilung gleichkommt: Bonn sei sterbenslangweilig (Sie wissen schon – doppelt so tot wie der Chicagoer Zentralfriedhof). Bonn sei nur ein Dorf, keine wirkliche Hauptstadt. Also schrecklich provinziell.

Aber was heißt hier Provinz? Schließlich leben wir in einem Lande, „dem die Politik nicht das Wichtigste ist“, wie Johannes Gross in seinem Essay über die „merkwürdigste Capitale unter allen bedeutenden Vororten der Weltpolitik“ feststellt. Folgerichtig ist Bonn geradezu ein Bekenntnis zur Provinz. Und das ist weiß Gott nicht unsympathisch angesichts der nationalen Hybris früherer Zeiten.

Für GEO immerhin hat Bonn einen hohen Stellenwert: Bonn liegt zwischen der Karibik und Australien. Sie schütteln nicht den Kopf über diese willkürliche Ortsbestimmung? Dann sind Sie ein regelmäßiger GEO-Special-Leser. Dann haben Sie die GEO-präzise topographische Angabe erkannt. Denn das letzte GEO-Special hatte Sie in die Karibik entführt und das nächste lockt Sie – hoffentlich, es lohnt sich – nach Australien.

Doch Bonn ist nicht nur ein Ort irgendwo zwischen exotischen Zielen – Bonn ist selbst exotisch. GEO-Autorin Caroline Fetscher und GEO-Fotograf Henning Christoph zeigen Ihnen eine Vielvölkerstadt, die Sie am Rhein gewiß zuallerletzt vermutet hätten. Und diese fremde Welt blüht nicht nur, neugierigen Blicken entzogen, hinter hohen Mauern und Hecken – sie macht auch die Straße, den Hofgarten, den Markt- und Münsterplatz zur Bühne.

Auch Nebenschauplätze gibt es allenthalben: Wo das Bundesdorf lebt. Hinter den bekannten Kulissen und in unbekannten Winkeln entdeckten wir bei unserer Bonner Durchmusterung – die Regie führte mein Kollege Peter-Matthias Gaede – eine überraschende rheinische Szenerie, die anheimelnd vertraut und zugleich auch wieder exotisch erscheint. Wo die Bönnschen sich wohl fühlen. Wo Bonn boomt.

Doch urteilen Sie selbst – viel Spaß in Bonn und um Bonn herum! Wir haben für Sie die besten Kundschafter und Führer ausgesucht: Reporter, Fotografen und prominente Politiker – sogar Landesfürsten. Sie zeigen Ihnen eine Stadt, die Sie so noch nicht gesehen haben. Ein sehr spezielles Bonn. GEO-Bonn. Bonn chance!

Herzlich Ihr

Jochen Bonhage

Jochen Bonhage

GEO-Fotografen bei Personenschützern und asylschutzbedürftigen Personen: Renate von Forster mit jungen Beamten des Bundeskriminalamtes während eines Lehrgangs und Henning Christoph als Gast von Kurden auf deren Fest in den Rheinauen

GEO SPECIAL

Verlag Gruner + Jahr AG & Co, Warburgstraße 50, 2000 Hamburg 36, Redaktion: Warburgstraße 45, 2000 Hamburg 36. Postanschrift für Verlag und Redaktion: Postfach 30 20 40, 2000 Hamburg 36. Telefon: 0 40/4 11 81. Telex: 2 1 952-16

HERAUSGEBER
Rolf Winter

CHEFREDAKTEUR
Adolf Theobald

STELLV. CHEFREDAKTEUR
Hans Joachim Bonhage

CHEFREPORTER: Hermann Schreiber

CHEF VOM DIENST: Ernst Artur Albaum

GRAFISCHE GESTALTUNG
Erwin Ehret, Franz Braun

TEXTREDAKTION
Rolf Bökemeier, Dr. habil. Reinhard Breuer, Bernadette Conraths, Peter-Matthias Gaede, Uwe George, Kerstin Günther, Uta Henschel, Klaus Imbeck, Peter Jordan, Hans-Werner Kühl, Dr. Erwin Lausch, Dr. Jürgen Neffe, Alexander Rost, Wolfgang Schraps, Hinnerk Seelhoff, Jens Utecht, Wolfgang Vollmert

BILDREDAKTION
Juliane Berensmann, Christiane Breustedt, Nele Hilger, Venita Kaleps, Elke Ritterfeldt, Sabine Wüensch

KARTOGRAPHIE: Günther Edelmann

DOKUMENTATION
Peter Flak, Dr. Arno Nehlsen, Uwe M. Reisner

LAYOUT
Peter Dasse, Johannes Dönges, Andreas Krell, Peter Voigt

FARBIMPRIMATUR: Norbert Kunz

GEO-BÜROS
Moskau: Helga Engelbrecht, Kutusowskij Prospekt 7/4, Kw 314, Tel. 2 43 42 64;
New York: Brigitte Barkley, 666 Fifth Avenue, 21st fl.; New York, N. Y. 10 103, Tel. (212) 307-5024/5

Verantwortlich für den redaktionellen Inhalt:
Hans Joachim Bonhage

WISSENSCHAFTLICHE BERATUNG
Prof. Dr. Wolfgang Erz,
Prof. Dr. Hans-Ulrich Schmincke,
Prof. Dr. Frithjof Voss

VERLAGSLEITER: Peter Hess

ANZEIGENLEITER: Rolf Grimm
(verantwortlich für Anzeigen)

VERTRIEBSLEITER: Heiner Eggert

HERSTELLER: Bernd Zahn

GEO-LESER-SERVICE
Gruner + Jahr AG & Co
Postfach 11 16 29, 2000 Hamburg 11
Postscheckkonto Hamburg 240 00-209
BLZ 200 100 20
Tel.: 0 40/41 18 32 36

Schweiz: GEO-Leser-Service
Seeburgstraße 18, 6002 Luzern
Tel.: 0 41-31 37 41

Heftpreis: DM 12,80 inkl. MwSt.
Auslandspreise: Schweiz sfr 12,80, übriges Ausland auf Anfrage.

ISBN-Nr.: 3-570-07513-3

Anzeigenpreisliste Nr. 12 vom 1. 1. 1985. Deutsche Bank AG, 2000 Hamburg 1, Konto-Nr. 03/22 800

Offsetdruck: MOHNDRUCK
Graphische Betriebe GmbH, Gütersloh.

GEO SPECIAL

Titelfoto von Henning Christoph: in der Bonner Fahnenfabrik

Redaktionsschluß: 4. 11. 1985

Eine sehr deutsche Straße. An der »Regierungsallee« offenbaren sich die Verkehrsformen, die Sünden und Sehnsüchte der Republik. Peter-Matthias Gaede ist die Strecke abgeschritten. Seite 48

Der mühsame Marsch durch die Konventionen. Das »weibliche Element« in der Politik wird gern als Zierpflanze gehegt – und als Mauerblümchen behandelt. Blüht solcher Tradition das Ende? Renate Faerber-Husemann portraitiert Frauen, denen die Nebenrolle zuwenig, die Doppelrolle zuviel ist. Seite 64

Die fremde Welt am Rhein. Wie regieren die Botschafter auf ihren exterritorialen Inseln, was lernen die Kinder in der Moschee? Was lieben die Exzellenzen, wie leben die Asylanten? Caroline Fetscher hat sich in die Glitzer- und die Schattenwelt der Vielvölkerstadt Bonn hineingelebt. Seite 74

Die Furcht der Herren in der Festung. Für Polizei und Bundesgrenzschutz ist Bonn ein Sicherheitsrisiko ersten Ranges. Die prominenten Politiker werden auf Schritt und Tritt von Bewachern begleitet. Wie die Bewachten mit dem weitgehenden Verlust an Privatheit fertig werden, beschreibt Herbert Riehl-Heyse am Beispiel Hans-Jochen Vogels. Seite 96

Bonn – ein Bekenntnis zur Provinz.
Das Symbol Adenauer steht fest verankert in Bonn, die Bundesrepublik hat, allen Reden vom »Provisorium« zum Trotz, die passende Hauptstadt gefunden. Ihren Bewohnern garantiert sie bürgerliche Gemütswerte, in der Politik verkörpert sie – wie Johannes Gross in seinem Essay belegt: **Das capitale Minimum.**
Seite 6 und 34

Der Verbands-Platz.
Vor und hinter den Türen des Plenarsaals macht eine Zunft ohne Wählerauftrag Politik: die Lobby. Friedrich W. Husemann hat nach ihren Methoden gefragt.
Seite 110

Die versöhnlich unterrichteten Kreise.
In der Papier-Fabrik Bonn ist der Tauschhandel von Information und Publizität oft nur von Insidern zu verstehen. Der Journalist Werner A. Perger gehört dazu.
Seite 118

Das Bundesdorf lebt.
Auf den Nebenschauplätzen wird die Hauptstadt ihrem Ruf gerecht, keine zu sein. Doch vital ist sie gerade in den Winkeln. Bernd Polster hat in ihnen gestöbert.
Seite 126

BONN -

Vor 36 Jahren ist die große Politik über das kleine Bonn gekommen. Was als kurzer Staatsbesuch, als voraussichtlich bald zu glättender Faltenwurf der Geschichte galt, ist zur festen Liaison geworden. Bonn, das ist die Metropole, die seit Adenauer zur Republik paßt. Aber Bonn, das ist auch eine Gemeinde, die sich der Okkupation durch die Macht entzogen hat, die ohne Drang zu nationalen Höhenflügen lebt. Und die bis heute immer ein wenig neben dem roten Teppich geblieben ist, auf dem, vom Flughafen Köln-Bonn her, die weite Welt zur Visite schreitet

ein Bekenntnis zur Provinz

Caesar schlug die Gallier; hatte er nicht wenigstens einen Koch bei sich?« Natürlich sind, um Bertolt Brecht zu antworten, Köche – und jede Menge Polizisten – in der Nähe, wenn sich die Herrscher von heute am Rhein beratschlagen. Beim Weltwirtschafts-Gipfel im Mai 1985 ließen sich die Regierenden der mächtigsten westlichen Industrienationen ihre Mahlzeiten unter anderem in der Godesberger »Redoute« auftischen, einem Erbstück aus der Zeit des Kurfürsten Max Franz, das seinen Namen vom Ballhaus des Sonnenkönigs hat. Typisch für die Macht in Bonn: Da demonstriert sie in den Repräsentationsbauten des Parlamentsviertels einerseits demokratische Bescheidenheit. Will die Regierung jedoch Staat machen, dann lädt sie in die Hinterlassenschaften feudaler Potentaten. Den Bonnern bleibt die Rolle der Diener, Bewacher und Chauffeure

Hermann Großmann, Chefportier im Hotel Königshof:

»Kommt zu uns auch nur ein Staatssekretär zum Essen, sind immer zwei bis drei Sicherheitsbeamte dabei«

600
ZEI

Was kümmert's den Armen, wenn ein Kanzler allmählich sein Gesicht verliert. Für die Menschen in der Innenstadt ist es nur ein Sachverhalt unter vielen, daß sich die Politik bei ihnen nebenan einquartiert hat. Denn als Hauptstadt ist ihr Bonn nicht mal in der Midlife-Crisis, als Stadt aber bald 2000 Jahre alt. Wenn woanders mit »den Bonnern« immer nur die Gast-Dozenten der Politik gemeint sind, nehmen es die »Bönnschen« mit Gelassenheit. Ihr Gleichmut ist eine Qualität, über die – wie erzählt wird – 1945 schon die Amerikaner gestaunt haben: Als die damals das Bonner Ufer besetzt hatten und sich Kämpfe mit Resten der Wehrmacht im gegenüberliegenden Siebengebirge lieferten, spazierten die Bonner schon an der Rheinpromenade entlang. Die GIs stellten daraufhin Schilder auf: »Während des Feuergefechts darf diese Anlage nicht betreten werden«

Heike Stollenwerk, Wirtin der Kneipe »Provinz« am Bundeskanzlerplatz:

»Diese Stadt ist eine Stadt des Mittelmaßes. Hier sind nicht einmal die Reichen richtig reich und die Armen richtig arm«

BUN
HELMU
Aufwärts mit
eutschland
uns für Europa

Große Namen stehen für die Tradition der 167 Jahre alten Bonner Universität: der Historiker Niebuhr, der Shakespeare-Übersetzer Schlegel, der Astronom Argelander, der Germanist Simrock. Und berühmte Studiosi waren hier immatrikuliert: Marx und Heine, Pirandello und Nietzsche. Aber es war dies auch der Ort, an dem der Deutschlandexperte Ernst Moritz Arndt wegen Aufmüpfigkeit seine Professur verlor – 1819. Und die Institution, die Thomas Mann seine Ehrendoktorwürde aberkannt hat – 1936. Eine Keimzelle gesellschaftlicher Unrast ist diese Universität mit ihren heute rund 40 000 Studenten kaum je gewesen. Auch kein Denktank, keine Ideenschmiede für die Regierung, wie es etwa Harvard für Washington ist. In Bonn wird vor allem einsam gepaukt. Es sind Auswärtige, die es zur »Demo-City« machen – wie jene Hunderttausende aus der ganzen Republik, die sich am 10. Oktober 1981 auf der »Aluwi«, der »akademischen Lustwiese« Hofgarten, zur Friedenskundgebung versammelten

Prof. Dr. Kurt Fleischhauer, Rektor der Universität Bonn:

„Eine bei Studenten, Stipendiaten und Forschern gleichermaßen beliebte Universität"

UND DER HEISST: DEUTSCHER

Bonn ist ein Gruppenerlebnis, zu intim fürs Verlorengehen, zu kontrastreich, als daß sich jeder mit jedem verbünden wollte. Die Hauptstraße von Muffendorf gehört, wenn die es wollen, den Footballern der »Bonner Jets«, die Radfahrerinnen lassen sich ihre eigene Schirmherrschaft nicht nehmen, die Punker auf dem Münsterplatz beharren auf ihrem Standpunkt und die entlassenen Bundeswehrsoldaten auf dem Ende einer Dienstzeit. Während aus dem Regierungs- und Parlamentsviertel gelegentlich die Klage tönt, kein Beruf mache so einsam wie der des Politikers, schließen sich die Bonner gern zu Koalitionen mit ihresgleichen zusammen. Trutzige Devise: Wir bleiben unter uns. Dies haben Deuter des psychologischen Klimas in der Bundeshauptstadt schon als einen Reflex auf die vermeintliche Bonner Urangst interpretiert – den Komplex nämlich, die Republik, die von hier aus regiert werde, sei irgendwo weit entfernt und komme längst mit weit weniger Fachwerk aus

Reinhold Juchmes, Bonner Bundesbahn-Schrankenwärter:

»Bei Gewitter und Vollmond spielen die Leute besonders gern verrückt«

RENNEN
Bonn

Erker, Balkone, Ornamente – der plastische Hintergrund der Bonner Gemütswerte, die schöne Kulisse der Bürgerstadt. In der zweiten Hälfte des vergangenen Jahrhunderts machten es sich Ruheständler und Millionäre in Bonn und Bad Godesberg bequem. Seither steht die Stadt im – immer noch begründeten – Ruf, auch ein wohlhabendes »Pensionopolis« zu sein. In der Südstadt, dem behaglichen Gründerzeitviertel, ist ihm das trotz der Durchmischung mit Jungakademikern bis heute gut anzusehen. Die alliierten Bomber haben dieses Quartier weitgehend verschont – die 1500 Toten, die 30prozentige Zerstörung der Stadt waren vor allem in den dichtbesiedelten Arme-Leute-Vierteln zu beklagen. Damals verlor Bonn sein ohnehin nie sehr starkes Proletariat fast restlos. Bürgerlichkeit, Katholizismus, die Schwäche der örtlichen Sozialdemokratie, die westwärtige Rheinlage – Bonn war unter anderem auch deshalb Favorit Konrad Adenauers, als mit Frankfurt noch eine Bundeshauptstadt-Alternative zur Diskussion stand

Mathilde Zimmermann, Zeitschriftenhändlerin in der Südstadt:

„Die Alten halten zusammen. Die Jüngeren? Wenn man sie ein bißchen kennengelernt hat, sind sie schon wieder weg"

Rund um das Münster ist das, was aus Bonn geworden ist, Ansichtssache. Eine sehr schöne, finden Bonn-Besucher. Eine mit Schönheitsfehlern, sagen Bonn-Liebhaber, und verweisen auf das klotzige Stadthaus, das sich über die Innenstadt erhebt. Oder auf Retortensiedlungen wie den Tannenbusch. Aber kein Zweifel: Im Kern hat die Kommune ihre alte Form bewahrt. Kuppeln und die Türme des Münsters, in dem 1314 Friedrich der Schöne von Österreich, 1346 der Luxemburger Karl IV. zu deutschen Königen gekrönt wurden, überragen Amerikanismen wie das »M« der Hamburger-Kette noch bei weitem. Bonns bauliche Bonbons sind nicht nur Fassade, sind mehr als Spiegelungen im Schaufenster eines Stuck-Geschäfts. Die Raritäten wölben sich von der romanischen Doppelkirche in Schwarz-Rheindorf bis zu Balthasar Neumanns »Heiliger Stiege« in der Kreuzbergkirche

Wilhelm Passavanti, Stadtdechant:

»Die Stadt wird vom Bonner Münster in besonderer Weise mitgeprägt«

Die Krönung: das Bonner Münste

Der Sündenfall: Sternstraße und Stadthaus

Das 12. Jahrhundert: Kirche in Schwarz-Rheindorf

Die Modernen Zeiten: Fast Food mit M

Das neue Wohnen: Tannenbusch

Das alte Residieren: Südstadt

Die Traditions-Schau: Beethoven aus Gips

Der berühmte Aufstieg: Scala sancta

Der Lehr-Plan: Universitäts-Graffiti

John Le Carré, britischer Diplomat und Thriller-Autor, hat die Luft in Bonn als einen »erschöpften Wind empfunden« und das Klima als kopfschmerzträchtig, als »warm und flau wie in Flaschen abgefülltes Wasser«. Das ist längst nicht die einzige Metapher aus Literatenfeder, die sich Bonn, das »Treibhaus«, seit seiner Hauptstadtwerdung hat gefallen lassen müssen. Brav kontern die Ortsansässigen mit den Superlativen, die sie aufzubieten haben: der größten Schwimmbadfläche pro Kopf, der besten Platzausnutzung im Theater und vor allem – der naturbelassensten Hauptstadt Europas. Die Spaziergänger, die ihren deutschen Herbst im Park von Schloß Augustusburg verbringen, könnten John Le Carré tatsächlich in viele andere Frische- und Ruheoasen führen; vom Hofgarten über den Godesberger Stadtgarten bis zum Kottenforst. Das bisher teuerste Investitionsprojekt im Nachkriegs-Bonn war ein Park: der Rheinauenpark

Lothar Schmidt, Leitender Gartenbaudirektor:

»Das Schlagwort von der »grünsten Hauptstadt Europas« hat bekanntlich keinen parteipolitischen Hintergrund«

Als dem scheidenden Bundespräsidenten Karl Carstens 1984 im Alten Rathaus der Stadt die Ehrenbürgerwürde verliehen wurde, bedankte er sich mit einem Kompliment. »Bonn«, sagte er, »wirkt so beruhigend auf die Politiker.« Ein Satz, als wäre Carstens kurz zuvor den katholischen Schwestern begegnet, die sich zu Fronleichnam in angeregter Muße besonnen lassen. Die munteren Damen im Straßencafé wiederum mögen mit Alfred Kerr konform gehen, dem Theaterkritiker aus Berlin, der – allerdings schon zu Zeiten der ersten deutschen Republik – befand: »Keiner kann in Bonn sein, ohne es zu lieben.« Oder hat es Kerr umgekehrt gemeint: Daß einer Bonn schon lieben muß, um es hier auszuhalten? Die Bonner halten die zweite Fassung für ausgeschlossen. Die Politiker in Bonn können Carstens' Auffassung nicht immer teilen. Denn, das ist hier ein Erfahrungswert, die wenigsten von ihnen haben auch nur ein einziges Mal in einem Bonner Straßencafé gesessen; sie üben das Aussitzen lieber draußen vor der Stadt

Prof. Dr. Günter Nobis, Direktor des zoologischen Museums Alexander Koenig:

»Viele Bürger und Besucher bewundern die aktuellen Exponate, die sich nicht allein auf zoologische Themen beschränken«

Fern vom alltäglichen Staats-Theater, neben dem politischen Zentrum mit seinen vielbeklagten seelischen Verkühlungen und seiner mausgrauen Angestelltenkultur, ist Bonn Bühne für alle Spielarten des Menschlichen. Ein bißchen Bonnfetti mit Einmischungen von Karneval und Karikatur, Kneipe und Kommunikation, Kommerz und Kunst auf der Straße. Eben schlicht: eine kleine Stadt in Deutschland, der nicht anzumerken ist, daß von hier aus die politischen Geschäfte der drittwichtigsten Industrienation des Westens geführt werden. Arbeitgeber-Präsident Esser als Maske neben Innenminister Zimmermann, Brezeln, Klatsch und Einsteins Hohn: »Grandeur«, so oft gesucht, ist keine Vokabel in Bonn, wo naturnahe Dörflerei sich in Bräuchen wie der Waldprozession hinterm »Kerwe-Kerl« manifestiert. Und wo die Figuren im Akademischen Kunstmuseum bescheiden aus Gips sind

Schöner Schein: akademisches Gipsfiguren-Kabinett

Kirmes: die Verbannung des »Kerwe-Kerls«

Hans-Dieter Weber, Lokalchef beim Bonner »General-Anzeiger«

»Diese Mischung aus Kindergarten und Kanzleramt, aus Gold-Hochzeit und Gala-Diner, aus Demonstration und Diplomatischem Corps ...«

Kußmundgerecht: Brezeln für Passanten

Nachtleben: Kneipe »Gambrinus«

Gesellschaft: Pudel beim Kanzler-Fest

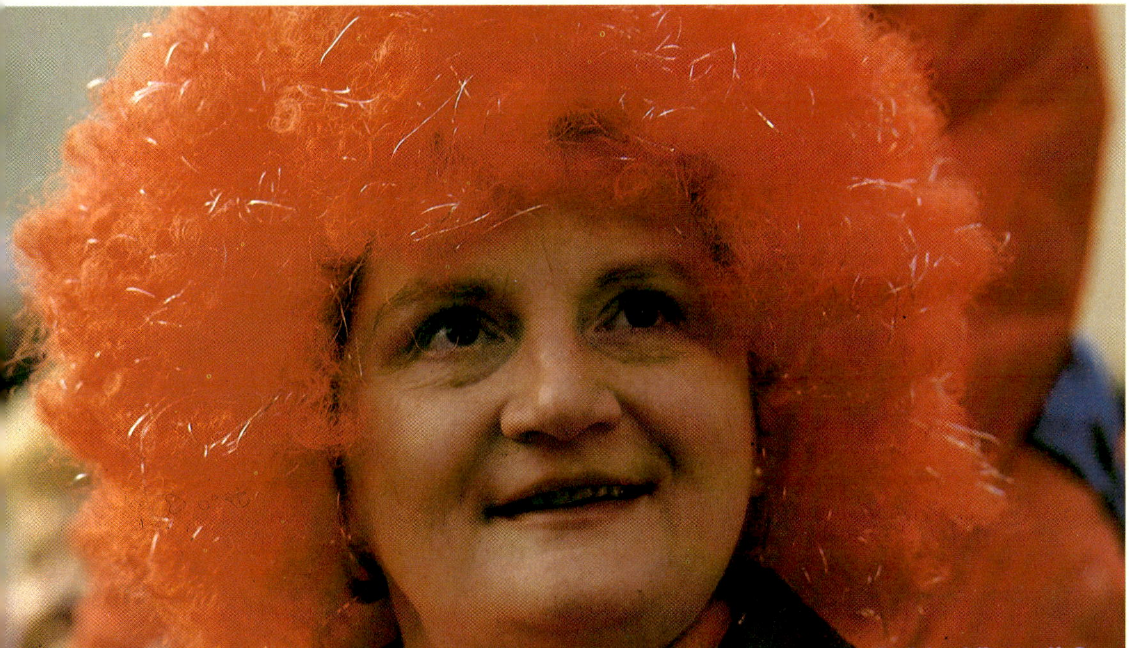
Perückend: Karneval in Bonn

Falsch-Spiel: verspottete Größen

Direkter Draht: Nordstadt-Gespräch

Straßenmalerei: Ein Genie wird frech

Zwei Frauen aus dem Rheinland unterhalten sich über ein vorwitziges Kind: »Darf dat dat?« – »Dat darf dat.« – »Dat dat dat darf!« Klar, daß diese Wortspielerei in Bonn, der Geburtsstadt Ludwig van Beethovens, Konjunktur hat. Im Scherz wird dem großen Komponisten unterstellt, genau aus jener Konversation habe er die wuchtigen Schläge seiner Schicksalssymphonie abgeleitet. Das Beethovendenkmal in den Rheinauen, die Beethovenhalle als Kongreß- und Konzertort, die Beethovenfeste im Dreijahresrhythmus – die Hauptstadt ist voller Erinnerungshilfen an ihren Sohn, der 1770 in einem als Museum erhaltenen Hinterhaus in der Bonngasse zur Welt kam

Sibylle Kurenbach, Garderobiere in der Beethovenhalle:

»In der Beethovenhalle gibt's ja nicht nur Beethoven. Hier gab's auch schon Boxkämpfe, Schlangenausstellungen und schriftliche Prüfungen fürs Auswärtige Amt«

Der Weiher im Botanischen Garten am Poppelsdorfer Schloß, die Siegaue, der Modellschiffanleger in den Rheinauen, das unfreiwillig zum Venedig auf Zeit gewordene Beuel – überall haben die Bonner Beweise, wie nahe ihre Stadt ans Wasser gebaut ist. Mit Rhein-Romantik, die ohnehin erst weiter südlich besungen wird, hat das zwar nicht immer zu tun, aber die mit 29 Kilometern längste Promenade am »deutschen Strom« nehmen die Bonner schon für sich in Anspruch. Die Rhein-Lage aber ist auch immer mal wieder Anlaß zur Sorge: Etwa beim Weltwirtschaftsgipfel lagen Hotelschiffe auf dem Rhein, und Hochwasser hätte den Zugang zu ihnen versperrt. Die Beueler, 1969 eingemeindet und immer noch im Ruf, auf der »schäl sick« des Flusses zu siedeln, würden das sicher als ausgleichende Gerechtigkeit empfunden haben. Denn beispielsweise im Februar 1984 stand ihnen das Wasser fast bis zu den Zapfhähnen

Ulrike Oesterheld, Gästeführerin der Stadt Bonn:

»Immer wieder überrascht die Besucher, wie sehr die Wirklichkeit sich vom Bonn der »Tagesschau« unterscheidet«

Krombacher Pils
Krombacher Pils
Hochwasser

Am Bonner Hauptbahnhof wartet, einer hartnäckig sich haltenden Standardformel zufolge, jeden Freitag die große Freiheit auf all jene, die nur widerwillig zur Erledigung der laufenden parlamentarischen und anderen Geschäfte aus der Provinz in die Provinz gekommen sind. Von Landwirtschaftsminister Ignaz Kiechle geht der Satz, das Schönste an Bonn sei ihm der Zug nach München. Die allwochenendliche Massenflucht der Politiker, ob sie nun im Intercity verschwinden, im Flugzeug oder etwa im Hubschrauber abheben, macht Bonn zu einer Werktags-Hauptstadt. Die Bevölkerung wird's wohl verschmerzen, so wie ja immerhin fast 300 000 Menschen auch mit den Stereotypen vom dauernd »möhd« machenden Wetter und den ewig heruntergelassenen Schranken zu leben verstehen. Außerdem gilt schließlich auch für die wahren Bonner: Alle vier Minuten geht ein Zug ab

Hans-Ulrich Klose, Bundestagsabgeordneter der SPD:

“Die Handlungsreisenden in Sachen Politik, die Bonn nur als Arbeitsstätte begreifen, werden diese Stadt nie verstehen können”

H
100m
BON

Es kommt auf die Perspektive an: Was in Berlin und Frankfurt, Hamburg und München als Nest hinter den Sieben Bergen empfunden werden kann, ist, vom Bonner Stadthaus her betrachtet, eine Spitzen-Leistung des historischen Kompromisses – vor dem Siebengebirge mit seinem Drachenfels-Zipfel. Auch wenn das Abgeordnetenhochhaus, der »lange Eugen«, sich viel mächtiger vor dem Morgennebel überm Rhein aufbaut, als es die Türme von Kreuzkirche oder Münster tun – sozusagen nur als »flankierende Baumaßnahme« zum Bund haben die Bonner ihre Stadt nie begriffen. Zum Ältesten, was das Regierungsviertel zu bieten hat, gehört schließlich ein Kiosk gegenüber dem Bundestag, zum Ältesten, was Bonn zu bieten hat, immerhin die Schädeldecke eines Neandertalers. Die Koalition, die dieser Staat mit dieser Stadt eingegangen ist, die ins leicht verschleierte Idyll getauchte Exekutive, hat das Gegenteil von Brasilia hervorgebracht: eine hübsche Kreisstadt in den Niederungen der politischen Landschaft eher als deren höchste Erhebung

Dr. Hans Daniels, MdB und Oberbürgermeister der Stadt Bonn:

»Was Bonn ausmacht, sind keine Triumphbögen, sondern ist die herrliche Lage am Rhein und am Siebengebirge«

Unter den bedeutenden Vororten der Weltpolitik ist Bonn der merkwürdigste. Bonn ist eine Hauptstadt. Und doch auch wieder keine. Bonn ist:

Das capitale Minimum

Von Johannes Gross

Der Bonner Stil läßt sich am leichtesten und zuverlässigsten so beschreiben, wie es die Vertreter der negativen Theologie mit dem lieben Gott tun – sie halten positive Aussagen nicht für möglich; die Beschreibung besteht wesentlich in der Darstellung dessen, was er nicht ist. Das hängt zuerst mit dem Charakter dieser Hauptstadt zusammen, der merkwürdigsten Capitale unter allen bedeutenden Vororten der Weltpolitik.

Nur die Spitzen des Staates und der Parteien bilden in Bonn Bundeshauptstadt. Von allen Aufgaben und Möglichkeiten, die eine Hauptstadt hat, ist Bonn nur die eine zugedacht worden, physischer Treffpunkt oberster politischer Institutionen zu sein. Bonn zeigt gewissermaßen den Begriff Hauptstadt auf das logische Minimum reduziert. Noch weniger wäre nicht denkbar, ohne daß die Bezeichnung Hauptstadt unanwendbar würde. Bonn ist Hauptstadt als „Sitz des . . .“: als Sitz des Bundespräsidenten, des Bundestages, des Bundesrates, der Bundesregierung, der Parteivorstände, jedoch in keiner anderen Hinsicht. Alle diejenigen Institutionen und Organisationen und Verwaltungen, deren Anwesenheit über das Minimum an Hauptstadt hinausgeht, sind mit Absicht ausgelagert, anderwärts angesiedelt worden.

Bonn als Hauptstadt sagt viel über die Bundesrepublik, über das Verhältnis der Deutschen zu Staat und Politik in der Nachkriegszeit. Weimar bedeutete für die Weimarer Republik gar nichts, die Stadt Goethes war nur Sitz der Nationalversammlung gewesen und stellte der ersten Republik einen relativierend abwertenden Namen. Die Bundesrepublik, auch darin glücklicher als die Vorläuferin, gab sich eine Hauptstadt, die im Guten und Bösen ihr Symbol sein könnte. Dennoch schlugen alle Versuche fehl, die Republik als Bonner Staat herabzusetzen, vom Bonner Grundgesetz zu reden, so wie von der Weimarer Verfassung gesprochen wurde. Bonn sollte als Hauptstadt für ein Provisorium stehen und ist, viel mehr als die Bundesrepublik selbst, eins geblieben.

Das Provisorium Bonn mit seinen zu unzähligen banalen Witzen herausfordernden Unzulänglichkeiten kann sich einer geheimen Zustimmung der Nachkriegsdeutschen erfreuen: Bonn ist eine Hauptstadt und doch auch wieder keine. Dort wird die Bundespolitik betrieben, aber es ist nicht vorstellbar, daß sie bedrohlich, abenteuerlich, allzu ernsthaft und darum ernstzunehmend betrieben werden könnte. In Bonn konzentriert sich die politische Macht des Bundes, aber nur die des Bundes und nur die politische. Bonn ist ein Stück zusätzlicher informeller Gewaltenteilung, Machtverteilung, und gehört damit zu den vielen Krisenstabilisierungen.

Adenauer hatte Bonn als Hauptstadt gegen Frankfurt durchgesetzt. Es hieß, daß er Bonn wegen der Nähe zu seinem Haus in Rhöndorf bevorzugte, und weil die Stadt nicht mit alliierten Garnisonen belegt war. Das hat seine Richtigkeit, aber man unterschätzt den politischen Sinn des ersten Kanzlers, wenn man diese Gründe für ein hinreichendes Motiv seines lebhaften Kampfes hält; Adenauer wollte keine Großstadt. Er wollte keine Hauptstadt, wie Berlin Hauptstadt gewesen war und wie Frankfurt oder Köln es hätten werden können.

In Bonn ist Volk physisch nicht präsent, das sich zusammenrotten, in Protest oder Akklamation sich bemerkbar machen könnte. Es sind nicht Bonner, die im Bonner Hofgarten demonstrieren, wenn ein- oder zweimal im Jahr für Frieden und gegen Rassismus, gegen Kernkraft oder für Datenschutz demonstriert wird; die Demonstranten reisen wie die Abgeordneten von weither an und wieder ab, sobald ihr Geschäft erledigt ist. Die Beamten- und Studentenstadt mit der Pensionärssied-

Bonn beherbergt Politik als Einquartierung. Und die Bundesgewalt ist keineswegs Herr der Stadt

lung Bad Godesberg als Appendix beherbergt die Politik als Einquartierung.

Was auch deutsche Politiker in Bonn an persönlicher Würde vorweisen können, der Politik ist durch die Wahl ihres Standplatzes eine geringere Würde, ein niederer Rang eingeräumt als den anderen Manifestationen des nationalen Lebens. Das intellektuelle Deutschland tritt mit größerer Selbstverständlichkeit auf, die Geschäftswelt demonstriert Selbstbewußtsein, die Politik in ihrem Bonner Domizil bleibt bescheiden; zwischen Koblenzer Tor und Godesburg ist „Weltpolitik“ nur ein komisches Wort, wird nur von Bramarbaseuren in den Mund genommen.

Das auftrumpfende „Wir sind wieder wer!“ wird von den wohlhabend gewordenen Deutschen gern gehört, doch sind sie es gern zufrieden, daß es nicht in Bonn erschallt und in Bonn ohne Folgen bleibt. Die Politik ist in Bonn lediglich untergebracht. Es besteht keine Verbindung zur Stadt, die über die räumliche Koexistenz und über die Subsidien fürs Kulturleben hinausgeht, an dem das politische Bonn so gut wie nicht teilnimmt: Bei den international bedeutenden Beethoven-Festen sind Bundesminister noch nicht aufgefallen, die Produktionen der Oper und des Schauspiels, die gelegentlich Interesse verdienen, erleben nicht öfter einen Abgeordneten im Parkett als Theater irgendwo sonst.

Die amerikanische Hauptstadt Washington, mit der Bonn zuweilen wegen des bösen Klimas und des fast ausschließlich politischen Charakters verglichen wird, ist für die Bundespolitik gegründet worden, unterstreicht darum ihr Prestige und dient nur ihren Zwekken. Die Bundeshauptstadt der Bundesrepublik hingegen hat gar keinen politischen Status: Der Parlamentarische Rat hat Bonn als Ort bestimmt, wo Exekutive und Legislative des Bundes sich niederlassen sollen, nichts weiter. Es gibt keinen District of Columbia wie in den USA, der den Bundesgewalten eine unmittelbare Autorität über die Hauptstadt verleiht. Unsere Bundesgewalt hat kein eigenes Territorium und ist nicht Herr über die Bundeshauptstadt.

Der Bund, der sich diese Hauptstadt gab, hat dafür gesorgt, daß sie nicht einmal seine administrative Zentrale wurde. In Bonn befindet sich kein Gericht des Bundes: Das Bundesverfassungsgericht und der Bundesgerichtshof sitzen in Karlsruhe, das Bundessozialgericht und das Bundesarbeitsgericht in Kassel, das Bundesverwaltungsgericht in Berlin, der Bundesfinanzhof in München. In Bonn gibt es, wie schon längst vordem, ein Amtsgericht und ein Landgericht, die zur Landesjustiz gehören. Von Nord bis Süd sind die Bundesverwaltungen über das Bundesgebiet verteilt, die Bundeshauptstadt ist mit Absicht ausgespart. Die Bundesbahnverwaltung domiziliert in Frankfurt, die Deutsche Lufthansa in Köln, der Bundesnachrichtendienst in Pullach bei München, die Bundesanstalt für Arbeit in Nürnberg, das Kraftfahrt - Bundesamt in Flensburg, das Kartellamt in Berlin, die Bundesbank in Frankfurt, das Statistische Bundesamt und das Bundeskriminalamt in Wiesbaden, das Bundesarchiv in Koblenz, das Bundesamt für Verfassungsschutz, das Bundesverwaltungsamt in Köln – die Aufzählung ließe sich verlängern.

»Die internationale Pressekonferenz« – Bonn. Ohne Worte. (»Hamburger Abendblatt«)

Selbst die beiden Rundfunkanstalten des Bundesrechts – die „Deutsche Welle“ und der „Deutschlandfunk“ –, die doch der Darstellung der Bundespolitik, der amtlichen wie der oppositionellen, vor allem dienen, sind nicht in der Hauptstadt, sondern in Köln errichtet worden. Bonn ist einzigartig auch darin, daß die Hauptstadt keine Radiostationen beherbergt. Die großen Verbände, der DGB und seine Einzelgewerkschaften, die Arbeitgeberverbände und der Bundesverband der Industrie, sind nicht nach Bonn übergesiedelt, sondern am Sitz der Regierung durch Delegationen vertreten; doch hat der enge Zusammenhang von Politik und Pluralismus noch am ehesten der Bundeshauptstadt hauptstädtische Funktion und Attraktivität verliehen. Die Zahl der Verbandsbüros ist riesig, diejenigen Verbände, die ihre Zentrale nach Bonn verlegt haben, wie der Industrie- und Handelstag oder der Beamtenbund, haben sich in Gebäuden untergebracht, deren Wohlhäbigkeit mit den tristen Bauten der Ministerien auffällig kontrastiert.

Kein Deutscher würde erwarten, daß das Provisorium Bonn von der Verwaltung der Länder, denen nichts Provisorisches anhaftet, oder anderen Institutionen ernster genommen wird, als es sich selber nimmt. Schon deshalb überflüssig anzumerken, daß die Bundeshauptstadt für die kirchliche Organisation, die traditionell der des Staates sonst folgte, nichts bewirkt hat. Bonn gehört zur Erzdiözese Köln der Katholiken, zur Rheinischen Landeskirche der Protestanten mit dem Präses in Düsseldorf. Evangelische und katholische Kirchen sind bei der Bundesregierung durch akkreditierte Prälaten vertreten. Der Bischof, der in Bonn residiert, ist der der Altkatholiken – des kleinen Teils der Katholiken, die sich nach Verkündung der päpstlichen Unfehlbarkeit 1870 von Rom lösten – und er sitzt nicht erst seit 1949 und nicht wegen der Hauptstadt in Bonn.

»Unter neuer Leitung« – Bonn als Anhängsel von Bundesverfassungsgericht und Bundesgerichtshof (»Deutsches Allgemeines Sonntagsblatt«)

Bonn ist zwar ein Hauptplatz der öffentlichen Meinung, aber noch weit weniger eine Pressestadt als Washington. Der „Rheinische Merkur" sitzt in Bonn, aber nicht „Die Zeit", und die Redaktion der „Welt", aber nicht die der „FAZ". Im übrigen gibt es nur Lokalpresse ohne hauptstädtischen Anspruch. Sie versorgt ihr Publikum dem allgemeinen Status der Bundeshauptstadt entsprechend so, als ob die Einquartierung der Politik jeden Tag wieder aufhören könnte; die Bundeshauptstadt ist ephemer, Bonn bleibt. Die Bundespolitik erscheint auf den ersten Seiten, wie sie überall in ähnlichen Zeitungen erscheint, und im übrigen wird das Hauptstädtische im Lokalteil als Gegenstand lokalen Interesses gleichwertig mit Primizfeiern, Feuersbränden, Sebastiansschützen und Karnevalsgesellschaften abgehandelt.

Das vielköpfige Pressekorps besteht also nur aus Korrespondenten, die in der Bundespressekonferenz und im Verein der Auslandspresse zusammengeschlossen sind; die Deutsche Presse-Agentur hat ihren Sitz in Hamburg und unterhält in der Bundeshauptstadt genau wie die ausländischen Agenturen ein Büro. In Bonn fehlen infolgedessen der redaktionelle Austausch, der unmittelbare Wettbewerb der Zeitungen, die belebende Polemik, die aus der Vertrautheit des Umgangs der Redakteure und dem gemeinsamen Publikum erwächst. Die Politiker begegnen in Bonn nur Journalisten, die von ihnen Auskünfte begehren, die aber nicht den Kurs der Blätter bestimmen können und deren erste Pflicht nicht der Kommentar ist.

Aus dem hauptstädtischen Minimum, das Bonn darstellt, ergibt sich zusammen mit den allgemeineren Elementen der deutschen Nachkriegspolitik, der jener Minimalismus aufs genaueste entspricht, das, was man den Bonner Stil nennen könnte. Er ist gekennzeichnet durch das Fehlen einer eigentlich hauptstädtischen Gesellschaft, durch ein verqueres Verhältnis zur demokratischen Öffentlichkeit und einen Begriff von politischer Leistung, der sich an Vorstellungen des öffentlichen Dienstes deutscher Prägung, also der Beamtenschaft, orientiert.

Zunächst zur Gesellschaft. Jede Hauptstadt hat ihre Gesellschaft, die den politischen Stil des Landes trägt und prägt. Der Wert einer solchen Gesellschaft liegt im informellen Vermischen aller Ströme und Bewegungen, die für das nationale Leben von Bedeutung sind. Im Idealfall gehören dazu nicht nur die Spitzen von Politik und Verwaltung, sondern auch die mächtigen Leute aus Wirtschaft und Sozialparteien, den Medien, und nicht zuletzt die eminenten Köpfe aus Kunst und Wissenschaft bis zu den Vertretern der darstellenden Künste vom Film bis zur Mode, die einer großstädtischen Gesellschaft gleichermaßen als Elixier wie als Kitt dienen.

An fast allen diesen Ingredienzen fehlt es in Bonn. Ansässige Wirtschaft und Industrie gibt es weniger als in anderen Städten gleicher Größe, das Kulturelle beansprucht nur selten überregionales Interesse. Bleibt die Universität. Ihre angesehenen Gelehrten kommen in der Bonner Gesellschaft durchaus vor, in einer der beiden Bonner Gesellschaften, von denen man, wenn's präzise sein soll, reden muß. Das nämlich, was sich ei-

Bonner Stil ist gekennzeichnet durch das Fehlen einer hauptstädtischen Gesellschaft

gentlich für die politische Klasse hält in Bonn, ist ja nicht bloß dort einquartiert, sondern nicht einmal zuverlässig dort zu Hause.

Der Bundestag tagt, wenn er tagt, nur von Dienstag bis Freitag, und nur an jenen Tagen sind die Abgeordneten in Bonn anzutreffen. Auch die Bundesminister, die wie die Parteiführer in Bonn weitergehende Präsenzpflichten haben, verbringen in aller Regel kein Wochenende in Bonn, wo sie sich auch meist nicht die Mühe machen, mehr als eine Notunterkunft anzumieten. Ehefrauen und Familien bleiben in den Provinzen zerstreut. Keiner „führt ein Haus“, es hat Minister gegeben, die acht Jahre im Amt waren, ohne je aus eigenem Antrieb ein Essen oder einen Empfang gegeben zu haben. Selbst diejenigen, die über Amtswohnung und Dienerschaft verfügen, wie der Bundeskanzler, der Außenminister, der Verteidigungsminister bleiben gesellschaftlich unangestrengt, treffen am liebsten Spezis und Kollegen. Der Bundestagspräsident, auch er mit einer Residenz ausgestattet, tritt je nach Laune des Titelträgers hervor.

Der gesellige In-sich-Verkehr der politisch Aktiven findet also zwischen Montag- und Donnerstagabend in kleinen Konventikeln in Kneipen statt, auf Veranstaltungen von Lobbyisten und, im größeren Rahmen, in den teilweise vorzüglich ausgestatteten Vertretungen der Bundesländer. Die sind nicht zuletzt auch darum beliebt, weil es der Steuerzahler ist, der einlädt. Zu diesen Zusammenkünften haben Außenstehende nur selten Zutritt, am ehesten noch Journalisten, ausländische Diplomaten so gut wie nie – die umgekehrt deutsche Parlamentarier selten bei sich sehen. Dann gibt es noch die Parlamentarische Gesellschaft mit dem Vorzug, daß sich in ihr Politiker verschiedener Parteien und landsmannschaftlicher Herkunft treffen können. Und es gibt den Bundespräsidenten.

Zu denjenigen Funktionen des Bundespräsidenten, die nicht im Grundgesetz aufgezählt sind, gehört nicht zuletzt die, der oberste Gastgeber der Nation zu sein und mit seinen eher bescheidenen räumlichen und finanziellen Mitteln die politische Gesellschaft der Republik zusammenzuhalten. Das haben auch alle redlich versucht, Heuss, Scheel und Carstens ähnlich erfolgreich wie heute Weizsäcker. Lübke hatte keine Konversation, Heinemann war amusisch, sarkastisch und eher für den intimen Zirkel zu haben. Der heutige Bundespräsident ist es auch, der, freilich auf 24 Gedecke oder höchstens 36 beschränkt, die Vertreter von Wirtschaft und Kultur mit denen der Politik zusammenbringen muß – mit ihren Damen. Und er kann es auch, weil er nicht auf konkrete Anlässe und zweckhafte Absichten angewiesen ist. Weizsäcker unternimmt es zudem immer wieder, die politische Gesellschaft Bonns mit der unpolitischen Führungsschicht der Republik, die sich vollständig außerhalb der Bundeshauptstadt befindet, bei den vielen Festen zusammenzubringen, zu denen ihn die Tatsache nötigt, daß die Bundesrepublik zu annähernd so vielen Staaten diplomatische Beziehungen unterhält wie die USA und Bonn gewissermaßen ständig von ausländischen Staatspersonen heimgesucht wird. Und: Der Bundespräsident ist eine der wenigen Instanzen, von der die erste politische Gesellschaft Bonns, jene der nur zeitweilig anwesenden politisch Aktiven, mit der dauerhaften, der zweiten Bonner Gesellschaft zusammengebracht werden kann.

Dieses zweite Stratum der politischen Gesellschaft Bonns, von der man im Lande so wenig weiß wie vom sogenannten Dritten Senat des Bundesverfassungsgerichts, wird vom ansässigen Teil der politischen Einquartierung in Bonn gebildet. Dazu gehören vornehmlich die hohen Ministerialen, die Militärs und die Diplomaten, die das Zentrum ihrer Existenz in Bonn haben, mögen sie auch

»Vor der großen Sparwelle waren die Staatsempfänge irgendwie amüsanter« – Bonn als Würstchenbude (»Stern«)

In Bonn gibt es nicht den originellen Geist, aber auch keinen Abenteurer, keinen Messias

immer für Jahre auf Außenposten kommandiert werden. Es gehören dazu das Personal der Verbände, die Presseleute und mindestens jene Mitglieder der Auslandsvertretungen, die als besonders gute Landeskenner viele Jahre in Bonn verbringen. Und dazu zählen auch die Beamtenschaft der Landesvertretungen und das Funktionärskorps der Parteizentralen.

Nicht vergessen darf man als ein unentbehrliches Element die Schar der politisch-gesellschaftlich regsamen Pensionisten. In den Anfangsjahren der Bundesrepublik pflegten sich die Ruheständler der hohen Bürokratie nach der Bonner Dienstzeit im Tessin, an den oberbayerischen Seen oder gern in München, wo intellektuell anregende Gesellschaft vermutet wird, einzukaufen. Längst aber ist es, da Bonn sich zwar noch als Provisorium geriert, aber keines sein wird, Übung geworden, in Bonn zu bleiben, um am politischen Leben informell weiter beteiligt zu sein. Vom Rheinhöhenweg in Oberwinter im Süden bis zur Kölner Marienburg im Norden findet sich eine Vielzahl von ehemaligen Staatssekretären, die zum Staatssekretärsclub noch regelmäßig eingeladen werden, von Exbotschaftern und -generälen, die beim Meinungsklima und der Gerüchtesteuerung um so besser mitwirken können, weil sie an keiner Art von Teilnahme an der Öffentlichkeit interessiert sind.

»Aber du Dummerchen – das gilt doch nicht für uns« – Bonns Politiker als Seniorenvereinigung (»Frankfurter Allgemeine Zeitung«)

Mittlerweile sind dieser zweiten Bonner politischen Gesellschaft auch eine Reihe von Notabeln hinzuzurechnen, die früher der ersten Gruppe angehörten und nun ohne große politische Ämter je nach Interesse und physischem Vermögen die Politik der Nachgewachsenen kritisch-ratschlagend begleiten. Die ehemaligen Bundesminister Krone, Westrick, Barzel, Ehmke, Wischnewski, Katzer, Heck, Mende und andere haben sich auf Dauer in der Bonner Region niedergelassen; der Außenminister Adenauers und Erhards, Gerhard Schröder, ist regelmäßiger Gastgeber interdisziplinärer politischer Aussprachen in seinem Haus.

Einige der Genannten sind zwar in dieser Bonner Gesellschaft fest verwurzelt, aber zugleich in Reservestellung für allfällige künftige große Aufgaben. Die meisten sind, wie der gleichfalls zugehörige ehemalige Bundestagspräsident Gerstenmaier, definitiv abgeschieden, andere, wie der zu einem richtigen Bonner gewordene Willy Brandt, zählen unvermindert zu den Gestaltern der deutschen Politik. Brandt ist übrigens der erste ehemalige Kanzler, der nicht nur wegen seines Amtes als SPD-Vorsitzender sich die Hauptstadt zum Wohnsitz erwählt hat und zu ihrem hauptstädtischen Ambiente beiträgt. Schmidt und Kiesinger sind nur funktionale Bonner, Erhard hatte als Exkanzler zwar ein Haus, in dem heute die Erhard-Stiftung domiziliert, doch gehörten Familie und Freizeit nach Gmund am Tegernsee; und Adenauer hatte zwar Bonn als Hauptstadt gewollt, sich aber mit Bonn nie ernstlich eingelassen.

Die Bonner Bundesgesellschaft der ansässig Gewordenen hat zum alten Bonn, zu Universität, lokaler Geschäftswelt und eingesessenen Honoratioren kein inniges, aber ein freundschaftliches Verkehrsverhältnis begründet; ohne sie wäre der Bonner Kulturbetrieb so wenig lebensfähig wie die höhere Gastronomie, in der die Bundeshauptstadt es mit viel größeren Städten gut aufnehmen kann.

Die wichtigste Funktion dieser Gesellschaft ist diejenige, Humus zu sein für das, was sich an politischen Entscheidungen vorbereitet, den politischen Nachwuchs zu prüfen, der nach Bonn kommt, und, ohne jedes demokratische Mandat, in ihren Zirkeln Bundespolitik darzustellen und mit ihrem die regierenden Kombinationen überdauernden Beharrungsvermögen zur Kontinuität der Politik beizutragen. Mag immer wieder einer von draußen herzudrängen, um eine abrupte Wende der Politik zum Roten, Schwarzen oder Grünen ins Werk zu setzen: In dieser amorphen, nicht primär parteipolitisch orientierten und nicht parteipolitisch spaltbaren Gesellschaft begegnet ihm ein indirekter und sanfter, aber zäher Widerstand.

Im Gegensatz zu dem, was demokratische Politik ihrem Anspruch nach sein will, ist die in Bonn gemachte öffentlichkeitsfremd. In Bonn kann Öffentlichkeit nicht hergestellt werden. Sie ist dem Bonner Bewußtsein weit eher ein Gegenstand der Manipulation – die nicht gelingt – als ein Terrain, in dem sich Politik nach dem Stadium vertraulicher Deliberation abspielt. In der Stadt tritt die Politik nicht öffentlich hervor. Die großen Parteitage finden außerhalb statt, die politischen Verbandskongresse desgleichen, es gibt keine Amtseinführung unter freiem Himmel; früher wurden manchmal Staatsgäste dem Volk auf dem Marktplatz gezeigt, heute fliegen sie mit dem Hubschrauber gleich zum Kanzleramt. Nie hat in den mehr als drei Jahrzehnten Bundesrepublik in Bonn eine Parade der Bundeswehr stattgefunden. Der Bundestag unterscheidet sich von allen Parlamenten der Welt durch die Geringschätzung der öffentlichen Plenardebatten, macht die Teilnahme dem Abgeordneten entbehrlich, indem er sie in die Arbeitszimmer überträgt. Debatten finden überdies selten statt, um so häufiger und wichtiger sind die Ausschußsitzungen, zu denen die Öffentlichkeit nicht Zugang hat.

Fast nirgends wird ein direktes Verhältnis zum Publikum gesucht oder hergestellt, sondern es wird systematisch vermittelt: Jeder Politiker, der darf – wer nicht Rebell sein will, sucht um die Genehmigung der Fraktionsführung nach –, gibt gern ein Fernsehstatement ab. Und vor allem werden unvorstellbare Mengen Papier verbraucht, um Verlautbarungen loszuwerden. Ein geisterhafter Stellvertreter-Verkehr statt eines politischen Diskurses. Das, was unmittelbar politische Diskussion zwischen Regierung und Opposition oder Meinungsaustausch innerhalb einer Koalition oder Partei sein sollte, wird auf Kopiermaschinen verteilt und zugleich den Medien als dem vermeintlichen wahren Adressaten zugespielt. Die monströse Produktion hat sich längst verselbständigt und verlangt Nachschub, auch wenn keinerlei Substanz vorliegt; sie kann zudem beliebig weit nach unten delegiert werden, was bei öffentlich geführter persönlicher Kontroverse im Parlament oder anderswo nicht möglich wäre. So gerinnt Politik zu papierener Langeweile, gegen die skandalöse Ereignisse sich dann mit unangemessener Wucht zur Geltung bringen.

Bonn ist immer eine Beamtenstadt gewesen und bildet aufs glücklichste den Rahmen für eine politische Kultur, die auf der Mentalität von Beamten und Angestellten aufbaut. Das hat den großen Vorzug von Solidität und Berechenbarkeit. Kein Abenteurer, kein politischer Messias hat in solchem Milieu eine große Chance; freilich auch nicht der ungewöhnliche Kopf, der originelle Geist. Die Politik läßt einen dampfenden Verbalismus ab und bescheidet sich dahinter leicht mit der Verwaltung des Bestehenden. Es werden keine großen Würfe unternommen, sondern die Anpassungen vollzogen, die der Tag erheischt. Bonner Politik gibt normalerweise keine Ziele vor, nimmt eher unwillig auf, was die deutsche Gesellschaft an Dynamik noch hervorbringt. In dieser politischen Mentalität hat auch die Tatsache, daß deutsche Politiker nicht zum Rücktritt neigen, ihre Erklärung. Ein Oberstudiendirektor nimmt ja auch nicht seinen Abschied, wenn ein Schüler auf dem Ausflug verunglückt, sondern geht, wenn er disziplinarrechtlich gezwungen wird.

»Hohes Haus, meine sehr geehrten Damen und Herren, es wird Sie brennend interessieren ...« – Bonns Plenarsaal als Hohlraum (»tz« München)

Die Deutschen hätten vielleicht gern eine glanzvolle Hauptstadt wie Paris oder London. Aber zentralistisch und auf Kosten ihrer vielen Halbmetropolen regiert werden wollen sie nicht. Und der Gestus einer großen Vergangenheit, der selbst schon in den alten Capitalen museal, ja talmihaft zu werden beginnt, wäre ihnen gewiß lästig. So leben wir denn mit Bonn wie die Eidgenossen mit Bern. Bonn: die Hauptstadt eines Landes, dem die Politik nicht das Wichtigste ist. „Die Politik ist das Schicksal", sagte einst Napoleon; durch Bonn ist er hindurchgeritten. □

Johannes Gross, 53, Vorstandsmitglied des Gruner + Jahr-Verlages, ist Herausgeber von „Capital" und „Impulse", Kolumnist des „FAZ-Magazins", Buchautor und seit 1959 Kenner der Bonner Szene, aus der er jahrelang die ZDF-Sendung „Bonner Runde" moderiert hat.

Ihre Eintrittska

Wenn die Welt Sie mit offenen Armen empfangen soll, dann ist die EUROCARD mit über 4 Millionen Vertragspartnern in mehr als 160 Ländern in Ergänzung zur europaweit geltenden eurocheque-Karte Ihr ideales Zahlungssystem. In Verbindung mit Amerika's MasterCard und Access in Großbritannien hat EUROCARD eines der dichtesten Vertragspartnernetze weltweit.

Prüfen Sie alle weiteren Vorzüge der EUROCARD made in Germany, bevor Sie sich für eine Kreditkarte entscheiden: der Bargeldservice bei über 100 000 Bankstellen weltweit und die Reiseunfallversicherung bis zu 500 000 Mark sowie die Wirtschaftlichkeit des Einsatzes bei bargeldlosen Zahlungen und der günstige Jahresbeitrag sind besonders hervorzuheben.

Hinter eurocheque und EUROCARD stehen die deutschen Banken und Sparkassen. Ihre Partner, denen Sie auch Ihre sonstigen Geldangelegenheiten anvertrauen. Dort liegt der Antrag für Ihre EUROCARD bereit.

EUROCARD. Worldwide

rte für die Welt.
Credit – Made in Germany.

Ein journalistischer Augenzeuge beschreibt, wie er fünf

Keine Rede von Kraft und Herrlichkeit

Von Hermann Schreiber

Daß in der Bundeshauptstadt Bonn die Macht wohne und daß mit deren Inhabe auch Kraft und Herrlichkeit verbunden seien, das ist ein weitverbreiteter Irrtum. Die Regierenden korrigieren ihn nicht, denn er kommt ihnen zupaß; und die „Menschen draußen im Lande", wie sie von Bonner Politikern gern genannt werden, klären ihn nicht auf, weil sie ihn gar nicht als solchen erkennen.

Dabei ist er ganz leicht zu durchschauen. Man muß die Macht nur einmal suchen gehen im konkreten Fall eines demokratischen Entscheidungsprozesses, im Getriebe des normal funktionierenden Regierungsapparats, und man wird Prozeduren, Papiere und Palaver finden, auch Druck und Gegendruck, aber nicht „die Macht".

In den 30 Jahren, in denen ich als Journalist mit den Regierenden in Bonn zu tun gehabt habe, bin ich zwar vielen Mächtigen begegnet, „der Macht" aber nie. Und nirgends war die Suche nach ihr so mühselig, so zweiflerisch, von so wechselhaften Stimmungen begleitet wie im Bundeskanzleramt – ob der Hausherr nun Adenauer oder Ehrhard oder Kiesinger oder Brandt oder Schmidt hieß. Ich habe sie alle amtieren sehen, und das nicht immer nur aus der gebotenen Distanz des Berichterstatters.

Wenn ich jetzt diese Berichte und meine Kanzler-Notizen durchsehe – die weiland im „Spiegel" veröffentlichten, vor allem aber die noch nirgendwo veröffentlichten, die als vertraulich zu gelten hatten, solange die Herrschaften noch regierten –, dann fällt mir ein, was ein viel besserer Kanzler-Kenner, mein verstorbener Freund Conrad Ahlers, einmal über seine Beobachtung der Kanzler Kiesinger und Brandt, denen er in vielen kritischen Situationen sehr nahe war, mitgeteilt hat, nämlich „wie schrecklich das schwankt, von Stunde zu Stunde, zwischen dem Drang nach Aktion um der Aktion willen und dem Hang zum Treibenlassen, weil man plötzlich erkennt, daß man im Grunde gar nichts machen kann".

Nach meiner Beobachtung gilt das für sämtliche Kanzler dieser Republik – mit der möglichen Ausnahme des ersten.

Adenauers Politik als Ausdruck persönlicher Beziehungen

Konrad Adenauer war, was sein Verhältnis zur Macht und sein Krisenbewußtsein angeht, insofern eine Ausnahme, als Politik für ihn, den ehemaligen Kölner Oberbürgermeister, stets Ausdruck persönlicher Beziehungen gewesen ist. Für ihn bestand die deutsche Diplomatie zehn Jahre lang im wesentlichen aus den „Herren Hallstein und Blankenhorn". Seine Verständigung mit Frankreich stützte sich erst auf Robert Schuman und dann auf de Gaulle. Die USA wurden für ihn zuerst durch John McCloy personifiziert, dann durch John Foster Dulles. Nach genau demselben Muster hat Adenauer auch Krisen personifiziert: indem er sie auf sich selber bezog – und durch Beharrung im Amt zu lösen suchte. Die Ärztin Adenauers, Frau Dr. Ella Bebber-Buch, hat mir einmal anvertraut, medizinisch habe sie solche Krisen im Befinden des alten Herrn immer nachweisen können, auch wenn ihm äußerlich überhaupt nichts anzumerken gewesen sei. Von menschlichen Enttäuschungen war er freilich nicht bedroht, denn er hielt die Menschen ohnehin für schlecht.

Bewegt bis an den Rand der Erschütterung habe ich ihn nur ein einziges Mal erlebt – aber da war er schon nicht mehr Kanzler. Das war während und unmittelbar nach seiner Reise durch Israel im Mai 1966. Nie zuvor und nirgends sonst hat er so offen über seine Gefühle gesprochen, hat er sich so ungeschützt dazu bekannt, gerührt, bewegt und ergriffen zu sein: „Ich habe hier tiefere seelische Erschütterungen empfunden als in vielen Phasen meines früheren Lebens." Fragte man ihn nach seinen Eindrücken, so antwortete er kaum vernehmlich mit Formulierungen, die im machiavellistischen Wortschatz seiner Kanzlerjahre keinen Platz gefunden hätten.

Aber auch dieses Erlebnis wäre nicht zustande gekommen ohne Adenauers persönliche Beziehung zu Israels Staatsgründer David Ben-Gurion, mit dem er sechs Jahre zuvor im New Yorker Waldorf Astoria Hotel den Grund gelegt hatte für die auf Wiedergutmachung fußende Aufnahme normaler zwischenstaatlicher Beziehungen zu Israel, und dem er nun auf dessen Kibbuz in der Negev-Wüste seine Aufwartung machte.

Alltägliche Empfindungen, zu schweigen von Empfindlichkeiten, schienen ihn damals in Israel gar nicht mehr zu erreichen. Er blieb gleichermaßen gelassen gegenüber den Demonstrationen, die sich durchaus ereigneten, wie gegenüber der aus Ängstlichkeit, Nervosität und Prügelei gemischten Abwehrhaltung seiner Bewacher. „Ich bin so viele Demonstrationen gewöhnt", erzählte er mir während eines Interviewtermins nach der Rückkehr in Bonn, „daß mir das nun wirklich nichts ausgemacht hat. Aber eines will ich Ihnen sagen: Am letzten Abend, als der Botschafter das Essen gab, und als wir die Stufen ins Hotel Sheraton hinaufgingen, da dachte ich, jetzt wäre doch die beste Gelegenheit, einen abzuknallen. Und da hat dann auch so ein Kerl mich mit hart zusammengebündelten Flugzetteln hier ins Gesicht getroffen. Wenn das ans Auge gekommen wäre, dann wäre es schmerzhaft gewesen. So aber nicht."

Wirklich geschmerzt hat ihn, und zwar nachhaltig, daß er „den Herrn Erhard" als seinen Amtsnachfolger nicht hatte verhindern können; denn er blieb bis an sein Lebensende davon durchdrungen, dieser Mann habe nicht das Zeug zum Kanzler.

Ludwig Erhards Verhältnis zu den Menschen im allgemeinen und zum deutschen Volk im besonderen war dem Adenauers in der Tat entgegengesetzt. Erhard war zutiefst überzeugt, daß die Welt gut sei und daß über allem Geschehen eine vorgegebene, unzerstörbare Harmonie walte.

Da „der Dicke" sich, solange es irgend ging und manchmal auch noch länger, an mo-

»Von menschlichen Enttäuschungen war Konrad Adenauer freilich nicht bedroht, denn er hielt die Menschen ohnehin für schlecht«

ralischen eher als an politischen Maßstäben orientierte, merkte er oft gar nicht, wenn eine politische Entwicklung kritisch wurde, und reagierte also auch nicht. Erst wenn es gegen ihn persönlich ging, wehrte er sich – und auch dann meistens zu spät. Das wurde deutlich zum Beispiel während der Kohlenkrise an der Ruhr im Sommer 1966, die bereits ein gutes halbes Jahr nach Erhards triumphalem Sieg in der Bundestagswahl vom September 1965 zu einer schmerzhaften Niederlage der CDU in den nordrhein-westfälischen Landtagswahlen vom 10. Juli 1966 führte.

Erhard schien überhaupt nicht zu begreifen, was mit den Brüdern in Zechen und Gruben wirklich los war, wußte auch kein wirksames Mittel gegen deren Existenzangst und zog dennoch sendungsbewußt in den Wahlkampf. „Was bin ich froh, aus Bonn 'raus zu sein", hörte ich ihn während dieser Reise sagen. „In Bonn kann ich mich auf keinen mehr verlassen. Alle haben sie mich enttäuscht, alle!" Warnungen seiner rheinischen Parteifreunde, die Mißstimmung im Lande sei nicht zu unterschätzen, nahm er nicht ernst. Aber als er dann auf einer Versammlung in Gelsenkirchen ausgebuht und von Protestchören niedergeschrien wurde, schimpfte er die Störer „Uhus" und „schamloses Gesindel". Danach saß er stumm im Auto, brütend, seine Zigarre paffend und in lähmende Lethargie versunken. Später erst, wieder auf Wahlreise, befand er: „Das waren nicht die deutschen Arbeiter. Schauen Sie sich doch einmal die Fotos an, lassen Sie sich erzählen, was mir zugerufen wurde. Das ist nicht wiederzugeben." Das brave, schwer arbeitende deutsche Volk, das er im Sinn hatte, benahm sich nicht so.

Sobald die Macht, die er einmal für „dumm" erklärt hatte, und die Interessenpolitik, die er für geradezu unanständig hielt, sich zwischen ihn und sein gesundes Volksempfinden schoben, riß ihm der Faden. Dann tat er überhaupt nichts mehr, kämpfte nicht, trat aber auch nicht zurück, ließ die Diskussion laufen, mied Entscheidungen, beugte sich der Mehrheit und wich der jeweils stärksten Pression. Als ihn am 27. Oktober 1966 um 12.24 Uhr in einer Sitzung des CDU-Fraktionsvorstandes die Kunde ereilte, daß seine Regierung am Austritt der FDP-Minister zerbrochen sei, reagierte er buchstäblich wie ein Schlafwandler. Die schrille Dissonanz dieser Nachricht hatte ihn, dessen Gehör auf schlichte Harmonien gestimmt war, betäubt.

Als folge er unhörbaren Kommandos, ging er in sein Büro im Bundeshaus, erwartete dort den nur widerwillig zurückgetretenen Vizekanzler Erich Mende, hörte Worte des Bedauerns, sagte selber welche und verließ das Zimmer wieder – mit ihm Mende, der Regierungssprecher Karl-Günther von Hase, ein paar Getreue und ein paar Journalisten. „Ein Gespensterzug irrt durchs Bundeshaus", formulierte Hans-Werner Graf von Finckenstein, damas Reporter der „Welt", heute Botschafter in Argentinien. Ludwig Erhard, das Gesicht grau von übergroßer Erschöpfung, tappte voran. Schließlich faßte Karl-Günther von Hase ihn zaghaft am Arm und fragte: „Wo wollen Sie denn hin, Herr Bundeskanzler?" Er mußte zweimal fragen. Dann antwortete Erhard, kaum verständlich: „Zu Barzel." Und fand sich, in die Irre gegangen, vor der Tür von Franz Josef Strauß wieder. Der war es denn auch, der ihm kaum verschlüsselt zu wissen tat, daß er, der Kanzler Erhard, am Ende sei.

Ludwig Erhards paradoxer Umgang mit der Macht

Dann erst, als Ludwig Erhard klar wurde, daß die falschen Freunde das Spiel im Grunde bereits ohne ihn machten, rebellierte seine Redlichkeit. Da drohte er hinter verschlossenen Türen, mit Hilfe des Grundgesetzes als Minderheitskanzler so lange zu regieren, bis die CDU samt allen Diadochen im Strudel von Mißtrauensvotum, Parlamentsauflösung und Neuwahlen für ihre Treulosigkeit bestraft worden wären. Der ganze Abscheu, den Ludwig Erhard immer für die „Funktionäre" gehegt hat, die das Volk verführten, entlud sich in dieser Reaktion – auch der ganze Widerwille gegen eine Partei, in der widerstreitende Interessengruppen sich seiner bemächtigt hatten, solange er noch den Erfolg symbolisierte. Nun, da sie ihn und seinen Mißerfolg loswerden wollten, wandelte ihn die Versuchung an, alle diese schlimmen Leute im Namen einer höheren Gerechtigkeit zum Teufel zu schicken.

Aber, und das war typisch für Ludwig Erhards paradoxen Umgang mit der Macht, kaum acht Tage später zog der moribunde Minderheitskanzler, der Verlierer der nordrhein-westfälischen Landtagswahlen, abermals in

Wie Erhard vor ihm und alle Kanzler nach ihm berief sich Kiesinger in der Krise seiner

einen Landtagswahlkampf: ins rote Hessen. Er tat es nicht, um Stimmen zu gewinnen, in Hessen hätte er das selbst in besseren Tagen kaum gekonnt. Er tat es, um Bonn zu entfliehen, das ihm nur noch Verwirrung bedeutete, um sich selbst wieder zu finden in der Berührung mit dem Volk, mit der wahren, der einzigen Quelle seiner Kraft. Und diese Wahlreise, auf der ihn kaum anders als in Nordrhein-Westfalen brüllende Lautsprecherwagen der SPD, platzende Luftballons und das höhnische Trompetensignal aus „Verdammt in alle Ewigkeit“ verfolgten, empfand er als wahres Labsal. Abends im Sonderzug saß er mit uns Journalisten vor einem unverdünnten Whisky und sagte: „In Bonn, das sind alles Intriganten. Aber hier, das Volk, das glaubt noch an mich.“

Ludwig Erhard blieb ein Volkskanzler, selbst noch in der Niederlage. Den Ärger über seinen politischen Mißerfolg überlebte die gemeinsame Abneigung gegen Politik überhaupt.

Kurt Georg Kiesinger, der Ludwig Erhard ablöste, hatte zur Politik ein vornehmlich ästhetisches Verhältnis. Politische Krisen faszinierten ihn durch ihre facettenreiche Vielgestalt, und sie deprimierten ihn zugleich, da sie ihn zur Einsicht in seine mangelnden Möglichkeiten und dennoch zur Aktion zwangen.

„Wenn man nur sieht“, so hat er mir solche Situationen einmal beschrieben, „wie das Leben sein kann, wie wir eben alle in einer sehr begrenzten Zeit, in einer sehr problematischen Welt mit zweifellos unzureichenden Kräften handeln müssen, dann kann man doch nicht anders als entweder verzweifeln und resignieren, oder eben versuchen, mit Gelassenheit das zu tun, was möglich ist.“

Für Kiesinger war es einfach ein Gebot der Klugheit und des guten Geschmacks, „ein gelassenes Verhältnis zur Macht und zu den eigenen Möglichkeiten“ zu haben. Und wer das für Schwäche hielt, wer ständig auf neue Pläne und schnelle Entscheidungen drängte, „der weiß eben nicht, was Politik ist“.

Dieser schwäbische Provinzfürst, der wohl lieber ein deutscher Dichter geworden und auf einem Pegasus, Baujahr 19. Jahrhundert, dahergekommen wäre, hat stets gesteigerten Wert gelegt auf die Feststellung, daß er die Kanzlerschaft als Folge einer Krise, eben der Erhard-Krise, und nicht im Gefolge eines strahlenden Wahlsiegs habe antreten müssen. Das heißt, er hat sich darüber beschwert, daß die Geschichte, der allein er doch größeren Ideenreichtum zugestand als sich selber, ausgerechnet ihn mit diesem Handikap ins Bonner Rennen geschickt habe; daß sie ihm nicht „eine ihrer Offerten“ gemacht, sondern vielmehr „diese Plackerei“ aufgeladen habe, in einer Großen Koalition zweier gleichstarker, aber unterschiedlich gesonnener Partner den Mittler machen zu müssen. Der Reiz des Einmaligen dieser Konstellation, die historische Premiere, wich schnell einem erhöhten Maß an Verschleiß und zunehmender Handlungsschwäche. Das hing in erster Linie mit dem rapide abnehmenden Vorrat an politischen Gemeinsamkeiten zusammen, aber auch damit, daß Kiesinger fällige Aktionen oft „ausklammerte“. Denn angetreten wäre er am liebsten überhaupt nur da, wo er mit Sicherheit hätte gewinnen können.

Der Machtwechsel, zu dem dies alles führte, hatte sich in der Wahl Gustav Heinemanns zum Bundespräsidenten am 5. März 1969 in Berlin bereits angekündigt, als Kiesinger zur Beerdigung von General Eisenhower nach Washington flog – ein knappes halbes Jahr vor jenen Bundestagswahlen vom 28. September, aus denen dann die sozialliberale SPD-FDP-Koalition als Regierung hervorging, obwohl Kiesingers CDU mit 46,1 Prozent der Stimmen stärkste Fraktion wurde. Auf diese Bundestagswahlen, deren paradoxen Ausgang er – bei allem Respekt vor der Phantasie der Geschichte – doch nicht für möglich gehalten hätte, war Kiesinger bereits völlig fixiert, denn von ihnen versprach er sich die Lösung aller seiner Probleme: Das „ganze Gerede vom entscheidungsschwachen Kanzler“ werde dann verstummen.

Ich hatte in der Kanzler-Sondermaschine der Luftwaffe mitfliegen können zur Eisenhower-Beerdigung, und auf dem Rückweg, in der verkürzten Nacht eines westwärtigen Nordatlantikflugs, holte Kiesingers Regierungssprecher Günter Diehl mich „auf einen Drink“ nach vorn, wo der Kanzler mit seinen Beratern saß. Kiesinger war düsterer Stimmung und suchte Selbstbestätigung im Gespräch. Aus dem Drink wurden zwei, dann blieb ich auch noch zum Essen vorn, und danach hatte Kiesinger sich über einer Flasche Pfälzer erst so richtig warm geredet. Der uns gegenübersitzende Hans Neusel, damals persönlicher Referent Kiesingers, heute Staatssekretär im Innenministerium, schlief schließlich ein, und auch Günter Diehl gab am Ende auf, Kiesingers Redestrom einzudämmen, nachdem der Kanzler ihn einmal beiläufig wegen mangelnden Erfolgs der Informationspolitik angenommen hatte.

Kiesinger war ins Lamentieren geraten. Was, um alles in der Welt, war schief gegangen? Warum hatte er keine Fortune mehr? Hatte er Fehler gemacht, hatte die Zuneigung des Wählervolkes ihn verlassen? Mitnichten! Wie Ludwig Erhard vor ihm und alle, auch die sozialdemokratischen, Kanzler nach ihm, berief sich Kurt Georg Kiesinger in dieser Krise seiner Regentschaft auf die demoskopischen Nachweise seiner persönlichen Popularität. Die Intellektuellen, die ihn anfangs so gern mochten, und die Publizistik hatte er freilich abgeschrieben. „Früher habe ich mich über die Artikel noch geärgert. Jetzt sage ich mir: Die sollen schreiben, was sie wollen, ich werde jetzt die Wahlen gewinnen.“ Aber im

»Ludwig Erhard blieb ein Volkskanzler selbst noch in der Niederlage. Den Ärger über seinen politischen Mißerfolg überlebte die Abneigung gegen Politik überhaupt«

Unterschied zu Erhard verbitterte ihn die Erkenntnis, just von den schreibenden Intellektuellen nicht mehr verstanden zu werden, doch sehr.

Und so verbündete auch er sich, eher der Not gehorchend denn aus Überzeugung, mit dem deutschen Volk gegen Publizistik und Parteien, nicht zuletzt gegen seine eigene. Erst wenn er die Wahl verloren haben sollte, wäre er bereit gewesen einzugestehen, daß er möglicherweise entscheidende Fehler gemacht habe. „Aber auch dann werde ich nicht sagen, ich bin schuld, sondern ich werde sagen, das ist zuerst einmal die Schuld dieser Partei."

Kiesingers Klage über die Krankheit dieser Gesellschaft

Das Gespräch mündete, nach einem Umweg über die düstere deutsche Literatur der Gegenwart und bei nun fast völlig abgedunkelter Kabine, in einen langen, gallebitteren, emotionsgeladenen Monolog Kiesingers über die selbstzerstörerische Krankheit dieser Gesellschaft, in der bald gar niemand mehr Lust haben werde, Politik zu machen. „Ich bin ein altmodischer Patriot – ich weiß schon, wie das manchen Leuten wieder in den Ohren klingt, aber ich sage es noch einmal: Ich bin ein altmodischer Patriot." Und eben darum verwinde er es nicht, daß man ihm bei jeder seiner Entscheidungen alles mögliche unterstelle, nur nicht die ehrliche Absicht, zum Besten des Volkes zu handeln.

Nicht nur, daß ihm unerfindlich war, wo denn das Positive blieb, und warum selbst begabte Schriftsteller aus ihrem „Nihilismus" nicht mehr zu machen wüßten als eine Art Rufmord an den aktiven Politikern – nicht nur das, sondern: „Die Redlichkeit wird einem bestritten. Das ist das Schlimmste. Die Redlichkeit wird bestritten."

Es war dies eine der nicht allzu zahlreichen Feststellungen Kiesingers, die sein Nachfolger Willy Brandt sich ohne weiteres hätte zu eigen machen können. Die Verleumdungskampagne, die aus dem Emigranten Frahm alias Brandt einen vaterlandslosen Gesellen hatte machen sollen, lag noch nicht lange hinter ihm und hatte ihre Spuren hinterlassen.

Mag sein, daß die Veränderung der Gesellschaft, so wie die Linken im Lande sie wollten, ihn damals noch fasziniert hat. Aber im Unterschied zu großen Teilen seiner aufbruchsfrohen Gefolgschaft hatte er längst aufgehört, an die Veränderbarkeit der Menschen zu glauben, an deren Fähigkeit zur „inneren Erneuerung". Ein paar Jahre später wußte er das noch genauer: Alles, was die Veränderer, was die Reformer für „den Menschen" unternehmen könnten, das sei der Versuch, „ihn durch Erziehung und durch verbesserte Umweltbedingungen weitgehend vor sich selber zu schützen", sagte er in einem langen Gespräch, das wir während seines Urlaubs im Sommer 1973 in Norwegen hatten.

Es waren überhaupt nicht „die Menschen" und ihre vielerlei Verstrickungen, die Brandt beschäftigten, bevor er zur Sache kam, es war umgekehrt. Auch das Volk blieb für ihn ein Abstraktum, das eher Mißtrauen weckte als Engagement. In dem Klischee von der Einsamkeit des Mannes an der Spitze steckte, was den Kanzler Brandt anging, ein ganzes Stück gewollte Distanz.

Mich hat Brandt in den letzten Monaten seiner Kanzlerschaft zuweilen an den König Kreon aus Jean Anouilhs „Antigone" erinnert, wenn dieser der rebellischen, vom Anspruch des Absoluten besessenen Ödipus-Tochter entgegenhält, er habe eines Tages beschlossen, „ganz einfach mich dafür einzusetzen, die Ordnung dieser Welt, wenn das möglich ist, etwas weniger sinnlos zu gestalten". Aber auch Wotans Wille, durch „Verträge" zu binden, „was Unheil barg", war ihm nicht minder geläufig wie Wotans Dilemma: „In der Macht verlangt' ich nach Minne."

»Politische Krisen faszinierten Kurt Georg Kiesinger durch ihre facettenreiche Vielgestalt, und sie deprimierten ihn zugleich, da sie ihn zur Einsicht in seine mangelnden Möglichkeiten zwangen«

Am Morgen des 1. Mai 1974 – der Kanzler war auf Wahlreise in Schleswig-Holstein – erschien im Hamburger Hotel „Atlantik", wo Brandt übernachtet hatte, der damalige Bürochef des Innenministers Genscher und spätere Bundesnachrichtendienst-Chef Klaus Kinkel und setzte Brandt anhand von Vernehmungsprotokollen darüber in Kenntnis, daß die Ermittlungen wegen des wenige Tage zuvor enttarnten DDR-Spions im Kanzleramt, Günter Guillaume, unterdessen auch in die sogenannte Intimsphäre des Bundeskanzlers eingedrungen seien.

In der Tat hatte der Kanzler nie versucht, vor seinem Parteifernten und Wahlreisemanager Guillaume etwas zu verbergen – weder vertrauliche Staatspapiere, noch andere, mehr oder weniger delikate Vertraulichkeiten, wie sie beispielsweise im Wahlkampf-Sonderzug des Sympathieträgers Brandt vorgekommen sein mögen. Brandt hat einfach nicht glauben wollen, daß Guillaume ihn ausspioniere – auch nicht, nachdem er über konkrete Verdachtsmomente informiert worden war; denn er hat dem Mann die erforderliche Intelligenz nicht zugetraut. Und gemocht hat er ihn schon gar nicht, eben weil „der Günter" auf eine zuweilen lästige Weise beflissen war.

Ich glaube, die Tatsache, daß Guillaume bieder, liebenswürdig und hilfsbereit war, beschreibt diese Seite seines Wesens nicht vollständig. Der Mann hatte ein ganz starkes – und offenbar unerfülltes – Bedürfnis nach Zuwendung, nach Freundschaft, um nicht zu sagen: nach Wärme – ein Bedürfnis, das man schwer heucheln, das man allenfalls verstandesmäßig vom Problemkreis des Spionage-Profis separieren kann. Nach allem, was ich von Günter Guillaume gesehen und gehört habe, beispielsweise während Brandts Norwegen-Urlaub im Sommer 1973, kann ich mir nicht vorstellen, daß seine manchmal schon fast sklavisch erscheinende Ergebenheit ohne jede menschliche Substanz war. Man muß zumindest für möglich halten, daß dieses Engagement mehr war als nur ein nacktes Täuschungsmanöver, nämlich Ausdruck einer anderen, einer zweiten Loyalität, die vielleicht längst stärker war als die erste – als die Bindung des Agenten an seine Auftraggeber.

An jenem 1. Mai 1974 also reiste Brandt von Hamburg über Cuxhaven nach Helgoland. Diese Helgoland-Tour war noch von Guillaume geplant worden und litt nun deutlich unter dessen Abwesenheit. Es kam zu organisatorischen Pannen. Der Inselrundgang zum Beispiel, der den Kanzler und seine spärliche Begleitung auch an den steil ins Meer abfallenden Roten Felsen führte, begann fast gleichzeitig mit der Fernsehübertragung des Länderspiels Deutschland – Schweden. Also marschierten Brandt und ein paar Getreue durch eine Art Geisterstadt, fast ohne jedes Publikum.

Abends hatte der Helgoländer Gemeindevorsteher den Kanzler, seine Begleitung und ein rundes Dutzend Honoratioren in ein Nebenzimmer des Kurhotels zum Abendessen eingeladen. Brandt hielt eine Tischrede, die weniger wegen ihres Inhalts als wegen der sozusagen endgültigen Art des Vortrags bemerkenswert war: Da redete ein Mann, der das Geschick als Fatum erlebte – wie ein Naturereignis, gegen das man letztlich machtlos ist.

Um die Ecke im Festsaal warteten bereits, auf Einzeltische im Parkett verteilt, die Mitglieder des SPD-Ortsvereins Helgoland, etwa 60 oder 70 an der Zahl. Auf der Bühne machte eine Allroundkapelle mit dem avantgardistischen Namen „Rock 2000" provinzielle Stimmungsmusik. Der Kanzler und die Teilnehmer des Abendessens kamen mit Verspätung, und die Stimmung war beiderseits bereits fortgeschritten. Der gespenstische Kontrast zwischen Brandts verdüsterter Endzeit-Stimmung und der aufgesetzten Vereinsfröhlichkeit um ihn herum löste sich auf in Alkohol.

Auf der Bühne erschienen alsbald die „Helgoländer Karkfinken", so eine Art Mainzer Hofsänger auf plattdeutsch, und produzierten sich mehrstimmig mit Schifferklavier-Folklore. Der schleswig-holsteinische Lokalmatador Lauritz Lauritzen und dann auch Brandt wurden animiert mitzusingen, und sie taten es – erst von ihren Plätzen aus, dann sogar auf der Bühne, die Mikrofone in der Hand wie Schlagersänger.

Willy Brandt machte das alles mit, sogar die Landserlieder und das Bierzeltgeschunkel und „Bunte Reihe" am Ehrentisch. Aber seine Stimmung hatte Löcher, wie gestanzt. Plötzlich gespensterte Guillaume durch den künstlichen Karneval: „Und ich", sagte Brandt, nur den nächsten Nachbarn vernehmlich, „habe den immer für dümmlich gehalten." Der Rest war Gemurmel. „Scheißleben", grollte der Kanzler.

Am 7. Mai 1974 trat Willy Brandt vom Amt des Bundeskanzlers zurück.

Helmut Schmidt, der ihm am 16. Mai nachfolgte, hatte mit Brandt mindestens eines gemeinsam: daß er Bundeskanzler erst dann wurde, als er die Hoffnung begraben hatte, es noch werden zu können. Anders freilich als Brandt – der dies erst in den letzten Monaten seiner Kanzlerschaft begriffen haben dürfte – war Schmidt schon bei Antritt des Amtes klar, daß einem Politiker heute schwerlich mehr gelingen kann, als eine oder zwei große Ideen in die Tat umzusetzen. Den Rest verstand er als Krisenmanagement.

»In dem Klischee von der Einsamkeit des Mannes an der Spitze steckte, was Willy Brandt anging, ein ganzes Stück gewollte Distanz«

Nun ist tiefe, zuweilen bittere Skepsis immer schon die Kehrseite des Ehrgeizes von Helmut Schmidt gewesen. Seiner Biographie hat er die Weisheit eines höheren Waltens lange Zeit nicht entnehmen können, eher schon die erkältende Erfahrung, daß Führungsqualitäten allein noch keine Karriere garantieren. Und nun, da er erreicht hatte, was zu erreichen früher einmal sein Ehrgeiz gewesen war, da fühlte er sich zwar am Platze; aber die Welt, in der er wirken sollte, besonders die Weltwirtschaft, hatte sich verändert, vor allem durch die Ölkrise des Jahres 1973. Sie kam dem Ökonomen Schmidt mehr denn je wie ein Kartenhaus vor, und er stand davor wie ein Statiker, der den Sturz wohl voraussehen, aber nicht verhindern konnte.

Helmut Schmidt hat vertrauten Gesprächspartnern gegenüber immer wieder behauptet, daß er das Amt des Kanzlers nicht mehr erstrebt, ja daß er sogar Angst davor hatte. Mir hat er, genau zwölf Tage nach seinem Amtsantritt, während einer Autofahrt von Bad Zwischenahn nach Emden, geradezu empört vorgehalten, man solle doch bitte nicht vergessen, „daß ich mich im Geiste schon darauf eingestellt hatte, 1976 ins zweite Glied zurückzutreten". Zunächst einmal sei ihm das, was er den „Stabwechsel" nannte, nur „ärgerlich". Denn: „Ich muß ja meine gesamte Lebensweise, auch mein Privatleben, völlig ändern."

Und nach 100 Tagen im Kanzleramt habe ich ihn, während er zwischen zwei Terminen an seinem Schreibtisch hastig eine heiß gemachte Büchsensuppe löffelte, sagen hören: Zufriedener sei er nun allenfalls insofern, „als ich mich nicht mehr zu giften brauche darüber, daß Entscheidungen vor sich her geschoben werden" – also über seines Amtsvorgängers Lustlosigkeit und Entscheidungsschwäche.

Dies sagte ein Mann, dem nicht nur die eigene Befähigung, Kanzler zu sein, erfahrbar geworden war, sondern auch schon die Kälte dieses Amtes. Mit der bereits zitierten Einsamkeit des Mächtigen hatte das freilich wenig zu tun. „Einsam macht der Zeitmangel", sagte Helmut Schmidt. „Die Macht ist es nicht."

Tatsächlich hat kein Bonner Bundeskanzler so unverhohlen an der Machtvollkommenheit seines Amtes gezweifelt wie der „Macher"

Schmidt. Keiner hat so vernehmlich beklagt, worunter auch alle seine Vorgänger (immer mit der möglichen Ausnahme Adenauers) gelitten haben: daß nämlich Macht auf den verschlungenen Pfaden des demokratischen Entscheidungsprozesses sich verflüchtige bis zur Unauffindbarkeit. Den Kanzler Schmidt plagte der Alptraum von einem Staat (und er selber empfand diesen Alptraum fast schon als Realität), in dem die politisch verantwortlichen Figuren nur noch wie Marionetten hampeln, weil der Entscheidungsspielraum immer mehr eingeengt wird durch eine Flut von Verordnungen und Gesetzen, besonders im Bereich der Europäischen Gemeinschaft.

Schmidts Verständnis vom Amt als fordernde Pflicht

„Der größte Teil meiner Zeit geht drauf für Darstellung", klagte Schmidt, der nun wahrhaftig immer ein besonders begabter Darsteller, auch Selbstdarsteller, war. Das heißt, der Kanzler müsse die Politik der Bundesregierung „gegenüber anderen Gremien plausibel machen", gegenüber Parteigremien zum Beispiel, und er müsse „auffangen, was diese Gremien zu sagen und zu raten haben". Hinzu kämen die „vielerlei Ansprüche, die an die Zeit des Bundeskanzlers gestellt werden, von Leuten, denen Sie zuhören müssen, denen Sie auch zugeben müssen, zuhören zu wollen, obwohl das im Grunde – mindestens in diesem Umfang – für die eigene Urteilsbildung überhaupt nicht notwendig ist".

Als ich ihm während des Bundestagswahlkampfes 1976 in seinem Sonderzug, der gerade München erreichte, unter vier Augen und halb im Scherz die Frage stellte, ob er überhaupt noch Lust hätte, das Kanzleramt weiterzuführen, wenn die Mehrheit für die sozialliberale Koalition nur hauchdünn ausfallen sollte, da reagierte Helmut Schmidt mit einem Gefühlsausbruch, den ich diesem auf Vernunft verpflichteten Mann nie zugetraut hätte. Lust? Da hätte ich mich aber arg vergriffen in der Wahl des Worts. „Pflicht, nur noch Pflicht", halte ihn im Amt. Früher habe er sich einmal vorgenommen, dieses Amt zu verlassen als ein Mann, der noch voll im Saft steht, der einen wichtigen Teil seines Lebens noch vor sich hat. Und nun? Was bleibe ihm denn noch?

Dabei stand ihm damals sein schwerstes Stück Krisenmanagement noch bevor: Am 5. September 1977 verschleppten Terroristen den Präsidenten des Bundesverbandes der Deutschen Arbeitgeberverbände Hanns Martin Schleyer; und am 13. Oktober entführte ein Palästinenser-Kommando die Lufthansamaschine „Landshut" mit 86 Passagieren an Bord

»Die Welt, besonders die Weltwirtschaft, kam dem Ökonomen Helmut Schmidt mehr denn je wie ein Kartenhaus vor, und er stand davor wie ein Statiker, der den Sturz wohl voraussehen, aber nicht verhindern konnte«

nach Mogadischu. Schleyer wurde von seinen Entführern umgebracht. Die Passagiere in der Lufthansamaschine kamen frei.

Schmidt handelte auch in der extremen Situation der Schleyer-Entführung, wie er es immer tat: Er bildete einen Krisenstab unter seinem Vorsitz. Daß diesem Handeln in den sechs Wochen der Entführungskrise gleichwohl eine neue Dimension zugewachsen sei, nämlich „die Unausweichlichkeit von Schuld und Versäumnis", hat Helmut Schmidt öffentlich gesagt. Was in ihm selber vorgegangen ist, hat er erst sehr viel später und niemals öffentlich geäußert.

Die schwersten Stunden für ihn waren jene vier oder fünf Stunden zwischen dem Kommando zur Erstürmung der Lufthansamaschine in Mogadischu und der Nachricht vom Gelingen der Aktion. Aber es ist charakteristisch für Helmut Schmidt, daß er während dieser Zeit des Wartens im Krisenstab mit dem Hamburger Uli Klose Schach gespielt hat – eine Partie verloren, eine Remis und eine gewonnen –, was er aber nicht auf die eigene Nervenanspannung zurückgeführt wissen wollte, sondern einfach darauf, daß Klose eben der bessere Schachspieler sei. Wäre die Aktion in Mogadischu mißlungen, hätte Schmidt sein Amt sofort zur Verfügung gestellt. Das Rücktrittsschreiben trug er in der Tasche.

Als alles vorüber war, blieb Helmut Schmidt am längsten von allen anwesenden Krisenstäblern stumm und beinahe reglos sitzen. Keine Rede von stürmischen Bekundungen der Freude oder heftigem Händeschütteln. Daß sich die Spannung erst geraume Zeit später in ein paar Tränen löste, das hätte er, als wir darüber sprachen, am liebsten nicht mehr wahrhaben wollen, obwohl er es selber kurz zuvor in Witte's Gasthof zu Kirchwerder-Fünfhausen ein paar Genossen gestanden hatte. „Wenn ich das gesagt habe, dann war dies ein Fehler. Der Tatbestand ist zutreffend."

Augenzeugen waren ohnehin nur Loki Schmidt, die um viertel vor eins in der Nacht aus dem Kanzlerbungalow ins Amt herüberkam, und der damalige Parlamentarische Staatssekretär im Verkehrsministerium Ernst Haar. Aber: „Der hat auch geheult."

Um den Schlaf gebracht hat die tragische Dimension der zu fällenden Entscheidungen den Kanzler Schmidt damals nicht – sofern er überhaupt zum Schlafen gekommen ist. Nur einmal ist er an seinem eigenen Schrei erwacht. Aber da war schon alles vorüber, und er hatte bloß einen Wadenkrampf.

Helmut Schmidt ist achteinhalb Jahre Kanzler gewesen, dreimal länger als Erhard oder Kiesinger, doppelt so lang wie Brandt und nur fünf Jahre kürzer als Konrad Adenauer. Und wohl keiner hat den mörderischen Verschleiß dieses Amtes drastischer zu spüren bekommen als er. Im Grunde stand Helmut Schmidt schon seit jener Bundestagswahl des Jahres 1976 mit dem Rücken an der Wand seines preußischen Pflichtbewußtseins. So etwas wie seelische Materialermüdung und auch Zweifel daran, wie lange er sein Pflichtgefühl wohl noch ausbeuten könne, überkamen ihn immer häufiger.

Am 1. Oktober 1982 brachte ein sogenanntes konstruktives Mißtrauensvotum der neuen Koalitionspartner CDU/CSU und FDP die Regierung Schmidt zu Fall und machte den Weg frei für den sechsten Kanzler der Bundesrepublik, Helmut Kohl.

Über den soll hier nichts weiter mitgeteilt werden. Denn noch regiert er ja. □

Hermann Schreiber, 56, hat bereits in den fünfziger Jahren als Redakteur der „Stuttgarter Zeitung" und von 1964 bis 1979 als „Spiegel"-Reporter häufig aus Bonn berichtet. Auch als GEO-Chefreporter hat er über Bonn geschrieben (GEO Nr. 12/1979 und Nr. 9/1982).

Passanten auf der Adenauerallee: einsam. Die Menschen und die Tiere des Zirkus Ortmann-Orlandi leihen der verhinderten Prachtstraße der Hauptstadt ein bißchen Farbe – vorübergehend. Das Regierungsviertel versteckt sich hinter den Bäumen. Urbanität? Fehlanzeige

Eine sehr deutsche Straße

Die Bonner Regierungsallee kommt Kritikern als »Unort« vor. Andere träumen von der Via triumphalis. Unbestritten, auch unfreiwillig, ist sie eines ganz sicher: der schwierige Demokratielehrpfad einer schwierigen Republik

Von Peter-Matthias Gaede
mit Fotos von Henning Christoph

Als die Coblenzer Straße noch ein Weg durch Weingärten war, wohnte an ihr ein Mann, ein recht berühmter, den die Frage umtrieb, was es denn wohl sei – „Des Teutschen Vaterland". Die Frage stellt sich inzwischen bekanntlich bescheidener als für Ernst Moritz Arndt, der seine Gedanken 1813 noch mit den Möwen überm Belt kreisen ließ. Und doch, Probleme mit deutscher Identität bekäme der Anlieger Arndt heute schon vor der Haustür.

Denn was ist das nun, was da – mittlerweile als Adenauerallee – der ehemaligen Ehrenpforte der kurfürstlichen Residenz zu Bonn entspringt, des Dichters Rosenrabatten und den Zaun des Bundeskanzleramtes streift, als Friedrich-Ebert- und dann Godesberger Allee Parteizentralen und Ministerien passiert und schließlich im Diplomatenviertel mündet: Ist das der Deutschen Hauptstraße?

Ist das, weil Adresse von Kanzler und Präsident, „Regierungsallee", gar „Via triumphalis" der Nachkriegsdemokratie, eine „Straße, die in die Welt wirkt"?

Oder „Unort" und „Nullraum", eine Autorennbahn mit Halteverbot, die ein Sammelsurium von „Spekulationsbauten" und eine „verkrüppelte Ansammlung von Dörfern" zusammenhält?

Die Zitate, allesamt über die Lippen von Bonnern, Wahlbonnern und Qualbonnern gekommen, zeigen schon: Dies ist eine schwierige Straße, zuallererst.

Wie nirgends sonst in Bonn läßt sich hier – noch immer – verbreitete Unsicherheit in der metropolitanen Selbstdarstellung orten. Im städtischen Planungsamt, von Freunden großer Entwürfe gern als Hort zu mickrig geratener Leitbilder verdächtigt, sagt einer der dort Geplagten: „Die Gedanken um diese Straße oszillieren immer noch irgendwo zwischen Las Vegas Strip und Barockachse."

Das freilich ist ein weiter Raum. Und der Mann im Stadthaus hätte auch die Downing Street nennen können oder die Champs-Elysées, den Kurfürstendamm oder die Leopoldstraße. Denn als heimliches Objekt der Begierde geistern alle diese Berühmtheiten durch manches Gutachten und viele Köpfe in Bonn – immer noch, immer wieder mal.

Ein Zeugnis für das Wachsen der Gesellschaft und ihre Wertesetzungen

Und doch ist nur soviel klar: Während sich die Kommune rings um den Marktplatz längst kämpferisch zum Klein- und Gemütlichsein bekannt hat und der Oberbürgermeister mutig von Bonn als einer Stadt „ohne Triumphbögen" spricht, hat mit der Fahrbahn vom und zum Regierungsviertel noch niemand Frieden geschlossen. Zu kühnsten Träumen gibt es Anlaß, dieses Verbindungsstück zwischen Hofgarten und Ständiger Vertretung der DDR, und zu bitterster Enttäuschung. Wer sehnsüchtig darauf wartet, entlang dieses rund fünf Kilometer langen Asphaltstreifens möge die Republik endlich einen „Sinn für Größe" entfalten, der zählt zähneknirschend die Tankstellen, die Baulücken und faden Bürofronten und findet dann, auf der „Suche nach einer halbwegs würdigen Situation" an dieser Adenauerebertgodesberger Allee „kaum noch etwas zu retten". So jedenfalls der Befund eines kürzlich erschienenen Buches übers Bauen in Bonn. Palais Schaumburg hin, Villa Hammerschmidt her – diese Piste hier, resümierte ein anderer schreibender Zeitgenosse, mute ihn so charaktervoll an wie eine x-beliebige Ausfallstraße in Detroit.

Nicht jeden stört das unbedingt. Vielmehr: Den Kompromiß als Wesen der Demokratie, Widersprüchlichkeit und Offenheit der bundesrepublikanischen Gesellschaft sehen manche gerade mit dieser Straße repräsentiert, an der so viel gestückkelt, halbherzig an- und umgebaut worden ist und noch wird. Bonn als einzige Hauptstadt Europas ohne urbane, ohne architektonische Insignien der Macht, dazu diese B 9, das passe doch gut zusammen, ist am Rhein auch zu hören.

Der klotzige ADAC und die gefährlich schmalen Inselchen für Trambahnbesucher, der Deutsche Industrie- und Handelstag unweit der Welthungerhilfe, der militärische Sicherheitsbereich neben „Eins, Zwei, Drei Auto Service", die Hamburg-Mannheimer im Regierungsviertel, der Mercedes-Stern überm Regierungsviertel und im Museum Alexander Koenig die weltweit größte Sammlung von Kuckuckseiern in Nachbarschaft zum Regierungsviertel – sei das nicht ein irgendwie doch ganz gelungener Demokratielehrpfad?

Gewiß. Nur wandelt fast keiner auf ihm. „Straßen sind Bahnen des Lebens, auf denen man hergehen kann, aber auch hin" – der Satz des Herrn Guardini, zitiert in einer 1982 erschienenen Imagestudie über Bonn, einer „psychologischen Landkarte der Bundeshauptstadt", kann auf alles gemünzt sein; nur nicht auf die Achse Bonn–Bad Godesberg. Das Gemüt findet hier keine Haltegriffe. Und hier wird auch nicht gegangen, höchstens mal überquert, hier kann eigentlich niemand auf die Idee kommen, sich der Politik per pedes zu nähern. Hier wird gefahren, dies ist die Rennstrecke derer, die in Bonn Termine haben.

Am geräuschvollsten und wahrlich atemraubend bewußt wird einem das am „Bundeskanzlerplatz", der nichts so wenig ist wie ein Platz, ein öffentlicher Erlebnisraum, eine Einladung zum Verweilen. Statt dessen treffen hier sieben – oder sind es neun? – Fahrspuren von Reuterstraße und Adenauerallee zusammen und täglich an die 50 000 Karossen. Da braucht es gar nicht den „Pflichthaß auf Bonn", den Böll in seinen „Ansichten eines Clowns" den Intellektuellen zuschreibt. Ungute Gefühle stellen sich ganz von allein ein. Zumindest beim Fußgänger, der hier fünf Minuten 41 Sekunden braucht, nur um die Straßenseite zu wechseln; eine Springprozession zwischen Ampeln, die in mickrigem Straßenbegleitgrün wurzeln.

Nein, ihren Ehrgeiz, Flanierareale zu schaffen, hat diese Stadt ganz und gar auf den 75 000 Quadratmetern Fußgängerzone verbraucht, im Schatten von Auswärtigem Amt und Landesbehördenhaus ist das Gemeinwesen, mit der drittgrößten Personenwagendichte der Republik gestraft, die pure Autogesellschaft. Und nur folgerichtig teilen sich die Fahnen am Erich-Ollenhauer-Haus der SPD den Himmel mit dem flatternden Tuch eines Pkw-Händlers.

Dabei fängt alles ganz hübsch an, mit einer Kopie des vergoldeten Erzengels Michael von H. und W. Rothermondt im Rücken. Verläßt der Fußgänger das Koblenzer Tor, eine barocke Hinterlassenschaft aus der Zeit des Kurfürsten Clemens August, erwartet ihn auf der rheinzugewandten Seite der Adenauerallee ein kleiner Park. Aber schon in Höhe des Bonner Kunstvereins ist nicht mehr zu übersehen: Das Gestaltungsprinzip für den Pfad Richtung Politik ist der Poller, je-

Die große Geste gibt es nirgendwo

An einer Strecke, die Prestigewert besitzen soll und die doch ganz ohne architektonische Insignien der Macht auskommt, ist der Adenauerkopf des Bildhauers Pilgrim ein rares Symbol. Das Gesicht am Zaun des Bundeskanzleramtes ist denn auch eine der seltenen Herausforderungen für Besucher des Regierungsdistriktes, der ob seiner Spröde auch schon »Sparta am Rhein« genannt worden ist

FREI-
HEIT
für
El SAL-
VADOR
STOP

ner Steinwürfel, der so aussieht wie er klingt.

Als Verteidigungswall gegen parkplatzsuchende Automobilisten sicher funktional, war er einigen Kunstschaffenden im Bezirksverband Bonn beim Verband der Bildenden Künstler Nordrhein-Westfalens doch zu schmucklos. Sie regten eine freie Pinsel-Bearbeitung der Klötze an. „Farbe in die Prachtallee" titelte eine örtliche Tageszeitung im August 1974, und ein Kommentator fand das Ganze „einen frappierenden und aufregenden Vorschlag zur Stadtverschönerung".

Erfolglos. Die Poller blieben grau. Sie teilen sich das Trottoir mit ihren Verwandten, den Grünkübeln, und werden von 70 Zentimeter dicken Kunststoffkugeln beschienen, einer Kreation, die im Jahre 1970 ebenfalls schon einmal als Beitrag zu einer „Prachtstraße" annonciert wurde.

Nur, Bäume – im Namen Allee ja irgendwie doch versprochen – hatten es hier schon immer schwer. Es heißt, bereits die 3537 Linden, die der letzte Bonner Kurfürst Max Franz im Jahre 1792 an den einstigen Aufmarschweg römischer Legionen pflanzen ließ, seien noch im zarten Alter bäuerlicher Kahlschlaglust zum Opfer gefallen. Was später unter französischer Verwaltung wiederaufgeforstet wurde, stand dann neuerlich zur Disposition, als es der Kriminalobersekretär Klockner, Leib-Chauffeur Adenauers, zu eng und zu gemächlich fand auf der zunächst noch zweispurigen Trasse. Der „Bonner Generalanzeiger" vermerkte dies in seiner Ausgabe vom 3. Dezember 1955, und die Planer hatten ohnehin kapiert. Die Straße war endgültig als Transportband begriffen, als Stadtraum hatte sie ausgespielt. Die sprichwörtlich gewordene vierspurige „Diplomatenrennbahn", selbst vor dem strengen Gewaltbau des Polizeipräsidiums heute für ein innerstädtisches Tempo von 80 und mehr km/h gut, fraß sich über die Ränder, und früh-grüne Regungen in der Bürgerschaft änderten nichts daran, daß Bonn jeden ästhetischen Preis für seine politische Aufwertung zu zahlen bereit war.

Bienenzüchter und Naturschutzbeauftragte begehrten vergebens auf, als – „ausgerechnet am Tag des Baumes!" – anno 1956 stolze 72 Kastanien an der Ebert-Allee dem „Vernichtungswerk" zum Opfer fielen. Anfang der sechziger Jahre, bei der Verbreiterung der Koblenzer Straße auf 43 Meter, mußten selbst die Auslaufzonen von Bundeskanzler und Bundespräsident Bäume und Meter lassen; Gartenbaumeister Robert Flecke nebst zehn Helfern ging weiteren 26 Kastanien und Linden mitten in deren Hochblüte an die Wurzeln. Schließlich, als Verkehrsstrategen meinten, eine Hauptstadt komme nicht ohne U-Bahn aus, sie hörte hier zunächst auf den schönen Namen U-Strab, Unterpflasterstraßenbahn, fielen auch noch Platanen im Hofgarten.

Schon damals war zu lesen, es stimme nun nicht mehr, daß, wo viel Licht vorhan-

Auf Lücken, Zufalls-Resten und Verkehr gebaut

Ihren Wohnwert hat die Achse Bonn–Bad Godesberg verloren. Der ästhetische Preis für ihre politische Aufwertung war hoch. So ist die Hauptstraße der Hauptstadt Stückwerk geworden: mal von Trümmergrundstücken flankiert, bei Bedarf für den Staatsbesuch beflaggt, vor allem aber Schiene für Büroarbeiter und ganz selten noch, wie am Hochkreuz aus dem 14. Jahrhundert, historischer Verweis

Wohnbau GmbH
verzogen nach
Philosophenring 2
5300 Bonn 2 (Heiderhof)
Tel. 0 22 21 / 32 10 91

den, auch viel Schatten sei. Und bis heute werden die fast 13 600 Straßenbäume, die Bonns Statistik ausweist, überwiegend woanders gezählt.

Geradezu rührend nehmen sich da Versuche aus, dies mit Privatinitiative zu ändern. Der Presse war es immerhin ein Geschichtchen und lokaler Politprominenz einen Spatenstich wert, als sich Ende März 1982 ein Anlieger zum Pflanzen eines Rotahorns entschloß, dessen Wipfel es heute ungefähr auf Auspuffhöhe gebracht haben dürfte.

Es sei halt ein Problem, wird im städtischen Planungsamt gesagt, daß links und rechts dieser Straße, das Johanniterviertel inbegriffen, gerade man noch 4500 Menschen aus Fleisch und Blut siedelten, die auf der B 9 vernünftigerweise nichts zu suchen hätten, während die unmittelbaren Ränder der Trasse überwiegend von juristischen Personen besetzt seien. Die könnten zwar die bis zu 2000 Mark bezahlen, die der Quadratmeter hier kostet, Bürgerinitiativen, gutnachbarliche Anstrengungen für die schöne Straße hingegen seien von Banken und Versicherungen, Büroraumschaffern und Bundesbeamten, von „Fremdnutzern" eben, nicht zu erwarten.

Hermann Höcherls Seufzer, Bonn mache „einsam und leer" – wo also wäre er besser zu verstehen als hier. 299 Bewohner des engeren Parlaments- und Regierungsviertels geistern durch eine Bestandsaufnahme des Jahres 1978, 25 000 Büroarbeitsplätze zwischen Postministerium und den Kreuzbauten des Standorts Godesberg Nord, einem Ensemble für Leerfläche und Wolkenkratzer, beruhigen da kaum.

So hat der Mensch zu Fuß, notgedrungen, Abschied zu nehmen vom Gefühl, er wandle hier auf einem Boulevard. Statt dessen zeigt ihm die Allee schon in ihrem gemeinhin noch für lebendig gehaltenen Part zwischen Koblenzer Tor und Bundeskanzlerplatz, was Sache ist. Blanke Türschilder weisen Bewohner wie den Bundesverband Kabel und Satellit oder den Förderkreis Auslandsinvestitionen und Kooperation aus, Krupp und mittelständische Wirtschaft.

Die Monokultur der Büroummauerungen wird nur selten durchbrochen; durch das Beethoven-Gymnasium, dessen Renaissance-Ambiente im Zweiten Weltkrieg unterging, durch die Alt-Katholische Kirche St. Cyprian nebst Studentenwohnheim und eben jenes Häuschen des Dichters und Denkers Arndt, der einst als erster nach Süden vor die Stadt zog.

Ihm folgt das Bundespostministerium, ein dreistöckiger Aktenschrank, dessen monumentale Eingangshalle mit den ranken Betonpfeilern in Gebäudehöhe einem Kritiker als „mißglückte Anspielung auf eine klassizistische Tempelfront im amerikanischen Kolonialstil" erschien. Wie das Auswärtige Amt einige Hausnummern höher, ist auch des Postministers Arbeitsplatz in den frühen fünfziger Jahren entstanden, als die meisten Ministerkollegen noch mit Kasernen vorliebnehmen muß-

Der Staat nimmt sich die Vorfahrt *Konvois wie bei der Visite des Niger-Präsidenten Seyni Kountché gehören zwar noch zum Straßenbild. Aber immer mehr Staatsgäste kommen mit dem Hubschrauber, über Schleichwege und zu Auffahrten ohne Publikum*

ten oder anderen Behelfsbehausungen. Und wie im „Amt" nebenan herrscht auch bei den Postlern Enge. Die Post wird deshalb 1987 in die Nachbarschaft jener zwei Ministerien an der Godesberger Allee ziehen, die als „Kreuzbauten" einer grünen Wiese entwachsen sind – beruhigend weit weg für die Bewohner des schönen kleinen Bonn.

Das Auswärtige Amt aber, einstmals einer der größten Verwaltungskomplexe der jungen Republik und „Haus der elfhundert Fenster" genannt, wird dann nicht nur das jetzige Postministerium bekommen, sondern will weitere 10 000 Quadratmeter nebenan. Vor den neun Geschossen abwechslungsloser Glätte des „Amts" mag der Architekturkritikerin Ingeborg Flagge jener Satz aus der Feder geflossen sein, wonach dem Bauherrn Bundesrepublik in Bonn nur „eher unbedeutende", keinesfalls „exzeptionelle", statt dessen eben meist „durchschnittliche Qualität" geglückt sei.

Banken, Assekuranzen und das Katholische Militärbischofsamt tun ein übriges, auf der Adenauerallee die „strahlende Geselligkeit" vergessen zu lassen, welche ihr in den Archiven bestätigt wird – aus jener zweiten Hälfte des vergangenen Jahrhunderts, als dies hier noch Villen-Refugium der Millionäre und Kommerzienräte, der Rentner und Rheinromantiker war. Vertrieben aber sind andererseits auch die Arbeiter, die Händler, Handwerker und Gewerbetreibenden, deren Straße die Adenauerallee zwischen den beiden Weltkriegen auch war.

Eine 1975 erstellte Arbeit über den Funktionswandel dieser 2,4 Kilometer registrierte schon vor zehn Jahren den weitgehenden Verlust sozialer Infrastruktur, den Beginn ewiger Ladenschlußzeit und permanenter Sperrstunde für jede Gastlichkeit. Mit dem Gedanken an die widerrechtliche Platznahme in einer Bürokantine oder der Toilette des Museums Alexander Koenig muß sich seither bescheiden, wer auf dem Marsch zu den höchsten Institutionen körperliche Regungen der einen oder anderen Art verspürt. Zum Bestandteil westdeutscher Staatsidentität, soweit sie sich im Angebot an dieser Straße verfestigt hat, gehören Essen und Trinken jedenfalls nicht.

Die einzige Paarung von Pomp und Politik bleibt vornehm im Verborgenen

Müßig wäre das Lamento über die kulinarische Randzonenlage womöglich dann, wäre eine Grundforderung aus der „Image-Studie" über Bonn bereits eingelöst. Dort heißt es: „Ganz gleich, ob Lastwagenfahrer oder Staatsgast", jeder müsse beim Durchqueren des Regierungsdistrikts „qualitätsvolle Hauptstadteindrükke bekommen". Mitzunehmen wären die wohl am ehesten in unmittelbarer Nähe von Villa Hammerschmidt und Palais Schaumburg. Indessen schafft es von der Adenauerallee aus höchstens der Lastwagenfahrer, einen flüchtigen Blick über die Mauern zu erheischen. Der Staatsgast, ist er nicht gerade vom Auswärtigen Amt zur Godesberger Redoute unterwegs, wählt ohnehin mit der Polizei abgestimmte Schleichpfade von Süden durch die Rheinauen herauf. Der Pkw-Passant, von Norden kommend, taucht kreuzungsfrei in einen Tunnel ab, bevor noch die Verwandten ihren Kopf nach links wenden konnten, und kommt erst wieder ans Tageslicht, wenn das Regierungsviertel vorbei ist.

Der Fußgänger schließlich, der einen Blick auf des Bundespräsidenten Amtssitz und des Bundeskanzlers Gästehaus werfen möchte, sieht außer patrouillierenden Bundesgrenzschutzbeamten und akkurat gepflegten Parkausschnitten nur ein wenig weißstrahlendes Gemäuer, wenn er, von Kameras beobachtet, durch die Pforten linst. Jede Tagesschau eröffnet da freigiebigere Perspektiven auf die Relikte vergangener Bonner Hochherrschaftlichkeit.

Der neuerliche Bruch zum Hier und Jetzt kommt abrupt, genau dort, wo ge-

genüber der Einmündung Reuterstraße der Zaun zum Bundeskanzleramt verläuft, jenem Gebäude im dezent-bräunlichen Military-Look, das 1973 bis '76 nach einer Entscheidung, die Horst Ehmke noch als Kanzleramtsminister getroffen hatte, entstand – als Schlag ins Kontor all jener, die den Platz eigentlich freihalten wollten für eine „grüne Mitte", einen monströsen Leerraum für Sichtbeziehungen zu Bundestag und Bundesrat.

Im Angesicht von eloxiertem Aluminium ist Betrachtern des dreigeschossigen Stahlskelettbaus seither manch schmähvoller Vergleich für das Bundeskanzleramt in den Sinn gekommen. Das Wort von der „Kreisfeuerwehrschule" macht die Runde. Und ganz nebenbei ist die Metallbarriere vor dem Rasen, auf dem sich nicht mal ein Maikäfer unentdeckt anschleichen könnte, auch der Abschied von Siebziger-Jahre-Träumen, die Demokratie vor Ort städtebaulich transparent und begehbar zu machen. Zwar darf durchs Gitter geschaut werden, als Zaun-Gast der Macht kann sich aber nur schwer empfinden, wer vergeblich wenigstens nach einem Eingang der Adresse Adenauerallee 141 forscht.

Von Zeit zu Zeit versammeln sich immerhin japanische Touristen und auch deutsche um Hubertus Pilgrims Adenauerkopf, der ein wenig verloren vorm Amt seines politischen Enkels steht. Zum Gruppenbild. Der Bus dagegen, der Bonner Stadtrundfahrer gen Godesberg bringt, rauscht vorbei. Matthias am Mikrofon, Jura-Student, gehen an dieser Stelle vorübergehend die Bonnmots aus. Er spricht von einem halt „sehr funktionalen Gebäude".

Die Parlamentarier können sich großer Nähe zum Nachbarn sicher sein

Damit könnte er gleich auch noch jenes Hochhaus am Tulpenfeld gemeint haben, dessen Bauherr eine Lebensversicherung war und dessen Insassen unter anderen Volksvertreter in Raumnöten sind. 18 Geschosse Nüchternheit bauen sich neben dem Parlamentsviertel-Passanten auf, nachdem er Bundespresseamt und den Deutschen Hausfrauenbund, Texaco und den Gesamtverband der Versicherungswirtschaft hinter sich gelassen hat. Das Regierungsviertel hat der Alleen-Wanderer nun gesehen. Oder besser, er hat es nicht gesehen, er ahnt aber, was eine Schweizer Tageszeitung zu dem Satz veranlaßte, wohl in keiner anderen europäischen Hauptstadt werde Politik in so wenig dekorativen Räumen gemacht wie in Bonn.

Oder, positiv gewendet: Auch hier löst diese Straße ein Versprechen ein, worauf sich manche Hauptstadtgestalter einiges zugute halten – nämlich das neue Bonn in keinerlei bauliche Kontinuität zur Vorgeschichte gestellt zu haben. Beispiel Bundestag: Nachdem gigantomanische Neubaupläne ad acta gelegt worden sind, wird er auch weiterhin in jener ehemaligen Pädagogischen Hochschule zusammenkommen, deren Stil, Dessauer Bauhaus, den Nazis so suspekt gewesen ist.

Die Adenauerallee wechselt nun ihren Namen, wird Friedrich-Ebert-Allee, wird

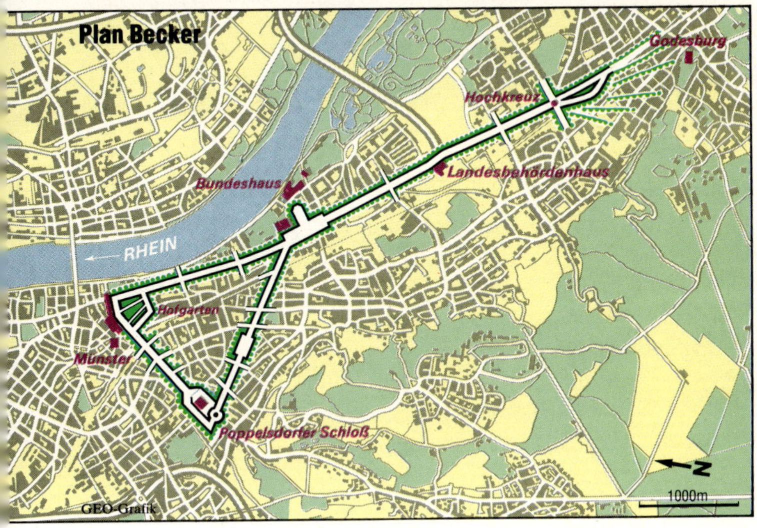

Drei optische Ausrufezeichen hat die Macht am Rhein: das Bonn-Center im Vordergrund, den »Langen Eugen« am Fluß, das Hochhaus »Am Tulpenfeld«. Planern, die nach der imperialen Attitüde suchen, war und ist das zuwenig. So schlug, 1978, der Architekt Behnisch vor, einen Großteil der Niedrigbauten zwischen den Türmen einer »Grünen Mitte« zu opfern. Und das Büro Becker stellt sich die Politik gar in einem barocken Dreiecksverhältnis zwischen Münster, Godesburg und Poppelsdorfer Schloß vor

Über dem Regierungsviertel haben Phantasien Flügel bekommen

endlos. „Tutti frutti“ sieht ein Bonner Stadtplaner hier verbaut, eben jene Randzonen-Hypothek aus der vorehelichen Phase von Bonn und Bad Godesberg, die bis 1969 darauf bedacht waren, allerlei Lärmiges und Unschönes draußen vor der Tür anzusiedeln. Bonn den Betriebshof der Stadtwerke, Bad Godesberg eine Kläranlage und so weiter.

Immerhin, ab Einmündung Friedrich-Wilhelm-Straße sind wieder ein paar Menschen zu sehen, Bewohner des rheinwärts gelegenen Johanniterviertels. Nach Überschreiten der Adalbert-Stifter-Straße ist mit der Nachbarschaft eines Lebensmittel-Ladens und einer Pizzeria fast schon eine Art Kommunikations-Zentrum erreicht und hinterm Roten Kreuz folgt, in Metern gemessen, ein weiterer architektonischer Höhepunkt der Bonner Hauptachse: das Konrad-Adenauer-Haus, Hort der CDU und diverser Untermieter wie dem Bundesverband der Bilanzbuchhalter.

Einen „grauschwarzen Anzug mit Schlips und Ziertuch“ habe sich die CDU gegönnt, wurde 1971 geschrieben, das Gewand einer „tüchtigen, unauffälligen, angepaßten Firma ohne viel Phantasie“. Für das die Städtische Sparkasse 17 Millionen geliehen hatte. Ob hier auch Baugeschichte geschrieben wurde, steht seitdem dahin. Ein Geschichtchen war es allemal, als die Christdemokraten 1971 begehrten, die Erinnerung an einen SPD-Reichspräsidenten auf dem Adressenstempel tilgen zu können. Adenauer sollte verlängert werden. Aber Ebert blieb.

Und geblieben ist auch die britische Botschaft gleich nebenan, ein Denkmal, das der Ex-Diplomat und Schriftsteller John Le Carré in seinem Bonn, „Eine kleine Stadt in Deutschland“, zur Kulisse eines Thrillers machte. Das Botschaftsgehäuse sah Le Carré im blassen Rheinnebel umringt von der „ganzen künstlich geschaffenen Wildnis der Beamtenstadt Bonn“ mal wie ein „Hilfslazarett“, mal wie den „stillosen Gebäudeblock einer Fabrik“ vor sich liegen; eine Erscheinung von „tölpischer Selbstverleugnung“, ein „graues Lächeln“ für den Verbündeten Bundesrepublik.

Den Mister Le Carré hat vor allem das freie Feld, das „braune Heideland“ inspiriert, auf dem er die britische Vertretung vorfand, jenes Behelfs-Ambiente, das ihm Beweis war für das „unnatürliche Haupt-Dorf“ Bonn mit seinen immer irgendwo unfertigen, düster ragenden Gebäuden.

Da würde er noch heute fündig. Auch wenn die Schafherde, die bis vor einigen Jahren die Repräsentationsachse der Republik just hier kreuzte, nicht mehr ist. Ein Autobahnstummel trennt die Briten nun von der größten Baustelle, die sich Bonn zur Zeit leistet: Godesberg Nord, ein von Brombeeren, Disteln und Stacheldraht gesäumtes Stück Godesberger Allee, das die Leblosigkeit eines Betonwerks am Sonntag verstrahlt. Gewaltig ragen hier die Ministerien für Justiz, für Bildung und Wissenschaft und für Forschung und Technologie himmelwärts, weit hinten wächst die Post – dies könnte nun wirklich Detroit sein. Oder, wie Le Carré befand, ein Ausschnitt aus Londons Westumfahrung. Ein Stück vom „Grundtyp S Null“, der Kategorie aus der Bonner Imagestudie für Straßen ohne „Humanwert“.

Bis sich die Godesberger Allee mit einer Kurve unter der Bundesbahntrasse verdrückt, folgt nun auch nichts Bedeutungsvolles mehr; das unrühmliche Ende ihrer Problemmagistrale hat Verkehrsplaner schon von Tunnellösungen träumen lassen; den Fußgänger schlägt es, nun auf der rheinabgewandten Straße dieser Godesbergerebertadenauer-Allee, gleich ein ganzes Stück retour. Denn wieder sind da lediglich die Auffahrten zu Benzinstationen zu kreuzen, der Chinese im ADAC hat noch geschlossen, die Mehrzahl der hier ansässigen Botschaften ist glatt zu verpassen. Und wer nicht gerade einen Termin beim Fachverband der Gewürzindustrie hat, muß nicht hier sein, wo das Grau obwaltet und sich den Augen drei- bis vierstöckige Uniformen unter verschiedenen Hausnummern offerieren. Hinter der Wucht der Polizeizentrale, nordwärts, folgt Siemens, nistet der Bundesverband Bürgerinitiativen Umweltschutz in einer verloren wirkenden Villa und nach der unauffällig modernen SPD regieren nochmals Reifen- und Elektrobranche das Straßenbild.

Menschen? Wohnen sie überhaupt noch hier, sind sie schwer zu finden. Und haben's schwer. Das Fließband vor ihrer Haustür atmet von Rush-hour zu Rushhour, ist auf die Beförderung von Mengen angelegt, zu schnell fürs Heimischfühlen, zu breit für die Besitznahme, zu offiziell für Privatheit. Unweigerlich heftet es jenen, die hier ausharren, ihre Fenster mit

Strohsternen oder Zierpflanzen schmükken, etwas Fossiles an.

Adenauerallee Nr. 236, wieder gegenüber dem Bundeskanzleramt: Hier wohnt, seit 1950 in Bonn, Dr. Constantin Cramer von Laue, ein Achtzigjähriger mit Kanzlerportraits und Offizierssäbeln an den Wänden und einem Lexikon der Fürstlichen Häuser im Regal. Erwartungen, aus seinem Munde könne die Geschichte der Straße, an der er wohnt, lebendig werden, enttäuscht der alte Herr. Ab und an kommen die Autokolonnen mit Staatsgästen vor seinem Küchenfenster zum Halt, aber, sagt er, „hier passiert nichts mehr". Die Zeit der „großen Residenzen à la Berlin" hat er schon noch im Hinterkopf, wenn er von den „plebejischen Zeiten" spricht, wobei er mit Plebs „auch die Spießbürger" meine, denen vor der Tür zu begegnen sei.

So bleibt es für den Enttäuschten bei jenem „einzigen anständigen Haus in Bonn", dem Palais Schaumburg, dem er – 1971 – eine nie veröffentlichte 284seitige Laudatio gefertigt hat. Seinem liebevollen Blick aber entzieht es sich, baumumstanden, nun auch schon seit geraumer Zeit. Da müßte er sich, wie die Herrn von der Sicherheit es bei heiklen Staatsbesuchen tun, in höhere Stockwerke am Rande der Bannmeile verteilen, wollte er wenigstens ein Stück des Weges zur Herberge der „Spitzenpersönlichkeiten" sehen.

Vor dem Haus also um alle schönen Aussichten gebracht, und nebenan, seit dem Abriß der „Rheinlust" im Jahre 1974 auch um den historischen Treff für ein Bier mit Bundesbeamten, wendet sich das Leben des pensionierten Kanzlerbediensteten nunmehr der rückwärtigen Seite der Adenauerallee zu, dorthin, wo Efeu rankt und Vögel zwitschern.

Auf der politikzugewandten Seite dagegen – eben „Ödnis". Ein Eindruck, der auch die Nachbarn ankommen kann, das Ehepaar Stollenwerk etwa, obwohl es mit der Kneipe „Provinz" das Sozialzentrum der Region betreibt. Der kleine Sohn der Stollenwerks kurvt am Rande des Bundeskanzlerplatzes, der Kinderfeindlichkeit des Areals zum Trotz, mit dem Dreirad herum. Aber das könnte auch eine Fata Morgana sein. Wenn die Stollenwerks aus dem Fenster gucken, sehen sie sich in der Regel allein auf weiter Flur. „Mensch", wird ihnen dann bewußt, „hier wohnste wie auf einer Insel."

Im Süden »Diplomatenrennbahn«, im Norden ein Versuch zum Boulevard

Schnelle Fahrt vor den Ministerien für Bildung und Forschung. Die massigen Kreuzbauten liegen an jenem Teil der Allee, der das Parlamentsquartier mit Bad Godesberg verbindet, dem Sitz vieler Botschaften. Während hier Fußgänger von jeher zur Randexistenz verdammt waren, bemühen sich Stadtgärtner und -planer in der Nähe des Hofgartens um ein bißchen Flanierzonen-Ambiente. Grün aus der Retorte und Licht aus Kugellampen sollen den Übergang vom politischen zum freundlichen Bonn annoncieren

Der Felsen im Hintergrund, das „Bonn-Center", teilt diese Lage. Ende der sechziger Jahre als Vorbote eines neuen Regierungsviertels entstanden, ist die 18geschossige Litfaßsäule zwar so etwas wie das Ausrufezeichen des gesamten Quartiers geworden, aber nie Zentrum. Schon weil die Zufahrtswege kaum zu finden sind. Während die Fassade, zugedeckt mit Werbung für Coca und Stahl, Bier und Aluminium, als Kommerz-Pendant zur Politik hinüberleuchtet, stapelt sich dahinter manch Standortproblem. Auf dem Dach der Sammelunterkunft für Hotel und Läden, Büros und Bowling-Bahn, dreht sich, sichtbar „dem Lastwagenfahrer wie dem Staatsgast", der „gute Stern auf allen Straßen", im Tiefgeschoß modert der Beton und hat ein Herrenausstatter sein Geschäft mit Verweis auf die Innenstadtfiliale „vorübergehend geschlossen".

Immerhin, eine dieser von vielen so schmerzlich vermißten „Architekturdominanten" entlang der an Blickpunkten armen Hauptstraße ist das Bonn-Center ganz gewiß – in Höhe mal Breite mal Länge. Viel Merkwürdiges wartet dann nicht mehr in Richtung Norden und zurück zum Ausgangspunkt. Die Adenauerallee auf ihrer rheinabgewandten Seite beginnt an der Einmündung Reuterstraße mit dem Pavillon einer Autovermietung, versammelt an ihrer Seite noch einmal den Bund der Steuerzahler, Burschenschafter und einige Botschaften, ein paar Automaten für Zigaretten und Boulevardzeitungen, den Deutschen Vieh- und Fleischhandelsbund, Bürotechnik, den Deutschen Landkreistag und ein Verpackungsunternehmen.

Einziger Fixstern in diesem etwas verzagten Rest urbanen Allerleis: das Zoologische Museum Alexander Koenig, ein Haus mit Geschichte und breiter Front, ein Hauch Renaissance in der Kette der Zweckbauten. Die Hinterlassenschaft Alexander Koenigs, Grundsteinlegung 1912, versammelt 110 000 ausgestopfte Tiere an der Adenauerallee. Aber darüber hinaus war dies Haus auch Kriegs- und Nachkriegsschauplatz, Lazarett, Kaserne, Ausweichquartier für die erste Beethoven-Woche nach 1945, schließlich der Ort, an dem die Weichen für die Bundeshauptstadt Bonn gestellt wurden. Es gehört zum örtlichen Anekdoten-Schatz, daß die Eröffnungssitzung des Parlamentarischen Rates am 1. September 1948 die unmittelbare Zeugenschaft von Kaffernbüffel und Patagonischer Hasenmaus hatte. Daß Breitmaulnashorn und Großer Kudu beiseite geschoben werden mußten, damit 65 Parlamentarier Platz hatten, die sich am 10. Mai 1949 – wie im November 1949

VOGUE
PARIS

Blömer for **K**ids.

Blömer for **M**en.

Eine komische Miniatur aus der Fensterfront des Auswärtigen Amtes mag Erinnerung sein an jene Phase, als das politische Bauen in Bonn noch nicht ganz ernstgenommen und als momentane Auslagerung empfunden wurde. Doch das »Amt« baut und wächst in Bonn

Was einst als Provisorium galt, ist nun auf Dauer einbetoniert

dann auch der Bundestag – mehrheitlich für das Provisorium und gegen Frankfurt entscheiden sollten.

Seitdem trägt auch die frühere Koblenzer Straße unter der Last, Symbolträger zu sein. Es könnte einem nun einfallen, sich an den einzigen ins Freie gerückten Tisch an dieser Straße zu setzen, ein Kioskpächter hat ihn aufgestellt, und zu denken: Das ist sie nun, die Hauptstraße zur Hauptstadt, ein durchschnittliches Ding ohne Charisma, Ende.

Tatsächlich aber findet dieses Stück Deutschland in den Köpfen von Politikern und Planern, Städtebauern und Landschaftsarchitekten noch lange kein Ende. Die Bundesdeutschen mögen sich peu à peu mit ihrer Kapitale befreundet haben; eine jüngere Umfrage erbrachte ein 61prozentiges Pro-Bonn. Aber was der „Bauherr Demokratie“ aus der Stadt machen sollte, schwankt nach wie vor zwischen dem bescheidenen Bekenntnis zur Unfertigkeit als städtebaulicher Tugend und der großen, der endgültigen Vision.

Damit nach einer im Frühjahr beginnenden Umbauphase dereinst wenigstens ein Stück Parlament von der Adenauerallee aus zu sehen sein werde, lebt der Gedanke von einer „halbierten grünen Mitte“ fort. Sollte sie kommen, würde das unter anderem den Abriß des Bundespresseamtes bedeuten, das zur Zeit noch die Sicht aufs Regierungsviertel versperrt. Aber sicherer als das ist vorerst ein anderes Projekt: das „Haus der Geschichte“ – eine Lieblingsidee des amtierenden Kanzlers, die an der Ecke Adenauerallee/Rheinweg voraussichtlich ab 1988 Gestalt annehmen soll. In unmittelbarer Nachbarschaft sind auch eine Kunst- und Ausstellungshalle des Bundes und das Kunstmuseum der Stadt geplant, Teile eines gegenwärtigen Baubooms in Bonn, den allein der Bund in seiner mittelfristigen Finanzplanung mit 1,3 Milliarden Mark fördert.

Ob Geschichte und Kunst die offensichtlich herbeigesehnte Wende an der Adenauerallee bringen, ihr politisch und optisch den Durchbruch zur Vorzeigestrekke der Deutschen bescheren – es bleibt dennoch dahingestellt. Denn die Wahrscheinlichkeit ist groß, daß sich das Kunstmuseum mit einer mehr als 100 Meter langen und über 13 Meter hohen Mauer gegen die Straße abschirmen wird. Die „Klosterlösung“ nennt das ein Mitglied der städtischen Planungskommission, das realistische Fazit aus der Tatsache, daß Passanten hier ohnehin nur mit dem Auto vorbeikämen – und folglich auf den Mittelstreifen fixiert seien, nicht auf eine noch so schöne Museumsansicht.

Und was die politische Relevanz des „Hauses der Geschichte“ betrifft, da hat Städtebauminister Schneider, CSU, schon Stopp-Zeichen gesetzt, die nach einer modernen Übersetzung des alten „Provisoriums Bonn“ klingen. Bonn, sagte er bei Verkündung des Kabinettsbeschlusses, „ist die Hauptstadt der Bundesrepublik Deutschland – die Hauptstadt Deutschlands ist und bleibt Berlin“. Deshalb könne am Rhein zwar ein „Haus der Geschichte“ stehen, ein „Museum für die Geschichte des Deutschen Volkes“ aber nur an der Spree.

Vielleicht sind es solche Botschaften, die im städtischen Planungsamt die Zweifel nähren, ob die Nordsüdfahrt Bonn–Bad Godesberg jemals etwas anderes werden kann als „das Kaugummi, das jeder mal in den Mund nimmt“. So jedenfalls sieht es einer der Ortskundigen dort, die in die undankbare Aufgabe verstrickt sind, dem „schwierigen Bauherrn Bund“ und allen Verfechtern des großen Wurfs immer mal ganz pragmatische Dämpfer verpassen zu müssen. Planer Dr. Busmann beispielsweise, als Abteilungsleiter hauptamtlich mit der problematischen Achse befaßt, favorisiert längst die Reparatur-Devise: Das Ding wird grundsätzlich häßlich bleiben, wie mach' ich es mit Kleinkram schöner?

Sein Kollege El Banna assistiert ihm dabei: Seit der Landschaftsarchitekt Hansjakob 1980 im Auftrag der Stadt Bonn ein Entwurfskonzept zur „Regierungsallee“ gefertigt hat und zu dem Schluß kam, an der B 9 sei eine „einheitlich gestaltete stadträumliche Lösung nicht mehr denkbar“, ist auch El Banna die Wiederaufforstung der Allee als „ordnendes Prinzip“ ein Rettungsanker. Grün als Dekor, um Planungsfehler und -ratlosigkeit zu tarnen – diese Kritik wird er wohl kennen. Aber er steht dazu: „Es müssen halt Bäume her, wenn an der Architektur nichts mehr zu ändern ist.“

Ist wenigstens dies das letzte Wort? Nein. Denn seit einigen Monaten kursiert im Bonner Stadthaus ein Entwurf, eine „verkehrsstädtische Grundlagenstudie über die Gestaltung öffentlicher Räume“, die eher nüchternen Naturen die Socken auszieht und Romantikern die Augen übergehen läßt: Schöner, zuckriger als alles, was Bonn seit dem Ende der Kurfürstenregentschaft gesehen hat, soll die Allee nach Godesberg ihre endlich barokke Geburt als Schmuckachse feiern, ein Gemütsnerv von Höhepunkt zu Höhepunkt, eine Prestige-Traversale, die afrikanischen Staatsgästen Ehrfurcht gebietet und deutscher Seele Sahne gibt.

Der Plan, eine 1984er Kreation des Mainzer Stadtraumgestalters Becker, schert sich nicht um Kleinigkeiten, er setzt die Allee in einen dreieckigen Zusammenhang zwischen Poppelsdorfer Schloß, der Godesburg und dem Bonner Münster, er ruft einen Europa-Platz aus und stellt sich die britische Botschaft als dekorativen Halbkreis vor. Er verschwenkt und begradigt Achsen und läßt sie auf das CDU-Emblem auf dem Dach des Konrad-Adenauer-Hauses zulaufen. Er dringt tief in den Garten des Palais Schaumburg ein und erklärt ein dort zu verankerndes Monument mutig zum „point of view“. Er will Geometrie und prunkvolles Wipfelrauschen und einen Bundeskanzlerplatz so groß wie den Hofgarten.

Der Plan soll Freunde haben. □

Peter-Matthias Gaede, 34, ist GEO-Redakteur.

Wer Bonn besucht, kommt am Deutschen Herold nicht vorbei.

Bonn – Poppelsdorfer Allee. Hier, an der barocken Schloßachse, zwischen dem Kurfürstlichen Schloß und der Friedrich-Wilhelm-Universität im Herzen der Stadt, finden Sie die Hauptverwaltung der Unternehmensgruppe Deutscher Herold. Sie wurde 1922 in Berlin gegründet und entwickelte sich im Laufe der Jahre zu einer der führenden Versicherungsgesellschaften Deutschlands. Seit 1947 ist die Bundeshauptstadt nun Sitz der Hauptverwaltung.
Ein dichtes Außendienstnetz sorgt dafür, daß überall in Deutschland einer unserer rund 7.500 Mitarbeiter in Ihrer Nähe ist. Den richtigen Gesprächspartner finden Sie aber auch in jeder unserer 42 Geschäftsstellen.

Und wenn tatsächlich mal etwas passiert: Wie gut eine Versicherung ist, kann sie am besten im Schadenfall beweisen. Deshalb wird auf schnelle Schadenabwicklung beim Deutschen Herold besonderer Wert gelegt. Wir meinen, daß Sie als Kunde mit Recht erwarten dürfen, daß Ihnen im Ernstfall auch rasch geholfen wird.

Kundenfreundlichkeit ist kein Schlagwort für unsere Mitarbeiter, sondern ein Grundsatz, der für die gesamte tägliche Arbeit gilt.

Deutscher Herold
Versicherungen

Das dekorative Mandat

Prunkvolle Repräsentation, Symbole, Orden und Ornamente, Schmuck und Schnörkel – der demokratische Staat scheint sie zu brauchen. Und Bonn, ansonsten nicht gerade im Ruf, Versailles nachzueifern, kann durchaus Staats-tragend sein, kann den Frack anlegen, wenn die Bundesrepublik Flagge zeigen will.

Allerdings: Hinter den Kulissen – und vor den manchmal gut 250 offiziellen Empfängen im Jahr – löst sich in viele kleine Handgriffe auf, was immer wieder als das große Ganze ganz groß in Form kommen muß. Beispielsweise bei der Bonner Fahnenfabrik oder in Lüdenscheid, bei der Firma Steinhauer und Lück, wo am laufenden Bande an Verdienstorden verdient wird. Oder im Fuhrpark des Bundestages, wo Autos zu Staatskarossen aufpoliert werden. Oder bei Stephan Sand, dem Bonner Verleih für Gesellschaftsgarderobe, der Parlamentariern von Notfall zu Glücksfall ins commentgemäße Dressing verhilft.

Viel Frack, viel Orden, in der sozial-liberalen Ära vorübergehend etwas aus der Mode gekommen, sind auf der Höhe der protokollarischen Leiter wieder „in". Fertigungskosten allein eines Großkreuzes: 1600 Mark. Der Leihfrack ist da billiger zu haben: für 150 Mark; inklusive kleiner Änderungen an Ärmel und Bund.

Der Bund dagegen scheut Kosten nicht, wenn auf Schloß Augustusburg der Bundespräsident zum Staatsbankett bittet: Dann stellt der Party-Service von Steigenberger Heerscharen sicherheitsgeprüfter Ober ab, verlegt die Kölner Firma Grein Orient-Teppiche, und Schüler der Bonner Lehranstalt für Floristik lassen Blumen von Pracht und Herrlichkeit sprechen.

Der Staat will auch mal schön sein. □

Orden: Massenlieferung aus Lüdenscheid

Karossen: Glanz-Lack für die Auto-Gesellschaft

Frackverleih: Modehaus für Volksvertreter

Teppiche: Bodenpflege für Gäste

Fahnen: Tuch aus Bonn für den Besuch aus aller Welt

Augustusburg: Essen auf höchster Stufe. Schwarzwälder Charlotte mit Brombeeren, Brombeermark und Mandelkippen

Porzellan: 15 000 Mark, das edle Stück

Blumen, Blüten, Festtagsgrün: Es wird komponiert, was auf den Tisch kommt

»Es ist die gleiche alte Macho-Wirtschaft wie vor 30 Jahren«

Hildegard Hamm-Brücher, FDP-MdB

Ehrgeizloses Informiertsein? Klaglose Büroarbeit? Blumen für die Dame? Den Frauen in Bonn genügt das nicht länger

Der mühsame Marsch durch die Konventionen

Von Renate Faerber-Husemann
Fotos von Dorothea Schmid

Es ist die gleiche alte Macho-Wirtschaft wie vor 30 Jahren. Die Frauen sind die fleißigen Bienen, passen sich an die Männer an, fallen immer wieder zurück in die alten Abhängigkeiten." So herzhaft kann Hildegard Hamm-Brücher, FDP, am Telefon schimpfen. Sie hat sich ihren Beinamen „die Streitbare" im Laufe von fast 40 Jahren in der Politik ehrlich verdient. Obwohl sie zu den wenigen Frauen gehört, die es geschafft haben, ganz nach oben zu kommen: Ihre Bilanz ist negativ. Bonn erscheint ihr mehr denn je als „Tollhaus"; und die Frauen in ihm: so hochqualifiziert – und einflußlos wie eh und je.

„Frauen vor Flußlandschaft" – in seinem letzten Roman hat auch Heinrich Böll Bonner Frauenleben gezeichnet. Aber er hat nicht auf die Politikerinnen geschaut. Er schreibt über die Frauen im Bonner Hintergrund, die Ehefrauen und Freundinnen der handelnden Männer. Diesen Frauen gesteht Böll mehr Menschenverstand, mehr Moral, mehr Wärme zu als ihren überwiegend zynischen und korrupten Gatten – dafür landen sie dann auch in feinen Klapsmühlen, begehen Selbstmord, lassen sich vom Mann als Edelnutte verkaufen.

Mit wieder anderen Frauen in Bonn beschäftigt sich gerne auch die Boulevard-Presse. Bevorzugt mit den Sekretärinnen. Denen hängen die blöden Witze über Vorzimmerdamen, die allesamt mit ihren Chefs schlafen, inzwischen ebenso zum Halse heraus wie die Tränendrüsen-Geschichten über die Einsamkeit der Frauen in Bonn. Alkoholabhängig, tablettensüchtig und depressiv dämmern sie angeblich, wenn am Freitag die letzten Intercity-Züge in die Provinz abgefahren sind, einem öden Bonner Wochenende entgegen. Als leichte Beute für jeden Kerl aus dem Osten, der etwas zum Spionieren sucht.

Das Schlimme ist: An all den abgeschmackten Klischees ist etwas dran. Die leeren Abende nach hektischen Tagen, die Samstage und Sonntage, die langen Parlamentsferien machen gerade den vielen alleinstehenden Frauen klar, daß die Bürogemeinschaft eben doch kein Ersatz für Familie ist.

„Allein essen gehen, das machen Sie höchstens dreimal, dann nie mehr," sagt Fee Vosshenrich, Mitarbeiterin des CDU-Abgeordneten Karl-Heinz Hornhues. Das Büro im 7. Stock des „Langen

Fee Vosshenrich, Mitarbeiterin eines MdB:

»Die Männer machen die Gesetze, für uns gibt es keins«

Eugen“ ist ihr „so was wie die soziale Zelle hier“. Die verwitwete Wahl-Bonnerin mit zwei Töchtern weiß, daß es jene Frauen besonders schwer haben, die sozusagen im Gepäck ihrer Abgeordneten in die Bundeshauptstadt gekommen sind – und dann keine Zeit finden, soziale Kontakte aufzubauen. „Viele sind frustriert, haben Depressionen und ab und zu stürzt sich jemand aus dem Fenster.“

Zu sagen haben sich die MdBs und ihre Mitarbeiterinnen wenig, ist die Erfahrung von Fee Vosshenrich: „Das merkt man bei den Etagenfesten zweimal im Jahr auf diesem unnützen Flur.“ Dabei tippt die gelernte Fremdsprachenkorrespondentin längst nicht nur Briefe, sie organisiert auch die Wahlkreisarbeit und das Büro des Abgeordneten, wertet Papiere aus, empfängt Besuchergruppen, führt Terminkalender und bearbeitet Petitionen. Ein unsicherer Posten, denn wird ihr Abgeordneter nicht wiedergewählt, sitzt sie auf der Straße. Die Kündigungszeit selbst nach zehn oder 15 Jahren: sechs Wochen zum Quartalsende. Von der Machtnähe ihres Arbeitgebers hat die Sekretärin nichts. „Die machen hier die Gesetze, aber für uns gibt es keins“, sagt Fee Vosshenrich. Und sie sagt es erbitert, auch wenn sie sich bei ihrer Arbeit sonst ganz wohl fühlt: „Jeder Tag ist anders, und es gibt hier keine Hierarchie wie in einem Ministerium oder einem Industriebetrieb.“

Aber das regierungsamtliche Bonn ist bis heute eben der reine Männerclub geblieben, und nirgends wird das deutlicher als in der Parlamentarischen Gesellschaft, im Presseclub, bei „Karlchen“ oder bei „Ossi“ an der Bar. Dort werden die männlichen Seilschaften gebildet; die Politikerinnen sitzen derweil in ihren Büros oder Apartments und studieren Akten.

„In Bonn lebt man nicht. Weil mir das klar ist, leide ich nicht an Bonn“, sagt eine der Spitzenfrauen, die stellvertretende Vorsitzende der SPD-Bundestagsfraktion, Herta Däubler-Gmelin. Die glänzende Debattenrednerin gibt ungeniert zu, daß Politik ihr einen Heidenspaß bereitet. Ihr Gelächter, wenn sie sich über männliches Dominanz-Gehabe lustig macht, geht durch die Wände. Vor Vokabeln wie „Macht“ und „Einfluß“ zuckt sie nicht seelchenhaft zurück. Beides will sie und hat sie. Daß sie, statt sich der Pflege des deutschen Bieres und der deutschen Stammtisch-Gemütlichkeit zu widmen, durchdachte Papiere zur Ausländerpolitik oder zur Gen-Technologie, zu Frauenfragen und zur Rechtspolitik vorlegt und immer ein bißchen schneller denkt als das Gros der Männer, hat der Politikerin bleibende Feindschaften eingetragen. Wird nicht sofort zur Sache gesprochen, kann sie bissig und ungeduldig werden. Ihre Wärme und Herzlichkeit versteckt sie fast ängstlich, läßt sich nur bei ganz wenigen Freunden in Bonn einmal durchhängen.

Herta Däubler-Gmelin, SPD-MdB:

»In Bonn lebt man nicht; weil mir das klar ist, leide ich nicht«

Das Thema Doppelbelastung, das Herta Däubler-Gmelin als Frauenpolitikerin ständig thematisiert, erlebt sie selbst sehr konkret. Wegen ihrer beiden Kinder jettet sie am Abend von Bonn nach Stuttgart, fährt von dort weiter ins dörfliche Zuhause bei Tübingen und fliegt am nächsten Morgen, nach dem Frühstück mit Sohn und Tochter, wieder allein mit dem ersten Flieger nach Bonn. Wegen der Kinder läßt sie abendliche Hauptstadttermine sausen. Wenn sie zwischen dem Feierabend im Abgeordnetenbüro und den Aufgaben, die am nächsten Morgen in Bonn warten, in Tübingen war, wissen es nur ihre engsten Mitarbeiterinnen.

„Wir müssen heute noch genauso tapfer sein wie die Suffragetten und Blaustrümpfe – man merkt's nur in der Öffentlichkeit nicht so deutlich“, meint die CDU-Abgeordnete Renate Hellwig, die wie Herta Däubler-Gmelin promovierte Juristin ist. Die Abgeordnete, die ohne Rücksicht auf die Karriere für die ihr wichtigen Anliegen auch mit der eigenen Fraktion in den Clinch geht, sitzt in ihrem Bonner Apartment, das eher Behausung als Zuhause ist, und überlegt laut vor sich hin, ob sich das alles gelohnt hat: „Es trifft mich, wenn ich höre, ja für dich ist das kein Kunststück, du kannst ja leben wie ein Mann.“ Die Junggesellin, für die der bewußte Verzicht auf Kinder schmerzlich ist, weiß: Diese Spaltung wird sie ihr ganzes Leben lang begleiten, das Entweder-Oder wird immer an ihr nagen. „Ich werde das zeitlebens als Mangel empfinden. Und ich will wenigstens für die anderen das Sowohl-als-Auch erkämpfen.“

Selbstironisch erzählt Renate Hellwig, schon ihr Vater habe sie immer gewarnt: „Mädchen, lern nicht so viel, sonst kriegst du keinen Mann.“ Heute lebt sie drei Leben. Ein privates mit Freunden und Familie in München, eines im württembergi-

Renate Hellwig, CDU-MdB:

»Wir müssen heute noch genauso tapfer sein wie die Suffragetten«

Heike Stollenwerk, Kneipen-Wirtin:

»Wer sich hier spreizt, der macht sich doch lächerlich«

schen Wahlkreis, eines in der Bundeshauptstadt. Obwohl – das Wort „leben" paßt auch ihr nicht gut für Bonn: „Das ist eine selbstgewählte Isolation. Ich bin hier zum Arbeiten."

Die Frauen von der Grünen-Fraktion gehen immerhin schon mal in die „Provinz", für viele die einzige bewohnbare Kneipe im Dunstkreis des Regierungsviertels. Dort paßt die wachsame Wirtin Heike Stollenwerk höllisch auf, daß niemand – der das nicht selber möchte – „angemacht" wird. „Wer sich hier spreizt", sagt Heike, die fast alle ihre Gäste kennt und duzt, „der macht sich lächerlich."

In Heikes Kneipe – vor allem für linke Sozis, Grüne und Journalisten zeitweise ein zweites Wohnzimmer – fällt die Isolation mancher Frauen, die nicht zu einer der fröhlichen Cliquen gehören, besonders auf. „Diese Anfälligkeit für Spione", meint Heike, „die hat was zu tun mit dieser Einsamkeit." Das meist lustige Gesicht der Wirtin kann grimmig werden, wenn in Sitzungswochen, „an Abenden, wo's nirgends Freibier gibt", so eine lärmende Chauvi-Gruppe durch die Tür drängt und versucht, das kleine Lokal zu beherrschen. Was sich dann manchmal anspinnt, hat mit Romanze nichts zu tun. „Da reißen sich zwei Einsame auf, weil sie Angst haben, allein nach Hause zu gehen."

Mit dem Bonner Dasein haben auch die selbstbewußt auftretenden Grünen-Frauen so ihre Probleme. Eine von ihnen, Margareta Wolf, wurde sogar zum Aufgeben gezwungen. Sie trat von ihrem Posten als Bundesvorstandsmitglied zurück, weil die politische Arbeit sie das Sorgerecht für ihr Kind gekostet hat. Das Engagement der Mutter sei dem fünfjährigen Sohn nicht zuzumuten, befanden die Richter eines Familiengerichts. Von der politischen Arbeit des Vaters war nicht die Rede. Devise: eine Frau in der Politik hüte sich vor einer Scheidung, sonst ist sie ihre Kinder los.

Die Kinder, so räumt Christa Nickels ein, waren der Hauptgrund für das „Feminat" bei den Grünen. Ein Jahr lang wurde die Fraktion von sechs Frauen geführt. „Wir wollten unsere Kinder nicht so lange in den Schrank stellen", sagt Christa Nickels, „wenn eine von uns Probleme mit der Familie hatte, sprang eben eine andere ein. Wir wußten, mit Männern zusammen wäre das nicht möglich gewesen." Die frühere Krankenschwester auf einer Intensivstation, seit der Rotation Fraktionsmitarbeiterin, spottet: „Einsicht bei den Männern, das kann man vergessen. Nicht offen, aber subversiv sind sie doch Patriarchen. Und manchmal hab' ich bei ihnen das Gefühl, ich müßte Helmut Kohl überzeugen." Renate Mohr, seit zweieinhalb Jahren in der Fraktionspressestelle der Grünen, kann ergänzen: „Am Anfang hab' ich mich wie die Hausfrau der Pressestelle gefühlt zwischen den beiden Männern. Während ich mich durch die Papierberge gearbeitet habe, schön systematisch und ordentlich, flippten die rum."

Seit dem Coup der Frauen bei den Grünen ist die Bonner Männerwelt nicht mehr ganz das, was sie vorher war. Sogar männliche Leitartikler beginnen, sich mit diesen Bonner Frauen zu beschäftigen. „Die neuen Frauen" werden sie genannt. Es wird gerätselt, ob sie eine „andere politische Moral" haben als die Männer, ob sie zu viel oder zu wenig Gespür für die Macht entwickelten.

Richtig ist sicher, daß Frauen in der Regel andere politische Biographien haben als Männer. Viele waren jahrelang zu Hause bei den Kindern, haben freies Reden und politisches Handeln in Bürger-Initiativen, Elternräten der Schulen, Gemeindeparlamenten gelernt. Und auch wenn's abgedroschen klingt: Sie wollen etwas machen, nicht etwas werden. Da unter den Frauen in Bonn die stromlinienförmigen, austauschbaren Funktionärstypen noch relativ selten zu finden sind, reagieren sie auch weniger ängstlich als die Männer. Politik ist nicht ihr einziger Lebens-

»Am Anfang fühlte ich mich wie die Hausfrau der Pressestelle«

Renate Mohr, Die Grünen

inhalt, sie verweigern sich eher. Bonn als Lebensziel – entsetzt winken auch politische Naturtalente ab. Typisch ist da Christa Nickels: „Wenn ich gemerkt hätte, daß die Kinder das nicht packen, hätte ich die Brocken geschmissen."

Zwölf Jahre lang war Gaby Witt, heute Referentin bei Herta Däubler-Gmelin, im 16. Stock des Abgeordnetenhochhauses so etwas wie die Mutter der Etage für wechselnde sozialdemokratische Politiker: „Die 16. Etage war meine Familie", sagt sie, „lange habe ich gebraucht, bis ich gelernt hatte, daß ein Lächeln in Bonn nichts bedeutet. Die Heuchelei hat mich körperlich kaputtgemacht." Irgendwann lag Gaby Witt dann mit Nierensteinen im Krankenhaus. Sie will nicht ausschließen, daß dies ihre Rettung war. „Es hat verhindert, daß ich – wie so viele andere – zur Alkoholikerin wurde, Selbstmordversuche unternahm." Und mit grausam klingender Sachlichkeit fügt sie hinzu: „Männer stürzen sich hier eher aus dem Fenster, Frauen nehmen mehr Gift." Gefährdet sind in Gaby Witts Augen all diejenigen, die – wie sie selbst früher auch – „nicht in erster Linie für Inhalte, sondern für Personen arbeiten."

Wie menschenzerstörend Bonn sein kann, hat die Referentin an Männern und Frauen gleichermaßen erlebt. „Ich habe oft genug Ehefrauen und Mitarbeiterinnen am Krankenbett besucht, die von den Männern zusammengeschlagen wurden." Und daß die „Sicherheit" schon mal die Tür eines Abgeordnetenbüros aufbrechen muß, um eine Vergewaltigung zu verhindern, ist Gaby Witt auch nicht fremd. Trotzdem findet sie es zu bequem, „immer nur zu sagen: diese scheiß Männer". Viele Frauen fühlten sich schließlich durchaus aufgewertet, wenn sie ein Verhältnis mit einem Abgeordneten eingingen und hielten sich dann nicht an die Spielregeln. Nicht ohne Grund, so will es Gaby Witt auch scheinen, haben mindestens so viele Männer wie Frauen in Bonn Alkoholprobleme: „Die sind doch genauso allein", findet sie, und das Schlimmste, was einem Abgeordneten passieren könne, sei dann, nicht wiedergewählt zu werden. „Die Frauen und Kinder können den doch gar nicht mehr brauchen, wenn der nach Jahren in Bonn plötzlich in die Familie zurückkommen will."

Renate Schmidt, SPD-MdB:

»Was wir wollen, müssen wir uns schon holen«

Gaby Witt ist ein Energiebündel, hat seit ihrem 17. Lebensjahr immer gleichzeitig gearbeitet und sich weiterqualifiziert. Das Bonner Wochenendloch hat sie so nie kennengelernt, „da hab ich meine Scheine gemacht. Sieben Jahre dauerte das." Jetzt sitzt die diplomierte Pädagogin über ihrer Doktorarbeit. Ausländer-Initiativen, Friedensbewegung und Sicherheitspolitik, das alles läuft außerdem noch neben ihrem arbeitsintensiven Job für eine berüchtigt fleißige Chefin. „Mir macht meine Arbeit riesigen Spaß, deshalb halte ich Bonn aus. Aber einen Preis habe ich auch bezahlt. Ich habe auf Kinder verzichtet. Das ewige schlechte Gewissen allen und allem gegenüber wollte ich mir ersparen."

Wie nun sieht es aus mit der in jüngster Zeit so gerühmten Solidarität der Bonner Frauen untereinander? Die gibt es, stärker wohl als früher, denn der „Weiberrat" bei den Grünen hatte Signalwirkungen auch für die Politikerinnen anderer Parteien. Daneben allerdings existiert auch das nicht nur von Männern beobachtete „Bienenköniginnen-Syndrom" der wenigen weiblichen Stars. Und wer von einer „Fünften Fraktion in Bonn", eben jener der Frauen, spricht, der übertreibt sicherlich noch. Denn so sehr die Betroffenen oft mit den Zähnen knirschen mögen, Fraktionszwänge sind letzten Endes meist stärker als die gemeinsamen Interessen der weiblichen Underdogs.

Darüber – oder über die Vielfachbelastungen – nur zu jammern und zu klagen, hält aber beispielsweise die resolute Nürnbergerin Renate Schmidt, SPD, für kontraproduktiv. „Das verringert die Lasten nicht, vergrößert nur den Frust." Unermüdlich stachelt sie die Frauen auf: „Keine soll sich einbilden, daß die Männer freiwillig abgeben. Jeder Platz für eine Frau bedeutet einen Platz weniger für einen Mann. Was wir haben wollen, müssen wir uns schon holen."

Wo's immer noch langgeht, haben die zur Zeit besonders aufmüpfigen SPD-Frauen allerdings vor gar nicht langer Zeit von ihrem Kanzlerkandidaten Johannes Rau gehört. Mit schöner Unbefangenheit meinte da der nordrhein-westfälische Ministerpräsident, nun müsse er sein Kabinett nur „noch fraulich ergänzen"... □

»Wir wollten unsere Kinder nicht so lange in den Schrank stellen«

Christa Nickels, Die Grünen

Renate Faerber-Husemann, 39, ist seit sieben Jahren freie Journalistin in Bonn und hat davor, aus Stuttgart, für die „Frankfurter Rundschau" gearbeitet. Ihr Interesse gilt sozialpolitischen Themen und „Geschichten hinter der Geschichte", die Bonn macht.

Zum einen sind wir eine Geschäftsbank. Mit allen Angeboten und Leistungen einer national und international tätigen Großbank. Andererseits sind wir die Bank eines großen Landes: Landesbank von Nordrhein-Westfalen.

In dieser Eigenschaft unterstützen wir die Wirtschafts-, Struktur-, Arbeitsmarkt-, Landwirtschafts- und Wohnungsbauaktivitäten des Landes. Das heißt unter anderem: Wir sorgen banktechnisch dafür, daß Geld aus Förderprogrammen schnell an die richtigen Adressen gelangt. Wir helfen mit, öffentliche Gelder so

eines großen Landes.

Auf einer Bonner Bühne dürfen besonders prächtige

Das Staats-Theater um die Oper

Von Dietrich Westebbe

Man tritt zum Gruppenportrait zusammen: Sekt schäumt in den Kelchen, kitzelt die Kehlen der Prominenz, die sich fürs Bild arrangiert; Startenor René Kollo, die Schminke im Gesicht, mit Heiner Geißler, die Top-Sängerin Hildegard Behrens plus Rainer Barzel. Und immer da, wo die Blitzlichter flammen und die Filme in den motorgetriebenen Kameras jaulend flitzen, Schnappschuß für Schnappschuß, da erscheint in den Okularen der Eine, der Bekannte, der Umstrittene: Jean-Claude Riber, Generalintendant in der Bundeshauptstadt Bonn.

Er ist der Mundschenk der Bonner Polit-Society, er allein ist es, der die Anlässe liefert für alle, die auf die Kunst anstoßen wollen. Und Riber serviert stets staatsmännisch. Was man ihm dankt. Bundespräsident Richard von Weizsäcker ist ihm persönlich geläufig, und die ganzen Herrn von CDU und SPD, die man im Fernsehen nur als Brustbild zu sehen bekommt, kennt er von Kopf bis Fuß.

Durch Riber ist das Theater in Bonn gesellschaftsfähig geworden, auch für die ersten Ränge, seit er als Generalintendant Einzug hielt, 1981, im Gefolge die Pracht und den Luxus der großen Stimmen, den Gänsemarsch der Operndiven und den exklusiven Club der Supertenöre. Man präsentierte sie mit dem gleichen Stolz und dem gleichen Gefühl fürs Renommee wie es die Plattenkonzerne auf ihren Hüllen tun. Und so ist die Bonner Oper: ein Cover für Stars. Und das dankt man ihr sehr.

Vor einigen Jahren hat es in Bonn einmal eine große Bestürzung gegeben. Die Spitzenvertreter des deutschen Volkes schauten bedrückt aus ihren Bürofenstern und gewahrten zum erstenmal so recht eigentlich, wo sie sich immer noch befanden: in der Provinz, in der tiefsten kulturellen Abgeschiedenheit des Niederrheins. Und plötzlich war ein neuer Bedarf entdeckt: der Bedarf nach einer Kultur, welche die Würde einer Hauptstadt fundieren könnte.

Man ist in Bonn erst sehr spät auf den Trichter gekommen, daß sich kein Staat machen läßt mit roten Empfangsteppichen und militärischem Zicke-Zacke bei nationaler Blechmusik, jedenfalls nicht für ein kultiviertes Volk. Das hat in der deutschen Geschichte bislang niemand vergessen, die Blaublütigen nicht, vom Flötisten Friedrich dem Großen bis zum wagnerhörigen Ludwig II. von Bayern, und erst recht nicht das Großbürgertum.

Nur den Demokraten in Bonn war es zwischendurch wie entfallen. Und als sie sich wieder entsannen, handelten sie nach der Manier und dem Vorbild von Neureichen: Der Bund kaufte gleichsam das Bonner Theater auf, indem er 70 Prozent der nötigen Subventionen übernahm und dafür per Vertrag „hauptstädtisches" Theater bestellte. Wenn der Chauffeur am Staatsmercedes die Standarte aufpflanzt und der Soldat das Nationalbanner hißt und leer nur der Himmel über dem Theater steht: Dann mußte doch wohl auch hier noch Flagge zu zeigen sein, auf höchster Ebene, nur kulturell eben.

Dafür ward in Jean-Claude Riber der geeignete Fähnrich gefunden. Man hat ihn gewollt, ihn und seine Idee von „hauptstädtischem" Theater. Er hat nie ein Hehl daraus gemacht, was das sein würde, er hat sein Programm angekündigt und konsequent in die Tat umgesetzt. Und darüber sind in Bonn viele so glücklich geworden, daß sie sich „I like Riber"-Plaketten an den Anzug hefteten und damit im Opernhaus herumliefen. So sind Ribers Freunde.

An seinen Feinden jedoch zeigt sich seine zweite Qualität: Riber ist ein Mensch mit der Kraft und der Tugend eines Keils. Der „General", wie er in Bonn genannt wird, spaltet sie allesamt in zwei Lager, Feuilletonisten, Politiker, Opernkundige gleichermaßen. Entweder man ist für ihn oder man ist gegen ihn, kein Kompromiß ist da möglich. Riber war acht Jahre lang Generaldirektor an der Genfer Oper, und vor einiger Zeit mag er tatsächlich einer der aussichtsreichsten Kandidaten für den Chefposten an der Pariser Oper gewesen sein. In Deutschland jedoch, das die mit Abstand üppigste und reichste Opernkultur der Welt unterhält, stehen seine Oper und er selbst seltsam verquer da, Außenseiter und Sondergänger in vielerlei Hinsicht.

Kein anderes Haus dieser Größe dürfte sich je dazu versteigen, so viele Spitzensänger einzukaufen wie Riber. Für einen einzigen Abend können da Summen gehandelt werden, die die 20 000-Mark-Grenze pro Star leicht überschreiten. Und von ihnen engagiert Riber nicht selten gleich mehrere für dieselbe Aufführung; das Geld dazu nimmt er aus vollen Kassen.

Und noch etwas geschieht in Bonn, wozu sich sonst nie-

Generalintendant Jean-Claude Riber – den einen Erretter aus kultureller Wüste, den anderen wüster Prominentensammler

Das Haus, in dem hauptstädtische Tonarten angeschlagen werden – von Spitzensängern zu Spitzengagen

mand Vergleichbares untersteht: Riber arbeitet nur nach dem „Stagione“-Prinzip. Was in praxi bedeutet, daß eine Inszenierung meist nach dem Ende der Saison auf den Müll wandert. Das hat die fatale Konsequenz, daß pro Saison nicht mehr als sechs Opern gezeigt werden, jene Werke eben, die während der Spielzeit inszeniert werden. Andere Häuser decken ihren Tisch mit bis zu 50 Repertoire-Opern, die im Fundus gespeichert liegen.

Das alles mag von den Kritikern Ribers noch hingenommen werden, wäre da nicht eine weitere Bonner Opern-Eigenschaft: Daß die Leuchtkraft illustrer Sängernamen nicht selten die Dürftigkeit der Inszenierungen überstrahlen muß. Mutige Regietaten und fortschrittliches Musiktheater sind Jean-Claude Ribers Sache nicht, und selbst das bieder Konventionelle rutscht ihm gelegentlich derart schlicht heraus, daß auch die Lokalpresse unmutig wird.

Aber gerade darin, in der dünnen Melange aus anspruchsloser Regie und international gehörten Kehlen, sieht man in Bonn das Verdienst Ribers. Für eine „Tristan“-Premiere mit dem Tenor René Kollo lief an der Kasse eine zweihundertköpfige Schlange auf. Als dann aber von den rund 920 Karten nur 70 in den freien Verkauf kamen, weil alle übrigen schon an die diversen Interessengruppen gegangen waren, war das Maß voll: Der „General“ hatte eine Initiative seiner eigenen Anhänger gegen sich. Natürlich weiß Riber, daß dies im Grunde ein Kompliment an ihn ist.

Weiter unten wird schon mal Unmut laut

Und doch observiert er seine aufsässigen Bewunderer aus dem gleichen Blickwinkel, aus dem er seine echte Schwerenot im Auge behält. Denn weit unterhalb der noblen Regierungsköpfe, die ihm gewogen sind, wollen ihm die Stadt, die Bürger, allen voran die SPD ans Leder. Mit Lust betreibt sie seinen Abschied, darin mit den Grünen einig. Auch die Christdemokraten, stets in der Mehrheit und bislang Schutz und Schild des „Generals“, sind sich plötzlich unsicher: Der jüngste Antrag, Riber von seiner Generalintendantenlast zu befreien, traf auf eine vorübergehend zerrüttete Fraktion. Dann hieß es, die Meinungsbildung sei noch nicht abgeschlossen und der Antrag somit vertagt.

Ribers „Bonner Modell“, das die Stadt genauso überkam wie die Errungenschaft, eine Capitale zu sein, hat viele Gegner auch da, wo man sie eigentlich nicht vermutet: bei Ribers Intendantenkollegen, und das bundesweit. Als im April 1985 Bonns mittlerweile geschaßter Generalmusikdirektor Gustav Kuhn dem „General“ eine Maulschelle versetzte, und später in einem Interview noch mit „Schmiere“ und „Stimm-Porno“ nachhalf, war der Beifall groß. Rolf Liebermann, der Grandseigneur unter den deutschen Opernintendanten, öffnete demonstrativ beide Arme für Kuhn und gab ihm überdies in der Sache genauso recht wie etwa Bochums damaliger Schauspielchef Claus Peymann.

Die Macht des Generalintendanten Jean-Claude Riber, von dem der Feuilletonchef der „Frankfurter Rundschau“ schrieb, an ihm sei jeder Zoll ein Herrscher, ist geschwunden, seit Bonns geschickter Schauspielchef Peter Eschberg gegen den Widerstand Ribers die Trennung von Sprechtheater und Oper durchsetzte. Doch das kulturelle Image der Stadt wird nach wie vor von Riber abhängen, dem Kultursymbol und der Zentralfigur, die oft genug dem Oberbürgermeister den Rang abläuft. Man braucht ihn in Bonn, weil er dieser Stadt eine Kontur gibt. Ein Profil, das die Wünsche derer nachzeichnet, die in ihr regieren.

Für sie bewerkstelligt Riber ein Paradox, mit dem sich viele Bonner brüsten: die Weltoper in der Provinz. Miesmacher lamentieren von einer Zentrale für Gurgelsammler, für Leute, die Oper mit „namedropping“ gleichsetzen und den Rückfall hinter die finsterste Opernkonvention nicht bemerken. Aber das ist wieder einmal nur das Gezeter derjenigen, die sich insgeheim vor Neid auf Bonns Opernglanz verzehren. □

Dietrich Westebbe, 32, hat Germanistik und Musik studiert, ist seit 1978 als Journalist tätig und arbeitet für Rundfunkanstalten und überregionale Tageszeitungen.

Die fremde Welt am Rhein

Aus fast allen Staaten der Erde sind sie nach Bonn gekommen: Diplomaten und Straßenkehrer, Räte im Dienste ihrer Nation und Exzellenzen im Exil, Koranlehrer und politisch Verfolgte, sprachgewandte Profis auf dem internationalen Parkett und sprachlose Opfer der weltweiten Konflikte. Ihr Leben in Bonn ist so unterschiedlich, daß schon die Statistik einen Trennungsstrich zieht: 27 500 Menschen mit ausländischem Paß registriert sie – und noch einmal fast 7200 Gäste mit Diplomatenstatus. Daß jeder Achte in Bonn somit ausländischer Staatsbürger ist, bestimmt Flair und Straßenbild in dieser Stadt. Und doch: Es ist ein Leben mit vielen Unbekannten, mit imposanten Gestalten wie dem altehrwürdigen Kurdenführer Sheikh Tahar Kamalisade. Fremde in Bonn: Die einen gehen unter in der Menge oder ziehen sich in ihre eigenen Kultur-Kreise zurück – eben um nicht unterzugehen. Die anderen machen sich nicht gemein mit dem Volk, präsentieren sich auf ihren diplomatischen Inseln nur den Auserwählten

Bonn ist Vielvölkerstaat, schillernder Gastspielort – und Asyl

Das Lächeln gehört zum Pflichtparcours der Diplomaten

Der 14. Juli auf Schloß Ernich, Empfang in der französischen Residenz: Das britische Botschafterpaar Sir Julian Leonard Bullard und Lady Margaret kommt strahlend seinen Repräsentationspflichten nach. Knapp 120 diplomatische Missionen sind in Bonn akkreditiert. Ihr Festprogramm: ein Dauerlauf mit Händeschütteln

SCUTUM
BELGARUM

Mancher Kontakt spielt auf multilateraler Party-Ebene

Italiens Botschafter Ferraris umarmt, US-Journalist Lukomski mampft mit Hotel-Chef Stolle Hamburger, Annemarie Renger tauscht sich mit Botschafter a. D. Diehl aus. Belgiens Bonner Mann van Ussel freut sich über beide Ohren, Prominenten-Wirtin Ria Maternus schaut zu Boden, »Diplomatic Observer«-Chefredakteur Ellenberg ins Gesicht eines Militärs. Ob die Amerikaner eine nationale Geburtstagstorte anschneiden, die Franzosen des Bastille-Sturms gedenken, den Belgiern oder den Ägyptern nach Feiern ist – die halbe Welt trifft sich rund ums Sektglas

In der Moschee am Bahnhof lebt Allah

Ein altes Wohnhaus in der Bonner Innenstadt ist zur Koranschule, zur Moschee und zu einem Stück geistiger Heimat für islamische Fundamentalisten geworden. Zu den Anhängern Chomeinis zählen sie sich nicht, doch die Kinder gehen beim Hodscha in die Lehre, einem Mann, der kein Wort Deutsch spricht und ihnen Arabisch beibringt

Von Caroline Fetscher
Fotos von Henning Christoph

Regen. Lauwarme Tropfen Sommerregen platschen auf das Pflaster, ein Tropfen fast eine Handvoll, so groß. Unter den Markisen der Läden sammeln sich die Sonntagsspaziergänger, Windowshopper in Bad Godesbergs Einkaufszone. Mitten auf dem Platz hockt eine Gruppe schwarz eingehüllter Fremder, im Schutze des Baldachins einer grob gezimmerten Freilichtbühne. Die Alten, die im Schneidersitz beieinander sind, besprechen sich in Ruhe, und die Jüngeren, die am Rand der Tribüne ihre Füße aus langen Umhängen baumeln lassen, vergleichen ihren Nagellack.

Ringsum vor den Läden verwandeln sich die Spaziergänger in das Publikum vor dieser Bühne. Unwillig schüttelt ein Herr seinen Schirm aus, die Spitze quer über den Platz auf die Fremden gerichtet. „Ham me he Karneval oder wat soll dat?" Die Dame mit rosa Kapotthut weiß: „Dat sinn Perser. Die dürfe ihr Gesich nich zeigen. Dat is so bei dene."

Die Fremdlinge, denen die Aufmerksamkeit gilt, sie sind von Qatar. Unter der vom schwarzen Kopftuch bedeckten Stirn tragen sie kupfern und golden glänzende Masken vor dem Gesicht, zwei mandelförmige Scharten als Sehschlitze, einen scharfkantigen Steg auf der Nase. Zum Eisessen legen sie den Kopf so tief in den Nacken, daß das Visier unverrückt bleibt. Sie sitzen und amüsieren sich über die Nacktgesichter, besonders das eines alten Bonner Weibleins, das neben mir auf der Bank an der Bühne eine Zigarette raucht. Die Maskierten reden gedämpft, deuten auf den Kopf der Frau, sprechen zu ihr, lachen unter dem Kupfer und Gold.

„Wat wollen se nur?" fragt mich die magere Alte. „Seit Tage hoche se he on woll mit mir redde." Da kommt uns die Anführerin der Fremden ganz nah, hält sich die Hände vor die Maske. „Sie sollen Ihr Gesicht bedecken", übersetze ich dies Zeichen der Alten, deren blauwässrige Augen mit einem Mal verschmitzt blinzeln. Plötzlich sitzt ihr der breite, halb durchsichtige Schildpattreif, der eben noch ihre weiße Dauerwelle festgehalten hat, vor Augen und Nase. Bei den Araberinnen herrscht Jubel, wie im Zirkus. Sie klatschen in die Hände und lachen sich schief. „Yes, yes," sagen sie. „Is mir zu onbekwem", beschwert sich die Alte, und schiebt den Reif zurück. Eine der jungen Frauen weist mit dem Kopf auf das Päckchen Zigaretten auf der Bank. Die Alte bietet gleich welche an. Sofort erlischt die alberne Stimmung. „Oh, nonono", sagt eines der unverschleierten und hellgeschminkten jungen Mädchen. „Inscha 'allah, cigarette, no!" Die Godesbergerin wundert sich: „Dat woll'n se nech."

Und ich staune über die bizarr-komische Begegnung zwischen den Frauen aus zwei Kulturen – lauter Randgestalten, die aufgedrehte Rentnerin mit der Häkelweste, die neugierig-forschen Fremden, die sich mitten in der Stadt zu einem spielerischen Rendezvous treffen.

Bonn ist eine Weltausstellung der Nationen. Wie andere prominente Hauptstädte. Doch während sich dort die Pavillons und Stände im Millionengewühl verlieren, bringt das Straßendorf Bonn sie zur Geltung.

Stolz passieren die Fremden in ihren dunklen Limousinen die Tore der Missionen. Inseln sind es, einhundertneunzehn exterritoriale Inseln, zugehörig einhundertneunzehn Heimatländern. Manche, wie die arabischen Inseln, liegen steinern im deutschen Mode- und Konjunkturstrom, scheinbar unveränderbar. Gärtner, Köchinnen, Kinderfrauen – wie alle in der Botschaft ohne Meldepflicht – begleiten die Herrschaften ins diplomatische Exil. Sie beten, essen und werden bezahlt wie zu Hause. In den Alltag hinter den orientalischen, sozialistischen oder kapitalistischen Mauern zu blicken, ist schwer. Selbstbewußt ziehen die Repräsentationsfremden durch die Straßen, die 7200 Immunen, die den Bonnern das Nationen-Ratespiel aufgeben: Wo die wohl her sind? Oder die?

Denn sie, die Bonner, sind ja nicht heimisch auf dem diplomatischen Parkett, den Marmorböden, Rasenflächen der Schlösser und Villen. Da könnten sie die Rätsel lösen lernen. Aber das ist schon beinah Hollywood, so weit entfernt.

Es ist der 14. Juli, und vom Geist des Bastille-Sturms spürt man kaum etwas im Park und auf der Terrasse der Residenz des französischen Botschafterpaares, Seiner Exzellenz Monsieur Jacques Morizet und Frau Aline Morizet. Sie haben alle

Auf dem Marktplatz tanzt ein Polizist für Peru

Manchmal ist Bonn Nationen-Spiel: Beim Kicken im Hofgarten, beim Baseball-Match in Plittersdorf, für die türkischen Jungen im Brunnen und beim Fest der lateinamerikanischen Diplomaten, wenn es zu bewegten Szenen zwischen dem peruanischen Polizeiarzt in spe und der Botschaftsangehörigen in Rage kommt. Bonn kann fröhlich sein. Oder nur eine Station auf der politischen Schiene. Oder Verbannung: wie für die Witwe des Kurdenführers Mohamed Ghazi eingeladen auf den Hügel ins Schloß Ernich, doch die wichtigsten, etwa der Außenminister, werden vermißt – Sommerferien, Gewitterstimmung. So bleiben den Fotografen nur die Folklore-Gewänder der Schwarzafrikaner, auf die sie sich traubenweise stürzen.

Ein riesiges Hutrad schwenkt in meine Richtung. Darunter befindet sich die Gattin eines Staatssekretärs, eine Künstlerin und Schwester eines in einer furchtbar wichtigen Stadt zum Botschafter bestallten Mannes. Mit orangegeschminkten Lippen raunt sie mir etwas zu. Ihre Worte stelzen spitz wie ihre Stöckelschuhe. „Hier fotografiert man immer die Neger. Im Grunde sind die aber gar nicht wichtig, verstehen Sie. Diese Primitiven kommen aus den winzigsten Ländern, die kennt man oft gar nicht, aber man muß sie eben einladen."

Ein Moment, in dem ich den jungen angolanischen Freiheitskämpfer Antonio verstand. Im Bonner Asylantenwohnheim Hüttenweg, wo er sich mit 200 anderen eine Dusche teilt, sagte er mir, für ihn seien die Deutschen Rassisten. Im Restaurant und im Bus setzen sie sich weg von ihm, dem 22jährigen mit der Folternarbe am linken Augenlid, der Frau und zwei Kinder in Angola ließ.

Hat sie es wirklich gesagt, die Frau? Sie hat es gesagt. Wie automatisch schreibe ich mit, sie merkt es nicht. Dafür aber interessiert es den Geheimdienst. Überall hat er seine Wachen postiert, deren Anzüge deutlich von minderer Qualität sind als die der Diplomaten, und deren Jacketts kantige Beulen aufweisen. Geheimdienstler halten das graue Netz aufgespannt, das durch die ganze Stadt Bonn gewoben ist.

„Qu'est-ce que vous écrivez?" – Was schreiben Sie? fragen gleich zwei, die mir über die Schulter blicken. „Je suis journaliste, ce sont mes notes." Grummeln, und sie drehen auf dem Absatz. Wie Stromstöße knallt gleich darauf der routinierte Kollege von der Lokalpresse mir seinen Eindruck der diesjährigen Feier ins Ohr. „Scheißtag, kaum Prominenz, Haufen

Die Ikonen stehen für Religionsfreiheit

Die griechisch-orthodoxe Gemeinde in der Bundesrepublik hat Bonn zu ihrem Zentrum erkoren. Auf der höchsten Stufe steht der Metropolit, in einem dem Kardinal vergleichbaren Rang. Wenn die Gläubigen hier die Ikone küssen, dann suchen sie sich damit ihre Identität zu bewahren, die sich auch die meisten anderen Fremden in Bonn nicht nehmen lassen

Bimbos." Er überdröhnt die Militärkapelle, die sich im Park zum Deutschlandlied und zur Marseillaise formiert. Hinter den Bläsern, im Dunst und am Fuße des Hügels, schimmert opak eine Rheinschleife, weit weg.

Nun bilden sich kleine Gruppen im Small-talk-Rhythmus und lösen sich wieder auf. Meist Nationalitätencliquen, Asiaten, Afrikaner, Lateinamerikaner und Westwelt – alle bleiben unter sich. Beim Flanieren durch die diskret-charmante Bourgeoisie fallen die Mächtigen der Westwelt als Magneten auf, in deren Nähe die Gäste sich wie Eisenfeilspäne organisieren. Ihre Gesichter und die der ordenstrotzenden Militärs könnten von Grosz und Dix gemalt sein, nur – sie sind gelierter, mit einem entzerrenden diplomatischen Film überzogen, der sie glättet und harmlos aussehen läßt. Die Kosmetik des Fernsehzeitalters ist ihnen über die Haut gefahren.

Botschafter Morizets fleischige Nase nickt zu den Worten eines anderen Gesichts, das des hageren britischen Diplomatenkönigs Sir Julian Leonard Bullard. Fahl liegen dessen Augen unter den kokosfasrigen alten Brauen, die Kieferknochen vom Ohr zum Kinn kantig wie Winkeleisen. Der Mund ein Strich, fast wie nach innen gesogen. Körperhafter als der ätherisch-melancholische Kollege steht Morizet auf seiner Terrasse. Doch versiegelt sind alle ihre Gesichter. Hinter dem diplomatisch eingemeißelten Dauerlächeln ist soviel Anstrengung. Auch die Leichtigkeit, mit der sie die Sektkelche halten, Anstrengung. Anstrengung das Parlieren, Anstrengung das Händeschütteln.

Tage später, als wir in der frühen Morgensonne vor der Godesberger Villa von Sir Julian auf der weißen Terrasse über dem Rhein schweben, ist er entspannter, mehr bei sich. Seine Frau und er, beides Oxford-Absolventen, plaudern über The Rhine und Germany, das er schon zu Zeiten des legendären John Le Carré als junger Diplomat kennenlernte. Bonn verlöre den provinziellen Touch, sagen sie höflich, so nach und nach, und lächeln. Ob der Rolls-Royce im Hof ein Silver Shadow sei, er weiß es nicht. „Da müssen Sie den Chauffeur fragen, wir haben schlicht den hübschesten gewählt." Immer mal gibt er der Queen „a lift from Gütersloh to Bielefeld" oder wo sie sonst so gerade hin möchte, wenn sie zu Besuch ist. Er zupft an der weinroten Seidenkrawatte und greift zum mattverchromten Fernglas, das auf dem Tischchen neben der Broschüre „Flaggen der Binnenschiffahrt" parat liegt, und holt einen Schleppkahn nah an sein Auge.

Lady Bullard, die resche Dame im Leinenkleid und mit abgelaufenen Understatement-Sandalen, erzählt mir indessen, wie oft man ihr „the Schirmherrschaft of this and that Bazaar" antrüge, und daß sie bibliophile Rara in Leder einbinde. Sie gehört zu den Tausenden von Ehefrauen, deren Gatten Exzellenzen sind, Gesandte, Räte, Militärattachés, Kulturattachés, Sekretäre. Seine Exzellenz Herr Dr. Hassan Sheikh Hussein und Frau, Seine Exzellenz Herr Heikki Kalha und Frau, seine Exzellenz Herr Hiromichi Miyazaki und Frau, seine Exzellenz Herr Costas Papademas und Frau, endlos lesen sich die Listen.

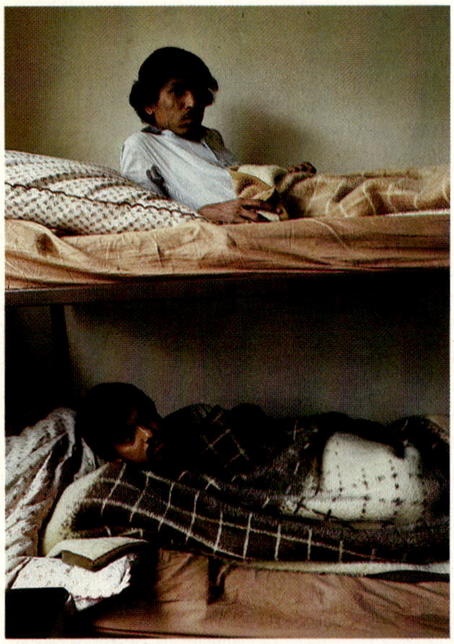

In den Flüchtlingen brennt ein fernes Feuer

Asylantenheim Hüttenweg: Rund 200 Menschen müssen sich nicht nur die Pritschenräume teilen, oft teilen sie auch den Traum der Zwangsverpflanzten von einer Heimkehr in die Freiheit. Die Kurden, die in den Rheinauen Hammelfleisch grillen, haben in Bonn den Sohn des einzigen Präsidenten einer autonomen kurdischen Republik wohnen – sie überdauerte nur einen Jahreswechsel

Herr Incer Moraga aus Nicaragua muß sehr bescheiden sein

Botschafterinnen: keine einzige. Wo man Frauen vermutet, bei den Botschaften der großen westlichen Nationen oder bei den Sowjets, da stecken sie nicht. Dafür, meist unverheiratet, an der Botschaft der Elfenbeinküste, zwei Rätinnen, oder bei den Jamaikanern, ein weiblicher Gesandter und zwei weibliche Attachés. Mit vier warten die Japaner auf, während an der Botschaft Nicaraguas zwei von fünf Botschaftsmitgliedern Frauen sind.

Dort steht auch nur ein Trabant vor dem kleinen Reihenhäuschen, und auf den Chauffeur hat Seine Exzellenz Heberto Incer Moraga ganz verzichtet. „Unser Land hat nichts zu vergeuden", sagt der 43jährige. Er ist ernster als die meisten Diplomaten. In seinem Büro mit der Couchecke aus den Sechzigern hängt ein großes Bild von Enrique Schmidt an der Wand, dem im November 1984 gefallenen Postminister Nicaraguas, der ein Freund Incers war. „Doch", sagt der Botschafter mit dem dicken Schnauzbart, „es ist nützlich, in Bonn zu sein; doch, es ist möglich, eine halbe Stunde tranquilamente mit dem US-Botschafter zu diskutieren, auch wenn sein Land unseres als terroristisch bezeichnet." Doch. Hätte er nicht einen drängenden Termin gehabt, er würde auch am 4. Juli 1985 die amerikanische Independence-Feier besuchen.

So aber – im Interim zwischen dem scheidenden Botschafter Burns und dem neuen Botschafter Burt – versäumt er es mitzuerleben, wie die Gattin des Gesandten Woessner mit Dauerwelle und Rü-

schenkleid, ganz im Nancy-Stil, die USA-Geburtstagstorte anschneidet. Wie dann alle, auch die philippinischen Diener, als sie die Torte hereingetragen haben, „Happy Birthday, Uncle Sam" anstimmen, und wie neben der weißen Villa im Kolonialstil eine Miniaturbotschaft der USA ein Stückchen Rasen okkupiert: Das McDonald's-Zelt verströmt Cheeseburger-Duft. In Plittersdorf am Rhein und im übrigen Bonn leben, nach Angaben des Pressesekretärs Bob Heath, rund 2500 Menschen aus den Staaten. An den Grills auf den Balkonen und den Chevrolets am Bürgersteig erkennt man ihre „housing area". Die US-amerikanische Mission ist die zweitgrößte der Erde, die größte Bonns, sagt Heath, doch der Amtssitz ist nicht zu besichtigen, leider. Warum? Grundsätzlich, meint der Pressemann, spreche er über Sicherheitsmaßnahmen nicht. „Aber denken Sie mal drüber nach, warum bei uns so oft was passiert und bei den Sowjets fast nie eine Bombe hochgeht."

Während ich noch nachdenke, fährt weich und automatisch ein graues Tor zur Seite. Kein Mensch ist zu sehen, und ich betrete den Boden der Sowjetunion. Oben auf der Godesberger Viktorshöhe, in der Waldstraße. Unbegleitet gehe ich auf dem Weg zwischen den Zedern, die an diesem heißen Tag in der Hitze duften, auf die hellbeige Villa aus der Jahrhundertwende zu. Einst war sie die Residenz von Theodor Heuss.

Kissel freut sich, Lenin blickt gleichmütig von der Wand herab

Kinder auf Fahrrädern jagen über den Platz vor dem Portal, eine dicke Mutter ruft ihnen etwas zu, in ihrer Sprache mit den rollenden R's und den sanften Sch-Lauten. Als Botschaftsrat Jurij N. Kissel mich mit einem Lächeln empfängt, dem ein Schneidezahn fehlt, springen zwei Jungen in Trainingsanzügen durch die dunkle Diele, um auf der Terrasse Pingpong zu spielen. Wir passieren jetzt den gleichmütigen Blick Lenins, dessen Portrait im Flur über dem kalten Kamin hängt, und lassen uns auf der grauen Gruppe Ledersofas am Ende eines kahl wirkenden Empfangssaals nieder. Wegen der Hitze sind die Läden geschlossen. Aber die Galerie moderner Gemälde rings um die Wände ist zu sehen, und auch der glänzende C-Flügel an der Längswand.

Es erscheint, drei Räte zur Seite, Wladimir Semjonowitsch Semjonow, der große Fuchs des Bonner Diplomatenlebens. Schwer, aber nicht dick, mit Glatze und wachem, gelassenem Blick hinter den großen Brillengläsern mustert er die Besucherin. Die sozialistische Exzellenz lebt seit 1978 in Bonn. Semjonow ist Deutschlandkenner par excellence und einer der größten sowjetischen Friedens- und Abrüstungsexperten. Jahrelang leitete er die sowjetischen Delegationen Salt I und II und war er – Kandidat des ZK der KPdSU – Stellvertreter Gromykos.

Zum Thema Kultur in Bonn habe ich mich angekündigt, denn es sollte nichts Politisches sein. Unglücklich sitzt der Botschafter da, mit einem kleinen Zettel russischer Notizen in der Hand, und ist diplomatisch. Wie schön es doch sei, daß Schmidt Nolde geschätzt habe, daß Kohl unlängst eine Slevogt-Ausstellung eröffnet habe, daß Swjatoslaw Richter, wenn er in Bonn konzertiere, bei den Semjonows lebe und Musik mache.

Ach was, scheint er dann zu denken und sprengt den engen Rahmen des kleinen Zettels. „Kommen Sie, sehen Sie." Er zieht mich vor eines der großen Gemälde. Eine Frau, grätendünn im kurzen Kleid, liegt in einem Heuberg vor azurnem Himmel. „Wunderschön", freut sich Semjonow. Der junge Künstler sei 22 Jahre alt, ein Zeitgenosse, er kenne ihn gut. Er kennt alle Künstler, die er sammelt, und wie seine Frau Lidija Iwanowna Semjonowa sammelt er leidenschaftlich. Jahrzehntelang war er ein guter Freund Schostakowitschs. Auf dem eigenen Flügel in der Residenz spielt er zur Entspannung Chopin.

Außer mit Diplomatie und Musik beschäftigt Semjonow sich mit Geschichte; er veröffentlicht als Historiker Artikel und Essays. Sein Leben ist reich, und das strahlt er aus. Auch daß das alles aus einem Kern kommt und nicht Flicken und Splitter einer Person sind. Sein Bild dafür heißt: „Mein Wissen war wie ein Schneeball, klein. Ich habe ihn gerollt und gerollt, dann wurde er groß; eine Schneefrau." „Schneemann?" frage ich. „Wir sagen in Rußland Schneefrau, es paßt auch besser", illustriert er, indem er die Form in die Luft malt. Seine Räte lachen. Der alte Mann wird müde und verabschiedet sich. Anderntags reist er für acht Wochen nach Moskau, auf der Flucht vor der Bonner Sommerpause.

Unterdessen aber schwemmen Krieg, Unruhen und Arbeitslosigkeit in anderen Ländern noch immer Menschen in die Hauptstadt unseres gelobten Landes, nach Bonn. Der Status dieser Menschen ist der Gegenpol zum unangetasteten der Diplomaten. Sie kommen von südlichen Ufern, zufällig, absichtlich, und bleiben hier hängen. Wie fast überall in unseren Städten ist auch in Bonn die Gruppe der Türken die größte. Und bleibt, anders als die der christlichen Gastarbeiter, die für uns entlegenste.

„Hodscha kennt Koran auswendig, Hodscha ist weise", sagt der Musterschüler. Husseins Blick, bernsteinhell, leuchtet klug und erwachsener als zwölf. Wir sitzen im Männerraum der Moschee auf dem Teppich, die Schuhe blieben vor der Schwelle. Um uns herum reflektieren die Wände alle Töne Arabischtürkis. Weiße Gardinen wehen im Wind, es ist heiß. Draußen dröhnt ein Preßluftbohrer. Durch das Verkehrsrauschen dringt mitunter eine Ansage aus dem Bahnhofslautsprecher zu uns. Der Hodscha mit dem silbrigen Bart und den Augen, die alle Schattierungen der Grauleiter durchwandern können, bleibt davon unerschüttert. Selahaddin Kip ist Mitte fünfzig und hat, seit ihn strenge Muslims 1983 aus der Türkei nach Bonn holten, noch kein einziges Wort Deutsch gelernt. Dafür aber lernen an die 70 bis 80 islamische Kinder bei ihm täglich von zwei Uhr am Nachmittag bis halb acht Uhr am Abend Arabisch und den Koran.

Landsmann Ülkekul leiht seine Autorität vom alten Atatürk

Dulcan, die Zehnjährige mit ihrem nach türkischer Art an den Schläfen eingeschlagenen Kopftuch in Lachsrosa, wird von ihrem Bruder begleitet. „Ali", lese ich auf seinem breiten Armband. Die kleinste Koranschülerin, Aysche, ist erst fünf. „Wir kommen alle gern", sagen die Kinder. Dabei kriegen die Jungs schon manchmal den Stock Hodschas ins Kreuz, wenn sie im Klassenraum über die niedrigen Bänke toben. Die Kinder übersetzen für mich. Jeder ihrer Sätze beginnt vertrauensvoll mit „Hodscha sagt". Es sind ernste Kinder, ruhig, voller Konzentration. Manchmal lachen sie über den Lehrer und er läßt es sich gefallen. Die Grundschwingung ist Respekt, das weiß er.

Einige hundert Meter weiter, auf der anderen Seite des Bahnhofs, wird die Fundamentalistengemeinde stark beargwöhnt. Hier sitzt unter einem stahläugigen Atatürk-Portrait der schweratmende Polizeiinspektor a. D., Landsmann Nihat Ülkekul, in seinem von der CDU finanziell unterstützten Büro des bundesweit operierenden Freiheitlich Türkisch-Deutschen Freundschaftsvereins, Hür Türk. Der massige Vereinsvorsitzende stellt mir eine „aufgeklärte" Familie nach seinem Gusto vor, ohne Koranschule, ohne Kopftuch, aber doch mit dem Fraumach-den-Tee-Gestus und etwas Religion. Wenn sie auch nur vertreten ist durch die Plüschtapisserie über dem Sofa mit der Darstellung des guten Hirten, den die Familie aber eindeutig als Moses identifiziert.

Abdil Binyame, der Kleinste der Familie Dogan, erklärt, auf dem Bild seien Koyunlar zu sehen, Schafe. Deutsch können alle vier Kinder schlecht, nicht einmal Vater Dogan spricht es fließend, der seit

EINE UHR
WIE AUS EINER
ANDEREN
WELT
Sie fühlt sich an wie Samt, schimmert wie Seide und trägt sich fast schwerelos.
Exclusives Titan, das eher im Weltraum als auf der Erde zu Hause ist, hochkarätiges Gold und futuristisches Design machen die Omega Seamaster Titan zu einer Uhr, die dem Zeitgefühl unserer Epoche ein neues Gesicht verleiht.
Sie ist bis 120 m Tauchtiefe wasserdicht. Die Krone ist verschraubt, das Saphirglas entspiegelt.
Ω
OMEGA
TITAN
DAS SICHERE GEFÜHL,
EINE KOSTBARKEIT
ZU BESITZEN.

Semjonow beherrscht alle Tasten

Der sowjetische Botschafter Wladimir Semjonow gilt als alter Fuchs der Diplomatie. Doch der ehemalige Delegationschef bei Abrüstungsgesprächen sucht Entspannung gern auch am Flügel. Er schätzt Klaviersonaten von Chopin und Bundeskanzler, die kunstinteressiert sind – etwa Helmut Schmidt

16 Jahren in der Firma eines privaten Bonner Straßenbaumeisters arbeitet. Dort geht man mit ihm im Infinitiv-Duz-Stil um, so scheint es. Und so scheint diese, eine durchschnittliche Türkenfamilie, ohne Lebensgrammatik, ohne Konzept einfach weiterzuwerkeln von Lohntüte zu Lohntüte.

Anders ihre aufgeweckten orientalischen Vettern, die Kurden. Mit Bedacht haben die Emigranten in der Bundesrepublik Bonn zur Plattform ihrer Aktivitäten gewählt. Der sanfte, sechssprachige Dr. Yekta, 34, Arzt und Kurde aus der Türkei, flicht in seinem kurdischen Institut in der Colmantstraße alle Stränge zusammen, die von den in Deutschland lebenden Exilkurden nach Bonn führen. Für die türkischen, iranischen, irakischen, syrischen und libanesischen Kurden, deren gemeinsame Sprache trotz verschiedener Amtssprachen das Kurdische geblieben ist, gibt das Institut den Koran heraus und das Lukas-Evangelium, Märchen, Gedichte und Musikkassetten. Irgendwoher, Allah wird es ahnen, fließt eine Menge Geld in das Bonner Kurdenprojekt. Man hört, daß es wohlhabende Kurden geben soll, die viel tun für ihre entrechteten und verfolgten Schwestern und Brüder.

Durch die Vermittlung Dr. Yektas lerne ich solch einen Mann kennen: Ali Ghazi. Er verkörpert ein bißchen den Botschafter des Volkes ohne Land, der Mann im weißen Rohseidenanzug, der mich mit einem roten Riesen-Mercedes in seine Residenz am Stadtrand fährt. „Ob Hochzeit oder Beerdigung, wir Kurden werden immer geschlachtet", sagt er, und als er am Tor seiner ländlichen Villa im Jagdhausstil anlangt, hupt er, worauf zwei gestiefelte Landsleute mit roten Bärten das Tor öffnen. So also ist es bei persischen Fürsten – der Park, die Teiche und Brükken, das Gehege mit weißen und blauschimmernden Pfauen, die Gärtner, die große Terrasse, der Pool unter dem gläsernen Gewächshausdach.

Doch Ali Ghazi mit seiner Familie und seinen kurdischen Dienern, seiner Sammlung aus Jagdtrophäen und der Kollektion antiker arabischer Familiendokumente – er ist kein Fürst. Er ist der 51jährige Sohn des einzigen Präsidenten der einzigen kurdischen Republik der Geschichte, Mohamed Ghazi. Mit dem Kurdenort Mahabad als Hauptstadt existierte diese Republik von 1946 bis 1947, als der Schah ihren Kopf, Mohamed Ghazi, hinrichten ließ. Als Ghazis Sohn, damals 13 Jahre alt, 17 wurde, schickte ihn derselbe Schah – vorsichtshalber und aus Reue – in die Bundesrepublik auf eine Jesuitenschule und ließ ihn auch hier studieren, wo Ali Ghazi bis zu Chomeinis Coup iranischer Botschaftsrat für Handel und Wirtschaft blieb. Heute ist er Ex- und Importkaufmann, einer der wichtigsten im Westen lebenden Vertreter des utopischen Kurdistan.

Ende 1984 holte der Exilpolitiker einen weiteren Kopf der kurdischen Autonomiebewegung zu sich in die Bundeshauptstadt: den Sheikh Tahar Kamalisade. Augenbrauen hat er wie Schneeverwehungen, so hoch und weiß. In dem den Mullahs vorbehaltenen religiösen Kaftan, der Aba, und unter seinem türkisblauen Turban ist er das Abbild eines biblischen Patriarchen. Kamalisade ist Führer der Nakschibendi-Kurden. Tausende zählen zu seinen Anhängern. Im Iran war er nach einigen Monaten Arrest unter Chomeini zwei Jahre lang auf der Flucht. Seine zwei Frauen und neun Kinder sowie eine Gruppe Freiheitskämpfer begleiteten ihn.

Die Großfamilie lebt jetzt in einem eleganten Neubauviertel am Bonner Stadtrand in zwei hellen Wohnungen mit großen weißen Wänden. Dort herrscht eine seltsame Begegnung zwischen 1001 Nacht und deutscher Postmoderne. Die Frauen und Töchter, bis auf Bahar, die jüngste, die neunjährige, zeigen sich nicht. Sie bleiben in der Küche, während sich die Söhne ringsum auf Sofas und Sesseln aufreihen, um den Besuch mitzuerleben. Der Sheikh thront, als sei er unverpflanzt; ein mildlächelnder Fels auf einem deutschen Kaufhaussessel. Beinahe läßt sich in den Augen des 64jährigen lesen, daß schon sein Ururgroßvater dasselbe religiöse Amt innehatte.

Der Sheikh sieht sein Exil mit Zuversicht. Er will in der Bundesrepublik lebende Kurden seelsorgerisch betreuen und fundamentalistischen Tendenzen entgegenwirken. „Aber", sagt er, „ich vermisse die Berge der geliebten Heimat." Und als guter Reiter vermißt er auch die Pferde, die zu Hause zu seinem Leben gehörten. Seine Familie und er werden hier Asyl erhalten, die Söhne besuchen Deutschkurse, sie wollen in der Bundesrepublik studieren. „Ich hoffe, die Deutschen lassen uns unsere Religion ausüben", sagt der Sheikh freundlich, „es wäre doch eine Schande, wenn man uns nicht einmal hier unsere Rechte ließe."

In Bonn denkt wohl nicht jeder so. „Assimilation", schwärmt Manager Hartje, Bundesgeschäftsführer der Deutschen Flüchtlingshilfe in Bonn, „Assimilation ist mein Stichwort." Kerzengerade sitzt er, beide Füße am Boden, vor mir auf einem Stuhl. Hinter ihm, an der Wand, blinkt das beinahe drohende Sprüchlein „Mir geht es gut". Hartje faszinieren die Exoten. Reibungslos will er sie eingliedern in unsere Gesellschaft. Nichts an ihnen soll mehr erzählen von Religion und Tracht ihrer ursprünglichen Kultur. „Dann“, so prophezeit er begeistert, „haben wir hier die maximale Akzeptanz.“ Schnell und artikuliert spult er seine Botschaft für mich ab. Bei seiner Hauptklientel, den Vietnamesen, über deren Cleverness er sich freut, findet Hartjes Credo auch Anklang. Sie schwimmen herüber nach Bonn von ihren Inseln auf dem deutschen Festland, heiraten Deutsche, werden Ärzte, Sekretärinnen, Kaufleute.

Bonn kann Ängste schüren und eine ganz große Hoffnung sein

Doch der Hauptstrom der Ausländer zieht weiter in die Enklaven und Gettos, flieht vor der Assimilation, der Entropie der Hauptstadt und ihrer Nationenansammlung. Sie lassen sich schwer mischen, die Ausländer in Bonn. Vielleicht spielen hier die auf ihrer eigenen Kultur beharrenden Botschaftsangehörigen eine Rolle als Vorbilder. Ganz deutsch zu werden scheint kein Ziel mehr. Sie, die Fremden, haben den Staub fremder Großstädte, die Schatten fremder Bäume, fremder Kriege und Lehrer in sich und das jahrzehntelange Leben auf anderen Breitengraden. Nur mit halbem Bewußtsein sind sie hier.

Es ist die Hoffnung fast aller Gastarbeiter, Flüchtlinge und Asylanten: Nächstes Jahr nach Hause! Wenn – genug Geld, genug Frieden, genug Arbeit. „Wenn“ ist das Wort der zerrissenen Exilgemüter, der Wartenden im Asylantenheim. Viele trauen Bonn eine Kraft zu, als sei hier das Herz der Maschine, das Zentrum der Bürokratie, wo die Wege kurz sind und effektiv, wo sie in die Politiktöpfe schauen und mitkochen oder sogar ihre eigenen Gerichte verkaufen können. Sie hoffen auf „Maßnahmen“, bekommen Kleidergeld, und in Sri Lanka, in Kurdistan, in Guatemala ändert sich wenig. Die große Macht der kleinen Stadt hat andere Probleme. So warten sie also.

Dann wachsen die Götter, werden die Schleier dichter vor den Gesichtern, heben die Griechinnen kleine Kinder hoch zum Küssen der Ikone, rufen Koranschüler Suren im Chor, und der Leiter des Bonner Afghanistan-Zentrums findet, „ganz ohne Opium kann das Volk doch auch nicht leben, wissen Sie.“

Natürlich glaube ich dann auch der feisten Amuletthändlerin im Dralon-Kostüm, die mir ein kleines Stück polierten Bernsteins schenkt. „Ist gut fir beschützen, Stadt Bonn gefährlik.“ Damit verschwindet sie so schnell im Hinterzimmer der Imbißstube, daß ich sie nicht mehr fragen kann, aus welchem Land sie stammt. □

Caroline Fetscher, 27, ist Absolventin der Gruner + Jahr-Journalistenschule, lebt in Hamburg und schreibt unter anderem für „Spiegel“ und „Konkret“. Die Studentin der Literaturwissenschaften arbeitet seit 1983 auch als Redakteurin der „Greenpeace Nachrichten“.

Das heimliche Monster

Von Michael Preute

Zweifellos ist Bonn reich an politisch bedeutungsvollen Bauten. Das denkwürdigste Gebäude der Bundeshauptstadt aber steht gar nicht in Bonn, sondern rund 20 Kilometer entfernt – im Ahrtal. Es ist der sogenannte Ausweichsitz der Bundesregierung für den Krisen- und Kriegsfall und erstreckt sich von Dernau-Marienthal über Walporzheim bis Bad Neuenahr. Das Angenehmste an dem Bau ist die Tatsache, daß man so wenig von ihm sieht, und daß er hohe Beamte wie Politiker in Bonn mit dem Bewußtsein erfüllt, jede Katastrophe überleben zu können. Das Ding ist ein Bunker.

Da ist etwas vorauszuschicken: Ich war niemals drin in diesem Bunker, ich werde niemals hineinkommen, und ich möchte auch nicht zu den Bunkerinsassen zählen. Wenngleich die Zugehörigkeit zur Gemeinschaft der Auserlesenen in manchem so etwas wie ein andächtiges Gefühl erzeugen mag. In Bonner Ministerien laufen Menschen beiderlei Geschlechts herum, die in der Gewißheit lächeln: Mir kann keiner! Das sind Menschen, die mit großer Sicherheit zu den Inhabern einer Schlafstätte im Rosengarten zählen. Richtig: Insider nennen den Bunker auch „den Rosengarten".

Als Konrad Adenauer noch Bundeskanzler war und behauptete, die Bundesregierung werde niemals aufrüsten, war der Plan für das wahrhaft gigantische Stahlbetonmonstrum vermutlich längst in Arbeit. Dessen geistiger Vater ist unbekannt, er dürfte aber vor dem Zweiten Weltkrieg bereits an den Bunkern des Westwalls mitgearbeitet haben. 1960 begannen weltberühmte Firmen wie HochTief, Torkret und Thyssen damit, sich im romantischen Tal der Ahr unter die Weinberge zu buddeln. Dabei benutzten sie alte Eisenbahnstollen, die 1913 zu dem Zweck gebaut worden waren, Räder für den Sieg im Ersten Weltkrieg rollen zu lassen – Richtung Frankreich. Im Zweiten Weltkrieg wurden dann in eben diesen Stollen Teile der Hitlerschen Wunderwaffe V 2 hergestellt und, als sich der Arbeitskräftemangel verschärfte, wurde hier auch ein KZ errichtet – ein Außenlager des „Arbeit macht frei"-Unternehmens Buchenwald. Der Regierungsbunker also hat Geschichte.

Zehn Jahre wühlten in wechselnder Stärke unter wechselnder Regie mindestens 20 000 Bauarbeiter im Ahrtal. Es gibt Zeitgenossen, die behaupten, daß die Zahl hochkarätiger Spione aus dem Osten in diesen Gründertagen größer war, als die Menge der Weintouristen am romantischen Gewässer. „Wenn Sie die Baupläne vom Bunker haben wollen, müssen Sie nach Ostberlin gehen", sagen freundlich-gelassene Informanten. Genauer: zum staatseigenen Militärverlag in der Hauptstadt der DDR.

Für die Zivilbevölkerung ist kein Platz

Dabei: Der Bunker der Bundesregierung sollte eigentlich so geheim sein, als gäbe es ihn gar nicht. Das Bonner Innenministerium, Hausherr der Anlage, gibt keinerlei Auskünfte. Am Haupteingang des Bunkers hinter dem alten Kloster Marienthal wacht eine Außenstelle des Bonner Amtes für Zivilschutz über die Sicherheit. Obwohl dieses Amt eigentlich ganz fehl am Platz ist, denn die Zivilbevölkerung des Ahrtals dürfte im Kriegsfall nicht in den Bunker.

Neugierige Menschen, die unbedingt erfahren wollen, wie es „da unten" aussieht, müssen sich deshalb auf sogenannte Basisrecherchen verlegen. Sie müssen bei allen Handwerkern, die diese Ungeheuerlichkeit rund um die Uhr einsatzbereit halten, anklopfen. Aber die Handwerker setzen ihren Arbeitsplatz nicht aufs Spiel; sie sind vereidigt. Auch ehemalige Bauarbeiter wissen erstmal von nichts, die Planer sind unbekannt – und trotzdem ist der Kenntnisstand der Leute im Ahrtal erstaunlich hoch. Er zeigt sich vornehmlich an Stammtischen, wenn die sanft-herbe Portugieser Traube die Zungen löst.

Gekostet hat der Bunker in zehn Jahren Bauzeit rund 6,5 Milliarden Mark. Damit dürfte die Anlage das teuerste „öffentliche" Bauwerk der Bundesrepublik sein. Der Etat der Bundesregierung weist aus, daß die laufende Verwaltung pro Jahr rund achteinhalb Millionen kostet. Der Bunker ist ausgelegt für 3000 Personen (auch Sekretärinnen), wobei zur Not 10 000 Menschen hineinpassen. Die 3000köpfige Grundbelegung, so haben Bonner Überlebenskünstler ausgerechnet, soll in den Röhren mindestens zwei Jahre leben können. Das Monstrum unter den Weinbergen ist also fast schon eine respektable Kleinstadt. Allein das alle zwei Jahre praktizierte Auswechseln der Lebensmittel in den riesigen Silos kostet rund 30 Millionen Mark, wobei der alte Bestand von den Winzerbetrieben gekauft werden kann: Die Notration der Regierung gelangt so an die Weintrinker.

Psychiater und Pfarrer sind eingeplant

Insgesamt umfaßt das Bauwerk 30 Kilometer Röhren, die in Tiefen von bis zu 400 Metern gehen. Die langen Wege in dieser Stadt unter dem Berg werden auf Elektrokarren zurückgelegt, doch sollen die Bunkerinsassen auf Anraten von Seelenärzten (auch sie sind vorgesehen) möglichst viel zu Fuß gehen, müde werden. Das macht Sinn, ist doch zu erfahren, wie aggressiv solch ein Bunkerleben die Menschen stimmen kann. Psychiater sind also ebenso im Berg wie Pfarrer, Fliesenleger und Heizungsmonteure. Liegewiesen mit UV-Licht gibt es, und für den Notfall hat der Bundesinnenminister zentnerweise Valiumpräparate gestapelt. Selbst an das natürliche Ende eines Menschenlebens im Kriegsfall ist gedacht: Leichen würden dann im Säurebad aufgelöst und von der Ahr in den Rhein gespült.

Von den zahlreichen Fallex-, Wintex- und Cimex-Übungen, welche die Bundesregierung im Rahmen von Nato-Manövern im Röhrenwerk veranstaltete, sind beachtlich viele Nervenzusammenbrüche und Fluchten in den Alkohol bekannt – trotz der Versuche, die Atmosphäre aufzulockern. So sind die zunächst nackten Betonwände mit Kunststoff belegt worden; der Quadratmeter zu 25 Mark. Und dem Kunststoff ist dann ein freundlicher Farbanstrich verpaßt worden. Weil das Neon in der ewigen Nacht die Bunkerbesatzung anfangs schier verrückt gemacht hat, wurden neue Lichttönungen entwickelt.

„Die Arbeitsbedingungen sind schwer, die Entlohnung entspricht nicht dem Gegenwert der dort zu leistenden Arbeit." Mit diesen Worten hat sich der langjährige Personalratsvorsitzende im „Regierungsbunker", Georg Steinborn, einmal öffentlich beschwert. Er meinte damit nicht nur die Übungszeiten, sondern auch den ganz normalen Dienst im Betonkomplex unter dem Rotweinwanderweg. Mehr als 100 Zivilbeschäftigte, dazu Angehörige von Bundesgrenzschutz und Bundeswehr sind schon in Friedenszeiten nötig, um die Wartung des Monsters zu erledigen.

Sorgen ganz anderer Art bedrücken den SPD-Abgeordneten Günther Leonhart aus Bad Kreuznach, seit er einmal mitübte, wie – laut Szenario – die Sowjetunion zuerst Skandinavien und dann die Bundesrepublik überfiel. Präzise: zunächst mit chemischen Waffen. Am dritten Tag der Übung beschloß die Ersatzregierung im Bunker, gemimt vom Chef des Bundeskanzleramtes, Staatssekretär Prof. Waldemar Schreckenberger und von Staatssekretär Dr. Lothar Rühl, Atombomben einzusetzen – mit einer Gewalt von 185 Kilotonnen. Zum Vergleich: In Hiroshima detonierten 20 Kilotonnen. Der Abgeordnete Leonhart stieg aus dem Bunker aus, war sehr verwirrt und unglaublich zornig: „Daß erwachsene Männer sich mit so einem schrecklichen Scheiß abgeben, ist mir unfaßlich!" Noch etwas sagte Leonhart: „Also am Eingang des Bunkers hing ein Zettel des ‚Bundeskanzlers': Er sei mit allen seinen Bemühungen um die Erhaltung des Friedens gescheitert. Seit soundsoviel Uhr befinde sich die Bundesrepublik im Krieg mit dem Warschauer Pakt." Da sei ihm „ganz anders" geworden, berichtete der entnervte Parlamentarier, richtig Angst habe er bekommen, als er erfuhr, daß man auf diesen Elektrokarren 15 Kilometer

Im Weinort Dernau: eines der wahrscheinlich zwölf massiven Betonportale, hinter denen sich das Labyrinth des »Regierungsbunkers« versteckt. Ein Kinderspielplatz ist direkt an den Eingang gebaut – dahinter wird der Atomkrieg geprobt

unter den Bergen herumgekurvt werde, ehe man überhaupt erst die Kommandoräume erreiche.

Auch wenn, wie ein Eingeweihter mal sagte, die 22 Parlamentarier, die Mitglieder des „Notparlaments“ sind, in der Regel nur „unsere Showräume zu sehen bekommen“ – im Laufe der Zeit ist halt doch einiges zu erfahren. Zum Beispiel, daß der Spion Tiedge weiland für die Aufzüge des Bunkers zuständig war, welche die Firma Schindler lieferte. Und gar nicht so schwer herauszubekommen ist auch, daß es im Etat des Ignaz Kiechle, Landwirtschaftsminister, einen Posten von 25 Millionen Mark gibt; für die „Einlagerung von Lebensmitteln“ 1985. Mag sein, daß darin auch die Essensportionen für die Überlebenden enthalten sind. Bestätigt wird so etwas nicht; da ist die Geheimhaltung vor. Andererseits: Diverse Ressorts beteiligen sich freiwillig am laufenden Bunkerunterhalt. Das Verkehrsministerium zum Beispiel mit „Straßenräumgeräten“. Zur Erklärung: Das sind Schaufeln für den Ernstfall. Für die Menschen im Bunker, die sich schließlich ausgraben wollen, wenn es gekracht hat.

Freilich, und das hat mir ein leibhaftiger General versichert, der so bescheiden war, mit mir in einer Kantine für Gemeine zu essen: „Atombombensicher ist dieses Ding nicht. Pershing und SS-20 treffen auf weniger als 50 Meter genau. Sie reißen Krater von 200 bis 400 Metern Tiefe.“ Und dann wäre selbstverständlich auch ein Bunker wie jener in der Eifel „im Eimer“.

Wozu das Ding dann diene? Der General lächelte: „Wissen Sie, das wurde zu einer Zeit gebaut, als es noch erforderlich schien und niemand daran dachte, daß wir A-Bomben einsetzen könnten oder sowas. Und auch die Nato hat das Ding eigentlich längst abgeschrieben, weil es als Befehlskommandobunker auch nicht mehr nötig ist. Die können darauf verzichten.“ Fazit des Generals zum Bunker: „Den haben sich die Bonner Verwaltungskönige geschenkt.“ Und Willy Brandt auf die Frage nach dem Sinn des Kolosses im Weinberg: „Es gibt im militärischen Bereich viele Dinge, die sich einfach verselbständigen.“

Friedensbewegte im Ahrtal haben denn auch schon dafür plädiert, den Regierungsbunker zum Kirmesbunker für Kinder umzufunktionieren. □

Michael Preute, 49, arbeitet – unter anderem für den „Spiegel“ – als freier Journalist und Autor in Köln. Mit dem unterirdischen Bonn hat sich Preute in monatelangen Recherchen befaßt, deren Ergebnisse 1984 als literarisch leicht verfremdete Buchreportage unter dem Titel „Vom Bunker der Bundesregierung“ erschienen sind.

Während seiner Zeit als Staatsminister im Auswärtigen Amt hat Hamburgs Bürgermeister Klaus von Dohnanyi, SPD, im Bunker furchtbares Schicksal gespielt

Das Erschrecken des »Bundeskanzler-Üb.«

Zu selten, so scheint mir, denken Politiker an die ferneren und unbeabsichtigten Folgen ihrer täglichen Arbeit. Gerade wir, die wir ja (ziemlich überheblich, meine ich ohnehin) den Anspruch erheben, an jeder Gabelung des Weges uns sicher auszukennen, wir sollten doch öfters einmal entlang der wahrscheinlichen Entwicklungen überlegen, mit denen sich unsere Entscheidungen dann später vertragen oder streiten müssen.

Nato-Übungen sind hierfür eine ungewöhnliche Schule. Wohl dreimal habe ich leitend an derartigen Übungen teilgenommen, zweimal – bei „Wintex 77“ und „Wintex 81“ – auch als „Bundeskanzler-Üb.“, also in der zentralen Entscheidungsfunktion der Exekutive, einmal davon im Bunker in der Eifel.

Diese Schreibtisch-Manöver werden von der Presse häufig milde belächelt – in Ministerien und Behörden übrigens auch. Ihr Ernst wird so ernst nicht genommen. Das ist ein Fehler, weil es darum geht, einzuüben, wie man an zwar unwahrscheinlichen, aber dennoch historisch möglichen Weggabelungen eines Tages den sicheren Pfad findet – wenn der andere tödlich wäre.

Wintex ist eine Friedens-Übung. Nicht in jenem banalen Sinne, in dem jeder Raketenfreund seine scharfzähnigen Lieblinge als friedliche Bernhardiner preist. Sondern weil ihr eigentlicher Sinn darin besteht, militärische Krisen auf den Friedensweg zu drängen, einen wahrscheinlicher werdenden Krieg immer wieder um seine vielfältigen Gelegenheiten zu bringen.

Ich sage nicht, daß die Übung von allen so verstanden wird. Schon die Formulierung des „Szenarios“, also des äußeren Ablaufs der Ereignisse, ist dabei entscheidend. Es hat nämlich, wie ich meine, wenig Sinn, von Bedrohungen auszugehen, die dem Gegner böswillige Kriegslust oder selbstmörderischen Leichtsinn unterstellen.

Und ich glaube auch nicht, daß alle Beteiligten immer spüren, was sie eigentlich tun. Schließlich ist das Ganze ja nur eine Übung – und am Ende steht ein gutes zweites Frühstück. Phantasie ist nicht jedermanns Sache. Wer aber im Sinn der Übung wirklich jeden einzelnen Zug, jede Entscheidung und jedes Zögern begreift, wer übt, den Frieden gegen Großsprecherei und falschen Stolz, gegen Rechthaberei und Phantasielosigkeit zu schützen, den drückt nach langen Stunden in der Bunkerzentrale doch plötzlich das Gefühl, mit den Apokalyptischen Reitern ganz persönlich zu pokern.

Das Grundgesetz sieht für den Krisenfall eine Reihe von Schritten vor, die im Übungsfall zu diesem persönlichen Empfinden, „Schicksal“ zu spielen, beitragen. Die Feststellung des sogenannten „Verteidigungsfalles“ unterliegt der Beschlußfassung durch Bundestag und Bundesrat (Art. 115 a Grundgesetz). Es gibt allerdings auch verkürzte Verfahren im Notfall. Die Befehlsgewalt über die Streitkräfte geht mit dem Verteidigungsfall auf den Bundeskanzler über (Art. 115 b Grundgesetz). Die allmähliche Annäherung an den Verteidigungsfall und das Durchdeklinieren aller Schritte und Alternativen in formalisierten Beschlußfassungen unter dem Eindruck von (simulierten) Nachrichten kann ein sehr beklemmendes Klima im Bunker schaffen.

Ich erinnere mich: An einem schönen Frühjahrsnachmittag wollten wir (mein Kollege im Auswärtigen Amt, Klaus Blech, und ich) während einer Übungspause im Eifel-Bunker frische Luft schnappen gehen. Als wir aus dem Bunker traten, hatte ich plötzlich das Gefühl der Irrealität. Der friedliche Sonnenschein, der frische Geruch der Wälder und Felder, sie trafen mich wie ein Traum, und ich begriff: In den letzten Stunden, beim Debattieren, Formulieren und Verabschieden der Kabinettsbeschlüsse, die uns in einer realen Welt dem atomaren Krieg ein gefährliches Stück nähergebracht hätten, war ich offenbar in der „Rolle“ des Krisenkanzlers aufgegangen. Ich hatte gespürt, wie es wohl sein würde, wenn . . . Und es hatte mich getroffen. Für Stunden hatte ich die Realitäten vertauscht. So sollte es wohl auch sein.

Gott sei Dank (und nur Gott könnte das wohl in der Realität bewirken): Am Ende jeder Wintex-Übung gerät alles zum Besten. Fast wie im Märchen: Der böse Feind sieht ein, daß er schon zu viel gewagt hatte. Es kommt zu Frieden-stiftenden Gesprächen. Und die Übung zu den Akten.

»Schildkröte« nennt sich die Formation des Bundesgrenzschutzes – ein Bollwerk zur Abschirmung »höherer Tiere« in der Politik. Die Kontaktsperren der Demokratie sind hart – auch für die Schützlinge

Die Furcht

der Herren in der Festung

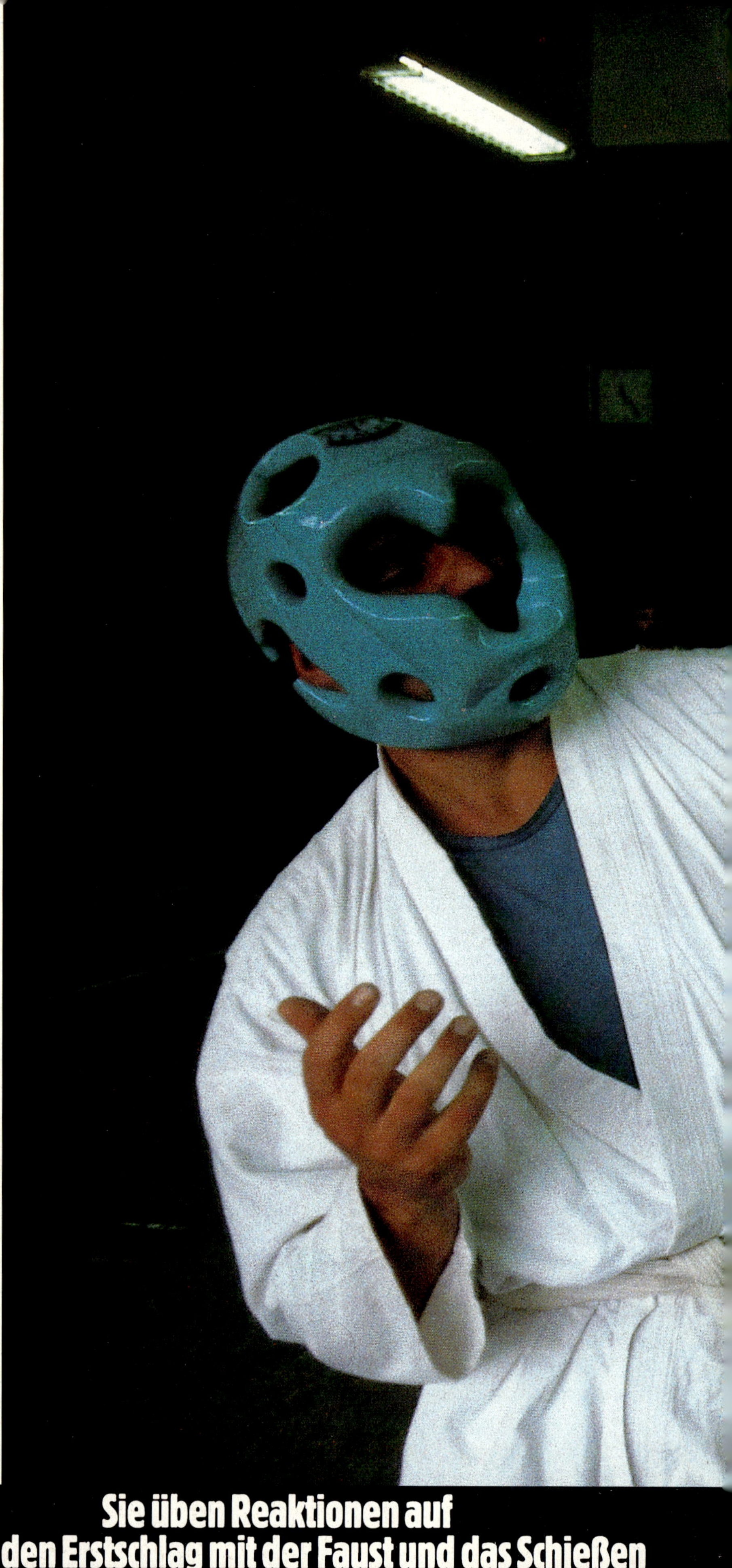

Sie üben Reaktionen auf den Erstschlag mit der Faust und das Schießen in jeder Gefahrenlage

Im Bonner Polizeipräsidium stehen sich Beamte, die für den Personenschutz ausgebildet werden, als Karatekämpfer gegenüber. Im selben Haus trainieren Kollegen das Scharfschießen. Ist in Bonn hoher Besuch angesagt, dann schnüffeln sich Polizeihunde durch die Hotels und suchen in den Toiletten nach Sprengstoff. Und zu den Sicherheitsmaßnahmen in der Bundeshauptstadt zählt auch der nächtliche Objektschutz vor einem Ministerium im Neubaugebiet Godesberg-Nord. Zwar gibt es rings um das Regierungsviertel die Bannmeile für Demonstranten – aber längst umschließt jeden wichtigen Politiker ein enger Kreis von persönlichen Bewachern

Wenn Herr Jitzhak Ben-Ari die Botschaft verläßt, sind seine Bewacher auf Angriff eingestellt

Der israelische Botschafter Ben-Ari gilt als extrem gefährdet, als potentielles Opfer von Terroranschlägen. Deshalb verwandelt sich die Simrockallee in ein heißes Pflaster, sobald der Diplomat nur auf die Straße tritt. Sonderfahrzeuge der Polizei und Hubschrauber des Bundesgrenzschutzes, stationiert in Hangelar bei Bonn, gehören zum umfangreichen Aufrüstungsprogramm, von dem die Bonner Politik und die Politiker begleitet werden. Für Personen, die in der »Sicherheitsstufe 1« sind, stehen gepanzerte Limousinen fahrbereit – von außen schier unverwundbar, von innen mit einer dünnen Stelle in der Beifahrertür versehen, aus der im Ernstfall geschossen wird

Von Herbert Riehl-Heyse
mit Fotos von Renate von Forster

Manchmal, wenn es der Zufall will, kann man diesen Politiker weit weg von Bonn in seinem Winterurlaub erleben – und wie man ihn sich da so erholen sieht, tief drin im Bayerischen Wald, denkt man sich bald, daß das alles sehr viel idyllischer nun wirklich nicht sein könnte. Vormittags beispielsweise läuft der Politiker auf Langlaufbrettern durch den Winterwald, und nichts stört den Frieden, außer, daß manchmal ein anderer Urlauber seine Tour kreuzt, „guten Morgen, Herr Dr. Vogel" sagt, und daß dieser Urlauber vielleicht 50 Meter später auch die beiden jungen Männer grüßt, die hinter dem Politiker herrutschen und die sich nicht ganz leicht tun, ihm auch gehörig nachzukommen.

Abends sitzen die gleichen jungen Männer in schicken Skipullovern im roten Salon des kleinen Waldhotels, in dem der Politiker wohnt, spielen Karten oder lesen Illustrierte – und zwei Zimmer weiter vorn, wo der Tisch steht, auf dem immer für den Politiker und seine Frau gedeckt wird, spielt man auch grade Karten. Sollte hier der Frieden gestört werden, dann höchstens durch die Tatsache, daß der Politiker manchmal den falschen Trumpf zugibt und ein Mitspieler ihn etwas rauher dafür zurechtweist, als das ein wichtiger Politiker gewohnt ist. Drüben im Salon setzt einer der jungen Männer im Skipullover später seinen endlosen Flirt mit der jüngsten Kellnerin des Hotels fort; Idyll ist gar kein Ausdruck.

Leider haben es Idylle in dieser Welt zunehmend an sich, trügerisch zu sein: Diese hier ist es ganz besonders. Die Wahrheit ist natürlich, daß es gar keine jungen Männer hinter dem Ehepaar Vogel in der frischen Schneeluft gäbe und auch nicht den kleinen Flirt im roten Salon, wenn die Zeiten nicht schon lange so verdammt unfriedlich wären: Vor elf Jahren – da war Hans-Jochen Vogel gerade Spitzenkandidat seiner Partei für den bayerischen Landtag geworden – hat man damit begonnen, ihm klarzumachen, daß einer wie er – seit zwei Jahren in Bonn – eigentlich keinen Schritt mehr allein aus dem Hause machen dürfte, ohne sich selbst in Lebensgefahr zu bringen – und die Bundesrepublik in die Gefahr, von Verbrechern erpreßt zu werden.

Seit diesem Tag hat den Politiker Hans-Jochen Vogel die Erkenntnis, auf wie dünnem Eis er lebt, nicht mehr losgelassen, deshalb schon, weil er – sehr viel intensiver als andere – hat miterleben müssen, wie der Berliner Politiker Lorenz entführt wurde, wie der Generalbundesanwalt Buback, der Bankier Ponto und der Industrieführer Schleyer ermordet wurden. Immer war klar, daß er und seine Familie eben auch zu denen gehören, die ein passendes Opfer abgeben könnten für Entführer und Mörder.

Elf Jahre lang – die meisten davon in Bonn verbracht – ist Vogel seitdem nicht mehr unbewacht geblieben, elf Jahre lang hat er den jeweiligen Grad seiner Gefährdung daran erkennen können, ob das Kommando, das ihn bewachte, gerade eine Kopfstärke von 12 bis 15 Leuten erreichte, oder ob nach Ansicht des Bundeskriminalamts die sechs bis sieben Leute ausreichten, die gewöhnlich bereitstanden zu seinem Schutz. Insgesamt ist der Bauminister und Justizminister, der Regierende Bürgermeister von Berlin und SPD-Kanzlerkandidat in diesen elf Jahren von annähernd 400 Beamten bewacht worden. Jetzt, als Oppositionsführer im Deutschen Bundestag, ist Hans-Jochen Vogel wieder einmal (wie 30 bis 40 andere Spitzenleute aus dem öffentlichen Bereich) in der Sicherheitsstufe 1 – und wenn es etwas gibt, worauf er gern verzichten würde, dann ist es dieser Beweis, daß er noch immer einer der wenigen in der Bundesrepublik ist, auf die es ankommt.

Keine Chance mehr, sich einfach mal in die Straßenbahn zu setzen

Hans-Jochen Vogel bemüht sich, ein nüchterner, realistischer Mann zu sein, keiner von denen, die gern und ausführlich vor Journalisten ihre Seelenlage beschreiben: Da muß man dann wohl versuchen, sich ein wenig hineinzufühlen in einen Mann, der eines Tages aufgewacht ist, um festzustellen, daß er plötzlich mit seiner Familie eine Art Festung abgab, die vor allem verteidigt werden mußte, mit allen Mitteln. „Plötzlich" ist übrigens schon das richtige Wort: Zuvor, in München, war er ein Oberbürgermeister gewesen, der es – mit allem gebotenen Ernst sozusagen – geschafft hatte, wirklich populär zu sein, mit und unter den Leuten zu leben, war er ein Oberbürgermeister, der schon einmal mit der Straßenbahn zu seinem Arbeitsplatz im Rathaus fuhr. Das Schlimmste, was ihm passierte, war das Attentat eines leicht verwirrten greisen Münchners, der ihn einmal auf dem Flughafen mit einem Strauß Blumen empfing und ihm dann statt der Blumen ein paar Ohrfeigen überreichte. Vogel reagierte einigermaßen gefaßt auf den höchst überraschenden Anschlag.

Aber das war eben nicht zu vergleichen mit dem, was er sich dann später alles zumuten lassen mußte und was nun an völlig neuen Erfahrungen auf ihn zukam: Mit einemmal waren da Leute um ihn, die – vielleicht hatten manche auch zuviel ferngesehen – dachten, sie müßten ihn bei einem gewöhnlichen Wahlkampfauftritt mit dem Einsatz ihres ganzen Körpers vor jedem Wähler schützen, der ihm nur mal die Hand geben wollte; mit einemmal saßen abends vor seinem kleinen Apartment in Bonn, in dem er damals noch wohnte, die Bewacher auf der Treppe. In München wiederum – seine Wohnung im olympischen Dorf befand sich ganz oben im 19. Stock unter dem Dach –, führte es dazu, daß jeder Besucher, der aus dem

Bürgernähe müssen die Beschützer erst erlauben

Hans-Jochen Vogel, Oppositionsführer im Bundestag: Wie alle Spitzenpolitiker kann er sich an einem Freischwimmen beim Bad in der Menge selten freuen. Es gilt als riskant

Die Karte. Immer soviel Geld wie nötig.

Wer bargeldlose Zahlungsmittel nutzt, wird durch Vorschriften und Formalitäten eingeengt, die einen bedarfs- oder wunschgerechten Einsatz oft nicht möglich machen. Immer mehr Leute vertrauen deshalb auf eine flexiblere Alternative: die Karte von American Express.

Limitierungen, Banken-Öffnungszeiten, Akzeptanzprobleme im Ausland – all dies müssen Sie bei der American Express Karte nicht beachten oder befürchten. Sie können jederzeit und in jeder Währung damit bezahlen. Denn mit der American Express Karte nutzen Sie ein weltweit renommiertes und anerkanntes Zahlungsmittel, das auch in Deutschland führend ist und von über 45.000 Vertragspartnern in jeder Höhe gerne akzeptiert wird.

Wenn Sie auch jederzeit frei disponieren möchten, dann bezahlen Sie ganz einfach mit Ihrem guten Namen.

Welche weiteren Vorteile Sie mit der American Express Karte täglich nutzen können, erfahren Sie unter (0 69) 72 00 16. Oder schreiben Sie an American Express International, Inc., Postfach 11 01 01, 6000 Frankfurt 11.

American Express. Die Karte.
Bezahlen Sie einfach mit Ihrem guten Namen.

AMERICAN EXPRESS

Lift stieg, erst einmal in die Mündungen von zwei Maschinenpistolen schaute, bevor er sich ausgewiesen hatte. Wenn man, wie Vogel, als eher ziviler Mensch angelegt ist, kann einem so etwas schon auf die Stimmung schlagen.

Gut, ein Politiker ist ein Politiker, ein disziplinierter Mensch – vor allem, wenn er Dr. Vogel heißt, der schon einsieht, warum dies und jenes sein muß, und der im übrigen, könnte man sagen, für seine privaten Opfer auch gut bezahlt wird; mit Geld, Anerkennung, Prestige. Aber da war dann ja auch noch die Familie, die eigentlich wenig hatte von den Erfolgserlebnissen des Mannes und Vaters – und doch mitgefangen war in jener Festung, ob sie wollte oder nicht.

Es muß das in den ersten Jahren für die Familie Vogel sehr schlimm gewesen sein, für Lieselotte Vogel zum Beispiel, eine ruhige, sehr uneitle Frau, die nichts hat von der Begeisterung mancher Politiker-Gattinnen für die eigene Bedeutung und die nun plötzlich nicht einmal mehr einkaufen konnte, ohne daß nicht ein paar Herren mit ernstem Gesicht in ihrer Nähe gestanden hätten, um die übrigen Kunden bei der Auswahl der richtigen Tomatensorte auf ihre Unverdächtigkeit zu überprüfen. Dazu die Kinder aus der ersten und der zweiten Ehe: Mit welchem Recht eigentlich konnte er, der Politiker Vogel, seinem Sohn zumuten, sich jedesmal bis zur Haustür begleiten zu lassen, wenn er die Freundin besuchte, wie konnte er – oder sonst irgendein vernünftiger Mensch – von der Teenager-Tochter erwarten, daß sie den Sicherheitsbeamten ein bis zwei Tage im voraus mit Hilfe eines genauen Programmes bekanntgab, was sie am Mittwoch im einzelnen zwischen 15 und 16 Uhr zu tun beabsichtige?

Natürlich geht das im Grunde nicht – aber es mußte gehen, weil „sonst niemand die Verantwortung übernehmen kann". Noch ist der Schadensersatzanspruch des Politikerkindes nirgends gesetzlich geregelt, der dadurch entsteht, daß die Mitschüler in der Klasse mit Fingern auf den Wichtigtuer deuten, der da dauernd seine Bullen vor die Schultür mitbringt; und niemand entschädigt einen dafür, wenn irgendwann einmal die Party-Einladungen ausbleiben, weil die Freunde es nicht so lustig finden, auch bei ihren Festen noch kontrolliert zu werden. Keine Tragödien, gewiß, außer für den Betroffenen, kein Thema für die Zeitungen: Ohnehin ist die Unmenschlichkeit der Verhältnisse oft so banal, daß sie sich jeder Beschreibung entzieht.

Die Pflicht der Bewachten, den weitgehenden Verlust der Privatheit auszuhalten

Es wäre kein Wunder, denkt man sich manchmal, wenn es irgendwann einmal keinen vernünftigen Politiker mehr geben würde, der unter solchen Bedingungen noch viel Lust hätte, Volk und Vaterland zu dienen – und wer einem da als Objekt all dieser Maßnahmen groß mit Hinweisen auf sein Pflichtgefühl und seine Opferbereitschaft kommen würde, liefe schnell Gefahr, sich verdächtig zu machen. Es ist wohl eher so, daß man sich irgendwann einmal als Betroffener sehr rational damit auseinandergesetzt haben muß, warum es ohne diesen Personenschutz nicht geht, warum er schlicht notwendig ist, wenn die Art Gesellschaft, wie wir sie uns vorstellen, noch einigermaßen funktionieren soll.

Wie lebt man also vernünftig und so, daß man nicht völlig verrückt wird, mit der ständigen Mahnung hinter sich in der Loipe und neben sich im roten Salon – mit der Mahnung nämlich, daß man jederzeit das Opfer von ein paar Verbrechern werden kann, vor denen es ohnehin nur einen höchst unvollkommenen Schutz gibt? Erst einmal hilft einem ganz offensichtlich eine höchst nützliche menschliche Eigenschaft: die Kunst, sich anzupassen, sich an alles Mögliche zu gewöhnen. Irgendwann, sagt Hans-Jochen Vogel, habe sich die ständige Bedrohung ganz einfach verflüchtigt, irgendwann habe man sie so gut wie völlig verdrängt: Wenn dann der nächste Zettel in einer sogenannten konspirativen Wohnung gefunden wird, aus welchem hervorgeht, daß der Oppositionsführer V. ganz oben steht auf der Liste der Feinde, dann – sagt Vogel – „reagiert man gar nicht mehr darauf, weil man eben längst darauf trainiert ist". Anders wird das in der Tat nicht zu machen sein.

Es bleiben ja auch – ohne die ständige Angst – noch genug Probleme; Probleme, die schlicht dadurch entstehen, daß da Menschen auf engstem Raum miteinander auskommen müssen, die sich diesen ihren Umgang überhaupt nicht ausgesucht haben. Natürlich gilt das für beide Seiten: Nicht jeder junge Kriminalbeamte hätte sich, wenn er seinen Schützling hätte aussuchen dürfen, gleich für den sehr gescheiten, sehr fleißigen, aber auch besonders korrekten Politiker Vogel entschieden. Und nicht jeder Grenzschutzbeamte, der gerade vom Lehrgang kam und sofort dem Politiker erklären wollte, wie er sich künftig nur noch in der Öffentlichkeit zu bewegen habe, war der Fall des Hans-Jochen Vogel.

Natürlich ist auch nicht jeder gleich gut geeignet für so einen Job: Einer von Vogels Beschützern hat auch einmal vor Nervosität die Glasscheiben an der Eingangstür des Justizministeriums zerschossen, ein anderer hat in den Fußboden des Autos gezielt und damit immer noch weniger Schaden angerichtet als jene Beschützer anderer Politiker, die bei der Bewachung – aus Hysterie, aus Langeweile? – allzuschnell den Finger am Abzug hatten und dann auch mal einen Kollegen schwer verletzt oder gar getötet haben. Manche Beschützer machen sich selber derartig verrückt, daß die Gefahr groß ist, dem Schützling gleich mit auf den Nerven herumzutrampeln, so wie das beispielsweise jenen beiden „älteren Herren" gelungen ist, an die sich Vogel noch mit

Der perfekte Überwachungsstaat am Terminal

Bei der Polizei in der Friedrich-Ebert-Allee sind Notruf- und Einsatzzentrale auf den modernsten Stand gebracht – und die Fahrtrouten der Staatsgäste abgesteckt

DER SEKT MIT DEM GEWISSEN EXTRA

Während er |1 schon im ersten Akt mit ihr |2 aus dem zufälligen Rendezvous in der Oper ein Rendezvous für ein Gläschen MM nach der Oper gemacht hat, wird er |3 auf diesen Erfolg bei ihr |4 noch ein paar Takte warten müssen.

Grausen erinnert, wie sie ihn mit ständig entsicherter Maschinenpistole ununterbrochen im Zwei-Meter-Abstand umzingelten. Da kommt dann viel darauf an, daß man einigermaßen gelernt hat, richtig miteinander auszukommen, daß auch der Schützling nicht glaubt, er sei der große Sicherheitsfachmann – und daß man Gelegenheit hat, einander ein wenig kennenzulernen.

Andererseits – zuviel Kennenlernen, sagt Vogel, sei dann auch wieder nicht gut, weshalb er sich sehr um eine Art Mittelweg zwischen Familienanschluß und zu großer Distanz bemüht. Es ist ja wohl auch wahr, daß man nicht gut in elf Jahren an die 400 Ersatz-Söhne um sich versammeln kann, die dann pausenlos am Mittagstisch alles mit ihrem Herrn und Meister durchsprechen oder sich gar, was in manchen Fällen auch schon vorgekommen ist, so sehr in ihre Betreuungsaufgabe hineinknien, daß der staunende Politiker plötzlich merkt, wie sich zwischen seiner Tochter und dem sportiven Beschützer ein derart herzliches Verhältnis entwickelt, daß der Politiker nun seinerseits sich genötigt fühlt, auf die beiden achtzugeben.

Es muß wohl so eine Art Grund-Vertrautheit zwischen Schützling und Beschützer schon geben – und es ist jedenfalls bemerkenswert, daß es in der Geschichte dieser komplizierten Beziehungen, die unter dem Zwang der Verhältnisse entstanden sind, noch nicht zu größeren Brüchen gekommen ist, ganz allgemein nicht und auch nicht bei Vogel, der ausdrücklich hervorhebt, wie sehr er „die Diskretion dieser Leute zu rühmen" habe. An sich gibt es vermutlich nicht sehr viele Quellen, die ertragreicher sprudeln könnten über das Privatleben von Politikern, darüber, mit wem sie konferieren und was sie Böses über Parteifreunde sagen als jene Beamten, die fast ununterbrochen mit diesen Politikern zusammen sind. Die Tatsache, daß nur sehr wenig Fälle bekannt geworden sind, in denen Sicherheitsbeamte einem interessierten Journalisten Intimes aus dem Hause des Staatssekretärs X erzählt haben, hat wohl auch eine Menge dazu beigetragen, daß sich Politiker inzwischen daran gewöhnen konnten, auf Schritt und Tritt bewacht zu werden.

Wird die Marktfrau vorm Händedruck mit dem Politiker überprüft?

Bewacht zu werden vor Entführern und Mördern – und wovor eigentlich noch? Wahr ist ja wohl auch, daß Politiker, seit sie sich – fast wie einst die russischen Zaren – nur noch im Kreise ihrer Leibwächter unter die Leute wagen können, nicht unbedingt sehr viel volks- und bürgernäher geworden sind. Daß sie damit nicht unbedingt den Eindruck loswerden können, den ohnehin alle Welt von ihnen hat: Sie lebten unter einer Käseglocke, weit entfernt vom Leben, wo es spontan und unberechenbar und lehrreich wäre, weil ja leider kein Händedruck zwischen dem Bundeskanzler und einer Marktfrau ausgetauscht werden kann, ohne daß die Frau vorher auf eine versteckte Pistole in ihrem Kittel untersucht worden ist. Je höher, nicht wahr, so ein Politiker aufsteigt, desto mehr hat er sich an die Tatsache gewöhnt, daß er von den immer selben Gesichtern umgeben ist, daß ihm jeder unerwünschte Kontakt vom Leib gehalten und jeder Wunsch von den Augen abgelesen wird: Bis er eines Tages für den Alltag unbrauchbar geworden ist, keine U-Bahn-Karte mehr lösen könnte und schon deshalb ein bedeutender Politiker bleiben muß, weil er ohne Hilfe seines persönlichen Referenten keinen Brief mehr zu frankieren imstande wäre.

Hans-Jochen Vogel kennt diese Bedenken natürlich auch, hält sie für so abwegig wie jeder andere Politiker, der fest davon ausgeht, er unterscheide sich in nichts von einem gewöhnlichen Menschen – und er stützt diese Hoffnung überraschenderweise nicht zuletzt mit der Tatsache, daß er soviel Umgang hat mit seinen Beschützern. Immerhin, sagt er, seien das ja nun alles keine Ministerialräte – sondern junge Burschen aus oft eher kleinen Verhältnissen, mit ganz gewöhnlichen Sorgen, ganz gewöhnlichen Einsichten und Reaktionen, Leute, von denen er eine ganze Menge gelernt habe. Ob es damit zusammenhängt, daß man den Spitzenpolitiker Vogel, über dessen strenge Ansprüche und über dessen Akkuratesse man von Mitgliedern der ihm unterstellten Bundestagsfraktion sehr genaue und manchmal leidvolle Berichte kennt, daß man diesen Spitzenpolitiker also im Umgang mit einem Polizeihauptwachtmeister des Bundesgrenzschutzes richtiggehend entspannt und freundschaftlich erleben kann?

Aber man muß natürlich nicht übertreiben – es wäre schon sehr viel angenehmer für alle Beteiligten, wenn Politiker in Bonn und anderswo wieder so leben könnten, als gingen sie einem ganz normalen Beruf nach. Immerhin, wenn und solange das nicht geht, sollen wenigstens alle Beteiligten etwas davon haben: Hans-Jochen Vogel hat zum Beispiel den Vorteil, daß ihm manchmal einer seiner Begleiter höflich aber deutlich sagt, warum er in einer Wahlveranstaltung gerade nicht so gut angekommen ist; und ein paar dieser Begleiter sind immerhin zum erstenmal wieder in eine Kirche gekommen, als sie dort am Sonntag ihrem Urlaub machenden Schützling vor den staunenden Blicken der Dorfbewohner im niederbayerischen Birnbach zur Seite standen. □

Herbert Riehl-Heyse, 45, ist Leitender Politischer Redakteur der „Süddeutschen Zeitung", für die der studierte Jurist seit 14 Jahren arbeitet, und für die er zahlreiche politische Reportagen aus Bonn geschrieben hat. 1979 erschien sein Buch: „CSU. Die Partei, die das schöne Bayern erfunden hat".

Glasbruch demonstriert die Macht-Grenzen

Bonn beim Weltwirtschaftsgipfel: Nach einer Demonstration auf dem Münsterplatz sind Kaufhaus-Scheiben zerstört worden; die Polizei kam zu spät

Die Post zieht um.

ABC 5.920

Eine reizvolle Lage hatte das alte Gebäude des Postministeriums an der Adenauerallee schon. Zwischen dem stilvollen Ernst-Moritz-Arndt-Haus mit dem kleinen Park, der zum Verweilen einlädt, und dem Auswärtigen Amt, direkt am Rhein.

Die Lage hatte allerdings einen Nachteil:
Ausbauen konnte man das Gebäude nicht mehr. Und seit den 50er Jahren hatte sich die Zahl der Beschäftigten des BPM, so das Bonner Kürzel für das Bundespostministerium, fast verdreifacht. Da mußte neu gebaut werden. Der Platz hierfür wurde gefunden zwischen den Stadtkernen von Bonn und Bad Godesberg, westlich der Rheinaue. Hier in der Nachbarschaft weiterer Ministeriumsneubauten entsteht das moderne, neue Postministerium, das sich harmonisch einfügt in die städtebaulichen Vorgaben der Bundeshauptstadt. Im Jahre 1987 ist der Bezug des Neubaues vorgesehen.

Was ist die Macht der Mächtigen?

Macht ist die Fähigkeit, andere zu einem bestimmten Verhalten zu veranlassen. Macht hat der Unteroffizier, der einen Rekruten unter der Gasmaske durchs Gelände jagt, bis der zusammenbricht. Macht hat der Chemiekonzern, der alle Saatgut-Züchtereien aufkauft, so daß die Bauern nur noch an Saatgut kommen, das ohne eine Menge Chemie gar nicht mehr wächst. Macht hat aber auch die Mutter, die dem Kind sagt: Das Eis gibt's erst, wenn du die Hände gewaschen hast.

Welche Macht hat ein Minister? Einen Ministerialrat zum Dirigenten zu befördern – oder auch nicht. Eine Vorlage abzuzeichnen – oder ausnahmsweise auch nicht. Sobald er wirklich Politik machen, also etwas verändern will, bekommt er es mit vielen zu tun, die auch Macht haben: mit der eigenen Bürokratie, dem Finanzminister, dem Haushaltsausschuß und besonders dem – von niemandem kontrollierten – Berichterstatter des Haushaltsausschusses für sein Ministerium, einem anderen mitbeteiligten Ministerium, dem Kanzleramt, der Opposition, dem Bundesrat, den Medien, den Interessenverbänden, dem Rechnungshof, dem zuständigen Arbeitskreis seiner Fraktion, den Freunden im Wahlkreis, dem Parteitag und so weiter und so weiter.

Macht genießen kann meist nur, wer damit wenig anstellen, nur wirkliche und vorgeschobene Sachzwänge vollziehen will. Und ist das dann noch Macht? Es sind die Insignien, meinetwegen auch der Glanz der Macht. Originäre Macht ist es nicht. Sie ist in Bonn äußerst selten.

Wenn Helmut Kohl seine Macht genießt, dann ist es einfach das Gefühl, oben zu sein, es geschafft zu haben, allen und allem zum Trotz, Weisungen zu geben, sich zuarbeiten zu lassen, kurz: der Herr Bundeskanzler zu sein. Nicht, daß anderen Kanzlern solche Gefühle ganz fremd gewesen wären, aber sie waren überlagert von anderen, stärkeren. Nicht jeder kann aus der Tatsache, daß er Kanzler wurde, schließen, die Welt müsse ja wohl in Ordnung sein, sonst wäre er nicht Kanzler geworden. Wer so empfindet, braucht gar nichts Aufregendes zu tun, für ihn reicht es schon, da zu sein und damit zu verhindern, daß ein anderer da ist und Unsinniges anstellt.

Es gibt eine subtilere Weise, Macht zu genießen. Karl Schiller hat uns das vorgeführt: Macht als Chance perfekter Selbstdarstellung, Macht als Bestätigung der eigenen, in der Tat hochintelligenten Person, Macht als Zelebration eines überlegenen Geistes, wo jede Geste, jeder Tonfall, jede Formulierung, jede neue Wortprägung ein Mosaikstein wird zum Kolossalbild des Stars. Ausgekostet wird da nicht das Amt, das Oben-Sein, sondern der Auftritt, die Resonanz, die Zustimmung, die Bewunderung. Wenn im Kabinett der Großen Koalition der Finanzminister Strauß, von Kanzler Kiesinger immer zuerst aufgerufen, die Vorlagen zur Finanz- und Wirtschaftspolitik umständlich erläutert hatte, dann sprach Wirtschaftsminister Schiller anschließend mindestens fünf Minuten länger.

Ganz anders Herbert Wehner. Er hat ein elementares, direktes, leidenschaftliches Verhältnis zur Macht. Dabei ist er ohne jede Eitelkeit, auch ohne Lust an der Macht. In seiner Leidenschaft zittert

Erhard Eppler, 59, ist Mitglied im Vorstand der SPD, zugleich Vorsitzender der »Grundwerte-Kommission« seiner Partei. Epplers Betrachtungen zu den Grenzen, auch zum Elend der Macht sind aus eigenen Erfahrungen vor allem der Jahre 1968 bis 1974 abgeleitet, als er Bundesminister für wirtschaftliche Zusammenarbeit war

in jedem Augenblick noch das Leiden am Elend der Machtlosigkeit nach, der Schmerz darüber, daß er seinerzeit ohnmächtig zusehen mußte, wie Deutschlands und Europas Unheil sich vollzog. Wehner rang um die Macht – nicht, weil ihre Ausübung ihm Spaß gemacht hätte, wohl auch kaum, um die Welt grundlegend zu verändern. Er spürte der Macht nach und klammerte sich daran, um die Unmenschlichkeit in Schranken zu halten, auch, um einfach zu helfen, einer Rentnerin oder einem politischen Gefangenen.

Ein durch und durch gesundes Verhältnis zur Macht hat Georg Leber. Er kann auch ohne Macht leben, er braucht nichts zu kompensieren. Leber ist Leber. Aber wenn man ihm Macht überträgt, übt er sie aus, als ob die Lebers seit Jahrhunderten nie etwas anderes getan hätten. Präzise, selbstverständlich, ohne Arroganz und ohne Schnörkel gibt er Weisungen, trifft er Entscheidungen, immer eindeutig, vielleicht auch simpel, aber auch immer bereit, für die Folgen einzustehen. Kein Wunder, daß die Bundeswehr diesem Mann nachtrauert. Als er 1969 Bundespräsident werden sollte, sagte ich ihm: Meine Unterstützung für dieses Amt bekommst du nicht. Da darfst du genau das nicht tun, was du am besten kannst: Macht ausüben, entscheiden, hinstehen, verantworten.

Irgendwo zwischen Schiller und Wehner dürfte Helmut Schmidt angesiedelt sein. Mit Wehner teilt er den Instinkt für die Macht. Er spürt, wo Macht liegt, wie sie zu erringen und vor allem, wie sie dann zu verteidigen ist. Im Bruchteil einer Sekunde erkennt er die Blöße des Gegners, der ihm die Macht streitig machen könnte. Dabei kann er durchaus auch den Auftritt, seine Popularität, seine Überlegenheit auskosten. Aber dies alles wird überlagert durch eine preußische Pflichtethik, kantig artikuliert oder auch kantisch überhöht. Diese Pflichtethik ist nicht Tünche; wenn Schmidt von Pflicht redet, meint er es auch. Es war seine Pflicht, dafür zu sorgen, daß das Unternehmen Bundesrepublik Deutschland funktionierte. Vielleicht ist es die Webersche Kategorie der Verantwortungsethik, die es Schmidt erlaubt, das Zelebrieren der eigenen Überlegenheit in Einklang zu bringen mit den Forderungen der Pflicht: Wenn all die Schwätzer wüßten, wie unsereinem, der die Verantwortung zu tragen hat, zumute ist!

Willy Brandt hat ein ebenso intensives wie distanziertes Verhältnis zur Macht. Seit jener Lebenskrise im Herbst 1965, als zum zweitenmal der Anlauf zur Kanzlerschaft mißlungen war, geht Brandt mit der Macht um, wie erfahrene Menschen mit fremden Kindern umgehen: Sie kommen dann am ehesten auf uns zu, wenn wir uns ihnen nicht aufdrängen. Brandt ist Brandt, mit oder ohne Amt. Aber eben diese Gelassenheit schafft Vertrauen. Man braucht ihn. Die Macht kommt zu ihm. Und niemand übt seine Macht behutsamer aus als er.

Wo andere schneidig kundtun, wo's lang geht, so daß nur schweigende Zustimmung oder Widerspruch übrigbleiben, hört Brandt zu, und nur der Eingeweihte kann an seinem Mienenspiel – das er glücklicherweise nie ganz unter Kontrolle gebracht hat – erkennen, was er denkt. Manchmal ist es die Betonung eines Wortes, seltener eine vorsichtige Frage, womit er seine Meinung ausdrückt. Bei Kabinettssitzungen ließ er geduldig seine Minister streiten, am Schluß faßte er zusammen, und die Zusammenfassung, oft als Beschluß protokolliert, entsprach meist seiner Auffassung. Wenn allerdings jemand, der selten mehr als einen Bruchteil seiner Autorität ausspielt, einmal sagt „so will ich's haben und so nicht“, verstummt der Widerspruch.

Was sagt es über unseren Staat aus, daß ein Mensch dieses Zuschnitts länger als alle anderen Macht ausgeübt hat? Daß er seit mehr als zwei Jahrzehnten eine der beiden großen Parteien führt und weiter führen wird, solange er will und seine Kräfte es zulassen? Die zynische Antwort läge nahe: Wer von seiner Macht keinen Gebrauch macht, wird lange geduldet. Aber eben dieser Mann hat eine der beiden großen Entscheidungen in der Geschichte unserer Republik durchgesetzt, und zwar unter dem Risiko des politischen Untergangs. Im Sommer 1972 saß das Kabinett Brandt immer auf gepackten Koffern. Im entscheidenden Augenblick hat Brandt seine Macht nicht nur genutzt, sondern sogar aufs Spiel gesetzt, um etwas zu bewirken.

Der Vorstand einer Bank kann eher streiten

Ich möchte daher eine andere Antwort versuchen. Dazu muß ich um Geduld bitten für einen – sehr persönlichen – Umweg. Auch ich bin, schon vor einem Vierteljahrhundert, ausgezogen, die Macht zu suchen. Ich wollte wissen, wo sie ist und was sich damit bewirken läßt. Daß ein Abgeordneter des Bundestages kaum ein Zipfelchen der Macht erhaschen kann, hat mir Herbert Wehner rasch klargemacht. Überraschender war für mich, ab 1968, daß es auch ein Bundesminister, zumal in einem kleinen Ressort, unentwegt mit Mächtigeren zu tun bekam. Eingeklemmt zwischen Auswärtigem Amt, Wirtschaftsministerium und Finanzministerium erfuhr ich, wie man mit einem Entwicklungsminister verfährt, der etwas ändern will. War die Macht bei den Parteien? Sicher nicht beim Parteivorstand, das erlebe ich seit 1970; kaum mehr beim Präsidium, in das ich drei Jahre später gewählt wurde.

Eine Gesellschaft wie die unsere ist ein vielfach verzweigtes Geflecht von Machtfäden. Die originäre, eigenständige Macht ist eher bei Großbanken oder Konzernen angesiedelt, in geringerem Maße bei Gewerkschaften oder Verbänden. Politische Macht ist meist abgeleitete Macht, sie stützt sich auf originäre Macht, hängt davon ab. Ein Bundesminister kann der Deutschen Bank nichts anhaben, wohl aber die Deutsche Bank einem Bundesminister. Ein Vorstandssprecher, das habe ich erfahren, kann sich eher den Streit mit einem Minister leisten als umgekehrt. Daher gibt es nicht wenige Politiker, die ihre Macht ganz konsequent und genau kalkulierend von originärer Macht ableiten.

Das bedeutet nicht unbedingt simplen Lobbyismus, der bis zur Käuflichkeit gehen kann, wohl aber die bewußte und demonstrative Abstützung der eigenen Position auf originäre, meist ökonomische Macht: eine Industriebranche, einen Konzern, den Bauernverband, eine Gewerkschaft. Der geschulte Karrierist weiß genau, was er wann und wo zu sagen und zu tun hat, um seine Karriere zu fördern. Aber er bringt es bestenfalls zum Handlanger von Mächtigeren, die ihm das Agieren im Scheinwerferlicht der politischen Bühne lächelnd überlassen.

Originäre Macht, also Macht, die nicht verliehen, jederzeit verlagert oder entzogen werden kann, ist in der Politik die Ausnahme. Aber es gibt sie. Sie bildet sich da, wo ein Mensch für etwas einsteht, für eine Sache steht, die vielen Menschen wichtig ist, da, wo Hoffnungen sich an einen Menschen knüpfen, nicht die Erwartungen einer Interessengruppe, sondern die ängstlichen, angefochtenen Hoffnungen einzelner Menschen.

Es stimmt nicht, daß Kontrolle besser ist als Vertrauen. Ich würde Lenins Wort umdrehen: Kontrolle ist nötig, unerläßlich. Aber Vertrauen ist besser. Vertrauen, daß jemand nicht zuerst seine Karriere im Sinn hat, daß jemand für etwas einsteht, auch wenn er zeitweise nichts bewegen kann als die Fäuste, die auf ihm herumprügeln.

Mir ist solche originäre Macht, wie bescheiden sie auch sein mag, kaum zugewachsen, als ich Minister war, wohl aber, als ich auf institutionelle Macht verzichtet hatte, als ich Bücher schrieb, Begriffe prägte, Voraussagen machte, Thesen aufstellte, an einigen Stellen schlicht nein sagte.

Brandt hat diese originäre Macht in hohem Maße, weil Millionen Menschen auf ihn setzen. Es kommt selten vor, daß ein Politiker in Bonn menschlich reifer wird. Die Hektik des Machtkampfes, das Verletzen und Verletztwerden, kann Menschen erschöpfen, abnutzen, verhärten, deformieren, und zwar um so schlimmer, je weniger sie es bemerken. Das Hetzen von Termin zu Termin, das viel zu viele Reden, die permanente Erziehung zur Eitelkeit (wie bin ich angekommen?), das alles hemmt einen natürlichen Reifungsprozeß.

Die humane Gesellschaft, tausendmal gefordert und beschworen, in Bonn kann sie nicht ausbrechen. Da fällt es schon auf, wenn ein Mensch wie Willy Brandt ein halbes Jahrhundert Politik nicht nur als Mensch überlebt, sondern menschlich verarbeitet hat, wenn lange eiternde und schließlich vernarbte Verletzungen, herrliche Triumphe, gnadenlose Grabenkämpfe und ermüdender Alltagstrott einen Menschen zunehmend menschlicher gemacht haben.

Teil solcher Reifung ist die Distanz zur Macht. Originäre Macht läßt sich nicht erjagen; wie ein gesundes Kind entzieht sie sich dem Aufdringlichen und kommt zu dem, der nicht auf jenen Glanz der Macht angewiesen ist, der so viele fasziniert. Das Elend der Macht und der scheinbar Mächtigen hat auch eine tröstliche Seite. □

Der Verbands-Platz

In Bonn machen 1200 Lobby-Gruppen Kontakte, manchmal Geld und immer Politik

Von Friedrich W. Husemann

Lobby? Das bedeutet eben nicht, daß die mit ihrer Geldtasche kommen, uns bezahlen, und dann tun wir, was die wollen." Die – das sind die Lobbyisten, die Vertreter von Standes-, Verbands-, Vereins- oder Firmeninteressen. Und mit „uns" meint Ingrid Matthäus-Maier, SPD-MdB, sich selbst sowie ihre 519 Bundestags-Kollegen, für welche die Lobby allgegenwärtig ist; nicht nur in der Vorhalle zum Plenarsaal.

Es ist kaum möglich, in der Bonner Bannmeile ein Gespräch zum Thema „Lobby" zu führen, ohne daß – ausgesprochen oder angedeutet – jener Industriekonzern ins Gespräch kommt, dessen Umgang mit Geld und mit Politikern einen parlamentarischen Untersuchungsausschuß beschäftigte und die Justiz noch weiter beschäftigt. Die täglich mit neuen Fakten genährte Befürchtung, politische Entscheidungen seien in Bonn käuflich zu erwerben, geht empfindlich an die Ehre eines ganzen Berufsstandes.

„Mit Flick haben wir überhaupt nichts zu tun", sagt etwa Bernhard Schenk, als Bonner Vertreter des Bundesverbandes deutscher Banken ein Lobbyist aus Leidenschaft, der schon lange – und offenbar erfolgreich – diesem Job nachgeht: „Die Meisterschaft des Lobbyisten ist es, fair auch die Gegenposition zu würdigen, wenn er seine Interessen vorträgt; denn davon hängt seine Glaubwürdigkeit ab."

Vor dem Wechsel in den Verbands-Dienst der Geldinstitute hatte der studierte Volkswirt Schenk zwei CDU-Bundesministern zugearbeitet, zuletzt, bis zum Ende der Großen Koalition, dem Schatzminister Kurt Schmücker in dessen Chefetage. Schenk kennt seine Bonner

Nicht jede Interessenvereinigung beschert der Hauptstadt ein illustres Türschild – oder einen republikerschütternden Skandal à la Flick. Aber für sie alle gilt die Maxime: In Bonn dabeizusein, ist manche Spese wert

Adressen, und so offenbart sein Geständnis, er sei „kein Lobbyist des Cocktails", keine prinzipielle Abneigung gegen diese Form politischer Geselligkeit, nein: Das CSU-Mitglied Schenk ist nicht auf Stehempfänge angewiesen, um seine Argumente an den Mann in der Legislative oder Exekutive zu bringen.

Da gibt es welche, die sehen das anders. Dietrich Wilhelm („Didi") Rollmann, von 1950 bis 1976 für die Hamburger CDU im Bundestag und seit 1977 als Hauptgeschäftsführer des Bundesverbandes der Freien Berufe vor der Tür des Parlaments, plaudert munter aus seiner Lobby-Schule. „Wir gehen überall hin, wo inoffiziell in Bonn Politik gemacht wird: in die Bar des Bundeshauses, die Parlamentarische Gesellschaft und den Presseclub, in die Landesvertretungen, auf Empfänge und Vernissagen von Ausstellungen rund um das Bundeshaus." Lobbyisten vom Schlage Rollmanns knüpfen ihre Kontakte durchaus gern, wenn „für uns in Bonn die Cocktail-Stunde beginnt."

Oft sind das Gewissen und gewisse Interessen in einer Person vereint

Dem Verbandsvertreter Rollmann öffnet ein Plastikkärtchen jede Tür des Hohen Hauses – der Ausweis der „Vereinigung der ehemaligen Mitglieder des Deutschen Bundestages". Doch der Ex-Abgeordnete ist im Kreis der Lobbyisten die Bonner Ausnahme, während es offenbar die Regel ist, daß gewählte Parlamentarier bereits während ihrer Abgeordnetenzeit nicht allein ihrem Gewissen, sondern auch gewissen Interessen unterworfen sind. Schon vor zehn Jahren zog der Politologe Kurt Sontheimer deshalb den Schluß: „Es bedarf heute also gar nicht mehr des aktiven Lobbying vor den Türen der Ausschußräume und vor den Flügeltüren des Plenarsaals, denn die Mehrzahl der Abgeordneten ist selbst Mitglied in einer oder mehreren der pluralistischen Interessenorganisationen unserer Gesellschaft."

Um zumindest jene Gruppen und Grüppchen kenntlich zu machen, die ihre Anliegen von außen auf dem Verbandsweg an das Parlament herantragen, beschloß der Bundestag im Herbst 1972, daß eine Anhörung von Interessenten nur noch stattfinden kann, wenn diese sich zuvor in die sogenannte Lobby-Liste eingetragen haben. Es ist seitdem kein Herbst ins Land gegangen ohne eine aktualisierte – und dabei immer stärker angeschwollene – „Bekanntmachung der öffentlichen Liste über die Registrierung von Verbänden und deren Vertretern". Und es vergeht keine Neuauflage der Lobby-Liste ohne die journalistische Würdigung ihrer Existenz: Alle Jahre wieder füllen Bonner Korrespondenten ihre Glossen oder Zweispalter mit manchmal skurril anmutenden Beispielen aus den inzwischen über 1200 Positionen des Lobby-Kataloges, in dem sich die „Abwassertechnische Vereinigung" genauso findet wie der in Obersulm-Sülzbach in der Kümmelstraße 40 ansässige „Zweckverband organischer und organisch-mineralischer Düngemittel".

Wem oder was nun die Verbände zu dienen vorgeben, das steht im Lobby-Verzeichnis unter der Ziffer 3, mal weitschweifig, mal bescheidener formuliert. Die „Vertretung der Interessen der Hersteller von Fetten gegenüber Industrie und Forderungen der Gesetzgebung" ist naheliegenderweise der Lebenszweck einer „Interessengemeinschaft Fett e. V.", die in der Godesberger Konstantinstraße unter einem Dach mit dem „Verband Fleischmehlindustrie" residiert. Und der Rechtsanwalt Carl-Heinz Lurch führt dort nicht nur die Geschäfte beider Vereine; er ist zudem redaktionell verantwortlich für die „Fleischmehl-Industrie. Zeitschrift für Tierkörperbeseitigung und Verwertung von Schlachttierkörperteilen", die monatlich in einer Auflage von 500 Exemplaren erscheint. Zu den Bonner Gesprächspartnern des Lobbyisten Lurch zählt auch das Bundesinnenministerium; schließlich: „Jede Verschärfung der Technischen Anleitung Luft berührt unmittelbar die Belange der Tierkörperbeseitigungsanstalten."

Zwei Telefone auf einem Schreibtisch muß auch der Diplom-Kaufmann Hanns-Erwin Muermann bedienen: Das eine gehört dem „Verband der Deutschen Essenzenindustrie", das andere der „Vereinigung Deutscher Riechstoff-Hersteller". Der Bonner Vertreter beider Verbände bleibt sprachlich in der Branche, wenn er seine Tätigkeit beschreibt: „Wir müssen irgendwo frühzeitig riechen, was läuft, ehe es später bitter wird." Das „Irgendwo" sind jene Referentenzimmer in Bonner Ministerien, in denen es beispielsweise um das Chemikaliengesetz oder um das Lebensmittelrecht geht.

Aber auch im Finanzministerium gibt es eine Klagemauer für den Verbandsvertreter Muermann: „Wir müssen nämlich für den Äthylalkohol, der nur als Hilfsstoff zählt, Steuern zahlen." Beim Bestreben, diesem vermeintlichen Übelstand abzuhelfen, mag sich der Lobbyist nicht auf Laien mit einem Bundestagsmandat verlassen: „Den Leuten muß man erst mal klarmachen, daß es Essenzen und Riechstoffe überhaupt gibt."

Erfolgserlebnisse zählen, glaubt man den Verbandsvertretern, nicht zum täglichen Dasein des Lobbyisten. Daß sich dennoch immer mehr Mitglieder dieser Zunft auf dem Markt der Interessen tummeln, beklagt auch Bernhard Wich, der Geschäftsführer jenes Verbandes, der für seine 24 000 eingeschriebenen Modellflieger, bislang vergebens, um die Anerkennung der – steuermindernden – Gemeinnützigkeit ringt. Da konnten Briefe an den Bundeskanzler ebensowenig ausrichten wie das Gefühl, in dem bayerischen Ministerpräsidenten und Luftfahrt-Fan Strauß einen Verbündeten zu besitzen. Dabei hatten sich die Modellflieger, als sie 1978 ihren Verband aus der Provinz nach Bonn übersiedeln ließen, nahezu se-

Small-talk im Kontakthof vorm Plenarsaal

Wandelhallen in Parlamentsgebäuden haben einer Zunft den Namen gegeben. Doch auch für Bonn gilt: Firmen und Verbände sind, wollen sie mitmischen, nicht mehr allein auf Begegnungen vor der Parlamentstür angewiesen – viele sitzen längst dahinter

herisch das achte der „Zehn Gebote für Lobbyisten“ zu Herzen genommen, die der Kenner Rollmann erst 1981 zu Papier brachte: „Ein Verband gehört nach Bonn, und der Geschäftsführer muß ‚in‘ sein.“

Damals, als noch kaum jemand bei der Nennung des Namens Flick an den Begriff Affäre dachte, schrieb Rollmann in seinem Lobby-Regelwerk über den „klugen Verbandsvertreter“ und die Politiker seines Vertrauens: „Er trägt nach Kräften dazu bei, daß sie wiedergewählt werden – auch, indem er für Wahlkampfspenden Sorge trägt. Es ist angenehmer, sich in einem neugewählten Parlament auf einen bewährten alten Freund stützen zu können, als einen neuen Freund zu gewinnen. Das ist das siebte Gebot.“

Auch heute noch. Denn der Parlamentarier Rollmann hätte ohne Spenden keinen seiner eigenen Wahlkämpfe finanzieren können. Und unschicklich wird, für sein Gefühl, das Spenden erst dort, wo es „mit Bedingungen verknüpft ist“. So unterstützt Rollmanns Verband – bedingungslos, versteht sich – selbst Sozialdemokraten. Wenn auch nicht alle: „Wenn einer als Gewerkschaftssekretär in den Bundestag kommt, dann gehe ich davon aus, daß er von seiner Gewerkschaft unterstützt wird.“

Rollmann dagegen verficht die Interessen der Freiberufler. Er spricht für die Berufsverbände der Ärzte wie die der Anwälte. Die Selbständigen Revisionsingenieure können sich seines Lobby-Einsatzes ebenso sicher sein wie die Deutschen Kunstaugeninstitute. Und weil er die Freiheit des freien Berufs auf seine Fahne geschrieben hat, hält Rollmann es auch für „ganz unmöglich“, wie stark der öffentliche Dienst mittlerweile im Parlament vertreten ist: „Da kommt der Gesichtspunkt der Kontrolle viel zu kurz.“

Die allerdings ist, umgekehrt, auch nicht mit der Liste der amtlich registrierten Verbandsvertreter garantiert. Denn daneben gibt es in Bonn eine ganze Heerschar von Lobby-Aktivisten, die gar nicht im Verzeichnis geführt sind und denen es um Firmeninteressen geht. Mit dem Staat sind, wenn man es geschickt anfängt, gute Geschäfte zu machen; vor allem mit dem Verteidigungsministerium. Der Verlag „Bonnkontakt“ führt parallel zum Lobby-Verzeichnis den Katalog „Firmenvertretungen und Industrie-Berater“ im Raum Köln/Bonn/Koblenz. Daraus unschwer zu entnehmen: Wer beispielsweise mit Waffen oder Kriegsgerät handelt, läßt sich sinnvollerweise in Bonn oder vor den Toren des Bundeswehr-Beschaffungsamtes in Koblenz von Militärs im Ruhestand vertreten.

Seit Anfang 1985 verpflichtet ein neues Bundesgesetz Staatsdiener im Ruhestand, bis zu fünf Jahren nach der Pensionierung ihrem bisherigen Dienstherrn jede Beschäftigung zu melden, die einen Bezug zur vorherigen Tätigkeit hat. Der Wechsel vom Waffenrock zum Lobby-Nadelstreifen war auch schon vor Beginn des Jahres 1985 zustimmungspflichtig. Doch bereits damals äußerte Klaus Broichhausen, Bonner Wirtschaftskorrespondent der FAZ und Autor des Buches „Knigge und Kniffe für die Lobby in Bonn“, Zweifel an staatlich verordneten Kontaktverboten für Staatsdiener a. D.: „Wer will kontrollieren, ob sich alte Kameraden – die diensttuenden und die ‚auf Lobby‘ umgeschulten – privat treffen, ob zu Hause, im Café oder Restaurant? Auch wenn die Regelungen für die Bundeswehr verschärft und auf andere Ministerien und Behörden ausgeweitet würden, wäre es nicht völlig auszuschließen, daß Unternehmen und ihre Lobbyisten mit Vertretern des öffentlichen Dienstes auf Kosten der Allgemeinheit mauscheln und dubiose Geschäfte machen.“

Und über Geschäfte wird prinzipiell nicht gern geredet in der Bonner Lobby-Gesellschaft. Die Wahrer von Verbandsinteressen sind in der Regel dankbare Gesprächspartner – viele schon deshalb, weil sie ihre Botschaft stets wie eine Sprechblase vor sich hertragen. Firmenvertreter dagegen können sehr einsilbig werden, wenn man sie nach ihrem Bonner Job fragt. Der Repräsentant eines nicht unbedeutenden Automobilherstellers etwa mag sich überhaupt nicht näher dazu äußern.

Dabei ist seine Lobbyisten-Repräsentanz in der Bundeshauptstadt ganz unübersehbar – dank eines Hausausweises sogar auf der Pressetribüne des Bundestags. Von dort lauscht er allen Debatten live, die mit Auto, Umwelt und Wirtschaft zu tun haben, denn: „Es ist immer ganz gut, wenn man an der Quelle ist. Und dann spricht man halt die Spezis auf der Regierungsbank an, die man ja alle kennt.“ □

Friedrich W. Husemann, 47, arbeitete beim „Kölner Stadt-Anzeiger“ und dann aus Bonn für die Münchner „Abendzeitung“, ehe er 1983 als freier Journalist in der Bundeshauptstadt tätig wurde. Sie ist seit einem Vierteljahrhundert seine Wahlheimat.

Krakow Konzept, Rheinbach

Bleibend

e Werte:

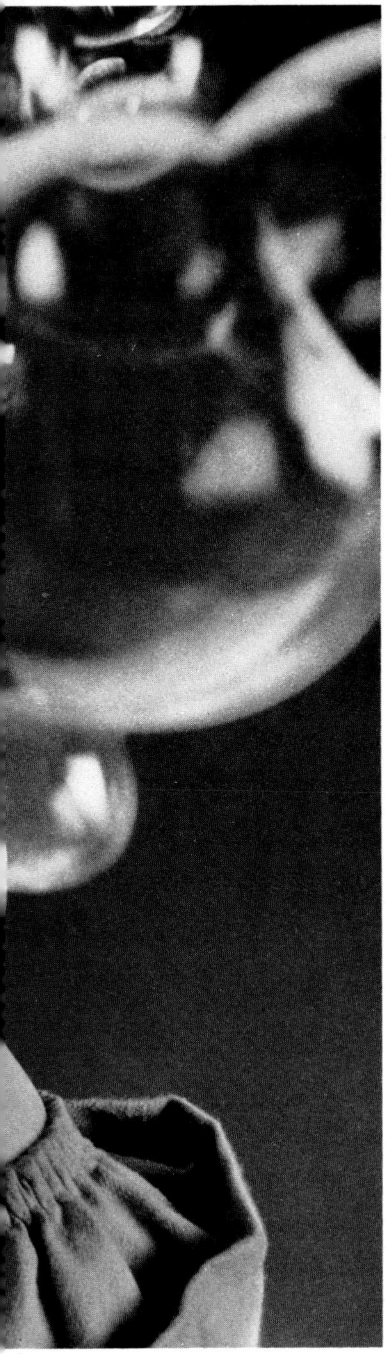

Mit einer Festzinshypothek der Hypothekenbanken werden aus Ihren Bauplänen keine geplatzten Illusionen.

Die eigenen vier Wände sind eine sichere Grundlage für Ihre Zukunft und eine wertstabile Geldanlage.
Jetzt ist Zeit zum Handeln. Denn Grundstücke, Häuser, Baukosten und auch die Zinsen sind günstig. Ihr bester Starthelfer ist in jedem Fall eine solide Finanzierung – die Festzinshypothek der Hypothekenbanken. Sie garantiert feste Zinsen für lange Laufzeit. Das macht Ihre Belastung auf Jahre präzise kalkulierbar und dank niedriger Tilgung auch tragbar.
Die Festzinshypothek zum Bauen, Kaufen, Renovieren oder Umschulden ist seit 120 Jahren das Markenzeichen der deutschen Hypothekenbanken. Bei den folgenden Banken erhalten Sie Beratungsmaterial oder auf Ihre Situation individuell zugeschnittene Informationen.
Wir sind Finanzierungsexperten. Sprechen Sie mit uns!

Allgemeine Hypothekenbank AG	Frankfurt (Main)	069/71790
Bayerische Handelsbank AG	München	089/2304318
Bayerische Hypotheken- und Wechsel-Bank AG	München	089/23662141
Bayerische Vereinsbank AG	München	089/38843241
Braunschweig-Hannoversche Hypothekenbank AG	Hannover	0511/1211235
Deutsche Centralbodenkredit-AG	Köln	0221/5721444
Deutsche Genossenschafts-Hypothekenbank AG	Hamburg	040/30103520
Deutsche Hypothekenbank (Act.-Ges.)	Hannover	0511/1245259
Deutsche Hypothekenbank Frankfurt-Bremen AG	Frankfurt (Main)	069/2548133
Frankfurter Hypothekenbank AG	Frankfurt (Main)	069/29 89 80
Hypothekenbank in Hamburg AG	Hamburg	040/35910198
Lübecker Hypothekenbank AG	Lübeck	0451/45060
Münchener Hypothekenbank eG	München	089/5387606
Norddeutsche Hypotheken- und Wechselbank AG	Hamburg	040/3086262
Pfälzische Hypothekenbank AG	Ludwigshafen (Rhein)	0621/5997240
Rheinische Hypothekenbank AG	Frankfurt (Main)	069/2382222
Rheinisch-Westfälische Boden-Credit-Bank AG	Köln	0221/1669213
Süddeutsche Bodencreditbank AG	München	089/5112276
Vereinsbank in Nürnberg AG	Nürnberg	0911/2027326
Westfälische Hypothekenbank AG	Dortmund	0231/10820
Württembergische Hypothekenbank AG	Stuttgart	0711/2096256

DIE HYPOTHEKENBANKEN

Zusammenklang von äußerer Schönheit und inneren Werten

Vorsprung
durch Technik

Gedanken eines Bonn-Liebhabers aus Stuttgart

Es gibt eine Lust am Regieren

Als Regierungschef eines Bundeslandes über Bonn schreiben zu sollen, gleicht der Aufforderung an einen Gast, sich über Gastgeber, deren Einladung er schon häufig gefolgt ist, zu äußern. Der Takt gebietet es, das Positive in den Vordergrund zu stellen, und die Klugheit muß einem das Bewußtsein dafür wachhalten, daß nicht nur die anderen im Glashaus sitzen. Was soll auch die immer mal wieder zu hörende Politiker-Klage, wie froh dieser oder jener sei, wenn er der Bundeshauptstadt am Wochenende endlich den Rücken kehren dürfe? Gegen seinen Willen wird schließlich niemand gezwungen, nach Bonn zu gehen.

So sei es denn rund heraus und ohne politischen Doppel- oder Hintersinn gesagt: Ich mag Bonn, die Stadt, die Atmosphäre und den Menschenschlag dort. Natürlich dominiert die Politik an allen Ekken und Enden, sie liegt hier sozusagen in konzentrierterer Form als irgendwo sonst in der Bundesrepublik in der Luft. Und der Korridor publizistischer Neugier ist nirgendwo schärfer ausgeleuchtet als in Bonn; wobei auch insoweit gilt, daß ihn nur betritt, wer ihn betreten will. Aber es gibt daneben doch auch und in reichem Maße das gesellige und herzliche Bonn, das Bonn der freundschaftlichen Wiederbegegnungen, der Erinnerungen und Anekdoten.

Die Länder haben daran nicht unwesentlichen Anteil: In ihren Residenzen, den sogenannten Landesvertretungen, spielt sich viel parteiübergreifend Versöhnliches ab, was dem tagespolitischen Streit manche Schärfe zu nehmen vermag. Das ist ein Beitrag zur politischen Kultur, der nach außen nicht sehr sichtbar wird.

Die Länder regieren in Bonn mit, genauer und in der Diktion des Grundgesetzes gesagt: „Durch den Bundesrat wirken die Länder bei der Gesetzgebung und der Verwaltung des Bundes mit." Sie sind also zwar Gäste, aber keineswegs nur Zaungäste am Rhein. In ihrem ureigensten Gremium, dem Bundesrat, vertreten sie nicht nur ihre Interessen gegenüber dem Bund; sie haben auch ein Stück politischer Stilgeschichte in Bonn mitgeschrieben. In der Länderkammer geht es betont sachlich und emotionsarm zu; spontane Beifalls- oder Mißfallenskundgebungen sind verpönt. Mag sein, daß das Bewußtsein der Kollegialität und der notwendigen Solidarität, auf die jedes Land in einer Situation aktueller Bedrängnis einmal angewiesen sein kann, stärker ausgeprägt ist als im Bundestag.

Auch der im festgelegten Turnus jährlich von Land zu Land wechselnde Vorsitz im Bundesrat und die im Regelfall geringere Publizität der Sitzungen dürften dazu beitragen, daß es in den Beratungen dieses Verfassungsorgans zumeist „wohltemperiert" zugeht. In jedem Fall zeigt sich hier an der Oberfläche, was sonst eher in den internen Ausschüssen und Arbeitskreisen verborgen bleibt: die nüchtern-sachliche, zwischen Interessenwahrung und Interessenabwägung den bestmöglichen pragmatischen Weg suchende politische Führungsarbeit. Viel Sachverstand, viel Erfahrung und mindestens ebensoviel menschliche Qualitäten sind notwendig, um die Dinge qualitativ voranzubringen und zum Besseren zu verändern.

Natürlich gibt es nicht nur die Last des Regierens, sondern auch die Lust am Regieren. Warum sonst würde jede Opposition danach streben, ihren Widerpart, die Regierung, so schnell wie möglich zu beerben? Demokratische Politik ist kontrollierte Machtausübung auf Zeit. Jeder Politiker wäre pflichtvergessen, würde er nicht innerhalb der ihm durch Zeitablauf und Verfassung gezogenen

Lothar Späth, 48, ist seit 1978 Ministerpräsident, seit 1979 CDU-Landesvorsitzender von Baden-Württemberg. Seit 1981 gehört er auch dem Präsidium der Bundes-CDU an. Späth beschreibt, warum ihm Bonn gefällt

Grenzen versuchen, seine Vorstellungen im Sinne des Ausübens von Gestaltungsmacht zu verwirklichen.

Max Weber hat dazu in seinem berühmten Vortrag „Politik als Beruf" vor nahezu siebzig Jahren unverändert Gültiges gesagt: „Sie (die Politik) gewährt zunächst: Machtgefühl. Selbst in den formell bescheidenen Stellungen vermag den Berufspolitiker das Bewußtsein von Einfluß auf Menschen, von Teilnahme an der Macht über sie, vor allem aber: das Gefühl, einen Nervenstrang historisch wichtigen Geschehens mit in Händen zu halten, über den Alltag hinauszuheben. Aber die Frage ist nun für ihn: Durch welche Qualitäten kann er hoffen, dieser (sei es auch im Einzelfall noch so eng umschriebenen) Macht und also der Verantwortung, die sie auf ihn legt, gerecht zu werden? . . . Man kann sagen, daß drei Qualitäten vornehmlich entscheidend sind für den Politiker: Leidenschaft – Verantwortungsgefühl – Augenmaß."

Je nach dem Ort, an dem Politik betrieben wird, treten diese Tugenden mehr oder weniger in den Vordergrund. Leidenschaft hat sicherlich im Forum des Parlaments ihre besondere Bedeutung und Berechtigung. Augenmaß muß die Konzeption der Politik, im Hinblick auf ihre Durchsetzbarkeit und die Folgewirkungen, bestimmen; hier wird viel Knochenarbeit fern allen öffentlichen Interesses, in Expertengesprächen, politischen und administrativen Abstimmungen, geleistet. Und Verantwortungsgefühl – dieses unverzichtbare, höchstpersönliche Korrektiv der Macht – spannt sich vom Innersten bis zum Äußersten, vom Gewissen, dem ein Abgeordneter nach unserer Verfassung einzig und allein unterworfen ist, bis zu „Gott und den Menschen", in deren Dienst politische Macht letztlich gestellt ist.

Gewiß, diese fundamentalen Grundlagen politischen Handelns liegen nicht immer offen zutage, in Bonn sowenig wie in anderen Hauptstädten. Es ist auch nicht erforderlich, denn ebensowenig wie der Pharisäer mit seinem Glauben soll der Politiker mit den ethischen Wurzeln und Grundüberzeugungen seines Tuns ständig auf den öffentlichen Plätzen hausieren gehen. Es genügt, daß das politische Ethos im Kern vorhanden ist und von allen Demokraten mitgetragen wird. Und das ist in Bonn der Fall; vierzig Jahre Frieden, Freiheit und Demokratie in unserem Land beweisen es. □

Die versöhnlich

Von Werner A. Perger

Die Wand an der Stirnseite beherrscht den Saal. Sechs Meter ist sie hoch, das sind zwei Stockwerke, und 8,80 Meter lang. Das Holz, aus dem die 50 quadratischen Tafeln gefertigt sind, heißt Rio-Palisander. Als das Pressezentrum in Bonn einst gebaut wurde, wollte man gediegene Atmosphäre schaffen, Beständigkeit. Dieser Saal der „Bundes-Pressekonferenz“: Er ist das Zentrum der öffentlichen Information in Bonn.

„Knotenpunkt“ ist die Bundes-Pressekonferenz einmal genannt worden. Sie ist hier Hausherr. Gemeinsam mit dem „Verein der Auslandspresse“ hat sie den Konferenzsaal gemietet, der, wie alle Liegenschaften dieses Areals „Am Tulpenfeld“, der Allianz-Versicherung gehört. Ringsherum, im Viertel zwischen B 9 und Bundeshaus, Kanzleramt und Parteizentralen, liegt die Bonner Sammelstelle für Nachrichten und Meinungen schlechthin. Fast 300 Büroräume befinden sich allein in den beiden Pressehäusern, belegt von Bonner Niederlassungen in- und ausländischer Zeitungen, Zeitschriften und Sender.

Zum Kanzleramt ist es nicht weit. Helmut Kohl kommt denn auch zu Fuß zum Saal der Bundes-Pressekonferenz. Häufiger allerdings sind hier die Regierungssprecher und die Sprecher der Ministerien zu Gast.

Dreimal die Woche treten sie an; gewöhnlich montags, mittwochs nach der Kabinettssitzung und freitags – unterschiedlich präpariert, unterschiedlich sattelfest, und nicht alle in gleicher Weise erfolgreich. Das hängt unter anderem davon ab, ob sie, die Sprecher, die zumeist selbst aus dem Journalismus kommen, den Bonner Medienzirkus wichtig genug nehmen. Die Spiele nämlich, die in dieser 220 Quadratmeter großen, mitunter sehr glatten Arena gespielt werden, sind – bei aller Heiterkeit – keine weniger ern-

unterrichteten Kreise

ste Angelegenheit als der Mainzer Karneval.

Dementsprechend erwarten die Bonner Journalisten auch, mit Respekt behandelt zu werden. Zumindest vom Regierungssprecher. Ob sie Rechte sind oder Linke, oder ob sie meinen, unbeirrbar „neutral“ zu sein – selbstbewußt sind sie alle, jedenfalls gegenüber Neuankömmlingen und gegenüber Fremden. Dies ist ihr Territorium. Bonn, das bedeutet Heimspiel und Platzvorteil.

Ein wenig fühlen sie sich also auch als Elite, versteht sich, selbst wenn sie es nicht so nennen würden. Zu Recht? Sprechen wir der Einfachheit halber von den Regelfällen und sagen wir in kollegialer Offenheit: „Herolde der Aufklärung“ sind die Bonner Journalisten jedenfalls nicht. Jeden Stein umzudrehen, um den Skandal darunter zu finden und damit berühmt zu werden, das ist nicht ihr Geschäft. Jede amtliche Mitteilung auf ihren Wahrheitsgehalt zu überprüfen, das wäre ihnen wohl zu zeitraubend. Am liebsten wird in der Nachrichtengebung getreulich zitiert, was ein dazu Berufener offiziell irgendwo erklärt hat, und damit hat sich's. Bonn ist kein Boden für das Wühlen im Schlamm. Eher ist es eine Stätte der Verkündigungen und Verlautbarungen.

Und: Aus Bonn wird nicht einfach berichtet, was passiert. Hier passiert vieles nur, damit es berichtet wird. So ist die Bundeshauptstadt denn auch kein Terrain, auf dem Alternativen wachsen: Das ganz Andere entsteht hier nicht, weder in der Politik noch in den Redaktionen. Hierher kommt es zuletzt.

Bestimmend für das Pressehandwerk in Bonn ist die tägliche Nähe von den Machern der Nachrichten zu den Machern der Ereignisse. Wo, bitte, bleibt da die Distanz? Das ist das Problem. Zwischen denen, die dauernd aufeinanderhocken, schmilzt notgedrungen mit dem äußeren alsbald auch der innere Abstand. Die dörfliche Enge dieses Zusammenlebens entwickelt sich so, „wie im richtigen Leben“, zum „Terror der Intimität“. Er durchdringt auch das öffentliche Leben gerade dort, wo diese Öffentlichkeit hergestellt werden soll: im Verhältnis zwischen Politik und Medien.

Eine andere Bonner Erfahrung ist die: Nichts lenkt Journalisten leichter in die gewünschten Bahnen als ein geschickt verfaßter „Waschzettel“. Es kann ja vorkommen, daß etwas unter die Leute zu bringen ist, von dem die Interessenten – zum Beispiel ein Ministerium – genau wissen, es könnte ihnen dabei nicht nur Gutes widerfahren. Dann muß man mit einer solchen Textvorgabe (offiziell: Pressemitteilung) dafür sorgen, daß die gewünschte Lesart Verbreitung findet. Je überzeugender der „Waschzettel“ ist, um so größer auch die Garantie, daß kein Journalist mit seinem Bericht aus der Reihe tanzt.

Mit Verlaub, dazu ein paar Fragen: Was hat die „Waschzettel“-Kultur zum Blühen gebracht? Wieso ist die Bonner Presse überhaupt lenkbar? Stecken sie alle, Informierer und Informierte, unter einer Decke? Warum mangelt es der Mehrheit der Journalisten an der Energie, auch kleinen Einzelheiten und erst recht den großen Zusammenhängen hinterherzurecherchieren? Sind es die Hektik und der tägliche Termindruck, die zuviel journalistische Kraft verzehren? Ist es die Überfülle an Informationen in dieser Stadt der Geheimnislosigkeit und der „Staatsgeheimnisse“?

Es ist von allem etwas. Außerdem ist da noch der Zynismus derer, die „alles gesehen“ haben. Zwar sind nur noch wenige hier, die es schon 1949 waren; Vertreter des „Wiederaufbau-Journalismus“, wie die „Zeit“ diese Veteranen der Adenauer-Ära genannt hat. Viele andere sind aber auch schon mehr als 20 Jahre im Bundesviertel tätig, mindestens seit der Großen Koalition. Kanzlerrücktritte, Regierungswechsel und Spionageskandale: Immer alles schon dagewesen für sie.

Auch die „Jungen“, die Anfang der siebziger Jahre in größerer Zahl in das Bonn der „Reformpolitik“ entsandt worden sind, gehören inzwischen zum Inventar. Sie sind vierzig und älter, auch sie bereits jenseits des journalistischen Erlebnishungers der früheren Jahre.

Spannungslosigkeit, Desinteresse und zu große Nähe zwischen Journalisten und Politikern, das ist als Kennzeichen des Hauptstadt-Presseklimas schon von vielen gelegentlichen Besuchern, nicht zuletzt von heimkehrenden Auslandskorrespondenten in Bonn kritisch kommentiert worden. Besonders hart war allerdings die „International Herald Tribune“ im April 1983. Das Blatt schrieb, das aus dem angelsächsischen Milieu bekannte kritisch-kontroverse Verhältnis (adversative relationship) zwischen Presse und Politik gäbe es hierzulande überhaupt nicht. Und weiter hieß es in dem vernichtenden Urteil der amerikanischen Kollegen: „Das Hauptproblem der westdeutschen Presse, vielleicht ein Rest aus vergangenen Zeiten des *Obrigkeitsdenkens* (deutsch und hervorgehoben im Original), ist ihr im allgemeinen beflissener Ton gegenüber dem politischen und wirtschaftlichen Establishment . . .“

Einspruch, Euer Ehren! Das geht zu weit. Zunächst: Was Sie an der Presse kritisieren, gilt vielleicht eher für die Interviews der Nachrichtensendungen im öffentlich-rechtlichen Fernsehen. Denn welcher Bonner Zeitungsmann, oder welche Zeitungsfrau, hätte in der Tiedge-Affäre schon so gefragt wie der Mann vom ZDF: „Herr Dregger, hat Herr Vogel recht, den Rücktritt von Herrn Zimmermann zu fordern?“ Auch plädieren wir auf mildernde Umstände: Es kann nicht Aufgabe der Journalisten sein, Politik zu machen, wo Politik nicht stattfindet, oder sie originell darzustellen, wo sie originell nicht ist. Oder anders: Wenn die Artisten nichts bieten, liegt dies zuletzt am Publikum.

Nun zur eigentlichen Entlastung: Die Bonner Presse ist durchaus auch anders. Gewiß, sie wird verwöhnt mit Informationen, sie wird bedient und übersättigt. Und das macht bequem. Doch nicht alle Bonner Journalisten sind es immer. Der deutsche Nato-General zum Beispiel, den ein Minister leichtfertig diffamierte und

Der Fahrer hat doch sicher was gehört

Almut Hauenschild über die Kunst des Klatsches und die Technik des Tratschens in Bonn

Eine Hauptstadt ist so gut wie ihr Klatsch“, heißt es in Diplomatenkreisen. Bonn gilt ihnen als angenehmer Ort, aber in puncto Klatsch rangiert es auf der Hitliste der Metropolen dieser Welt eher im unteren Mittelfeld. Wird in Bonn nicht geklatscht? Es wird, nur die Exzellenzen bekommen das gar nicht immer so mit. Der Bonner Klatsch findet auf ganz engem Raume statt. Nach draußen dringt wenig.

Klatsch, so definiert das Brockhaus-Lexikon, ist „das ungesicherte Gerede und subjektive Urteil der Menschen übereinander“. Ungesichert und subjektiv sind aber Vokabeln, die kein seriöser Journalist gerne zur Charakterisierung seiner Tätigkeit verwendet sehen möchte. „Das ist eine Uralttradition der hiesigen Journalisten“, sagt Dr. Rudolf Strauch, der Vorsitzende der Bundes-Pressekonferenz, „in die letzten Details der Intimsphäre steigen wir nicht ein. Das beruht auf dem Prinzip der gegenseitigen Schonung. Also CDU nicht über SPD oder die FDP und umgekehrt und so weiter.“ So sei zum Beispiel über die Lieb- und Liegenschaften des Willy Brandt nie viel aus Bonn verlautet, veröffentlicht wurde in erster Linie von der „Bild“-Zeitung in Hamburg. Strauch: „Das ist typisch! Klatsch gibt es nicht *aus* Bonn, sondern – wenn überhaupt – *über* Bonn.“

Das ist die herrschende Lehre, und wer als Bonner Journalist dagegen verstößt, dem droht Verbannung aus den „gut unterrichteten Kreisen“, aus jenen Zirkeln, in denen Gerüchte und all das ungesicherte Gerede intern jedoch recht üppig blühen.

Aber selbstverständlich: Wenn es um Politisches – nicht um Privates – geht, dann ist das ungesicherte Gerede ein geradezu unentbehrliches Hilfsmittel sowohl der politisch Aktiven wie der Berichterstatter. Ein Beispiel: Da redet einer beim Bier in Anwesenheit von Journalisten etwas ganz Ungesichertes ganz gezielt daher. Dieses Gerücht läßt sich dann ganz unschuldig auf der Bundes-Pressekonferenz dem Regierungssprecher als Frage vortragen. Um nicht den Eindruck aufkommen zu lassen, er werde hier auf dem falschen Fuß erwischt, wird der Regierungssprecher irgend etwas dazu sagen – womit aus einem Gerücht ein offizielles Statement und also etwas Seriöses geworden ist.

Da es in der Politik bekanntlich immer um die Sache geht, ist die Verteilung von Posten das Herzstück des politischen Klatsches. Jede Panne, jede Affäre – und davon war in Bonn in den letzten Jahren ja reichlich zu haben – führt sofort zu der Frage: Wer fällt und wer tritt an seine Stelle. Da gibt es dort einen Fahrer, hier eine Dolmetscherin, da einen Referenten, die alle schon etwas gehört haben, es weitergeben und Schlußfolgerungen daraus ziehen.

Etwas störend wirkt sich bei alledem Bundeskanzler Helmut Kohl aus, der seine Minister einfach nicht wegschicken will. Das stoppt natürlich nicht die Gerüchte, aber es frustriert die Klatschvettern und -basen, die nun schon zum vierten oder fünften Male ihre Neuigkeiten mit der Floskel eingeleitet haben: „Diesmal kann der Kanzler gar nicht anders, er muß den Zimmermann entlassen.“

in die Wüste schickte, wäre ohne die Bonner Presse vermutlich nicht rehabilitiert worden. Die Amnestie der Parteispender wäre im zweiten Anlauf, im Frühjahr 1984, vermutlich gelungen, wenn die Bonner Presse nicht aufgepaßt hätte. Das Höllengelächter, mit dem die Pressevertreter Helmut Kohls Erklärungen zu Minister Wörners spektakulärem Verbleiben im Amt quittierten, hat dem gewichtigen Kommunikator die Grenzen der Geduld dieser ansonsten doch recht loyalen Journalistengemeinde noch an einem anderen Punkt gezeigt. Wenngleich es den Journalisten selbst auch die Grenzen ihres Einflusses vorführte – es war, so gesehen, auch ein Gelächter der Ohnmacht.

Auch Regierungssprecher könnten von ungemütlichen Situationen berichten; wiewohl ihnen, zugegeben, auch genügend Belege dafür einfielen, was sie alles im Lauf der Zeit befürchten mußten und was sie dann wider Erwarten nicht gefragt wurden. Aller Anfang ist halt schwer: So kam Friedhelm Ost gleich zu Beginn seiner Tätigkeit beim Thema „Krieg der Sterne" ins Schleudern, dermaßen deutlich, daß der Vorsitzende der Bundes-Pressekonferenz eingriff und bat, „vielleicht an dieser Stelle ausnahmsweise abzubrechen – es ist der erste Tag . . ."

Zur Herstellung von Öffentlichkeit gehört jedoch nicht nur das gelegentliche Hickhack in der Bundes-Pressekonferenz. Der Tauschhandel von Informationen und Publizität findet auch in den Hinterzimmern und an den Restaurant-Tischen der Bundeshauptstadt statt, gelegentlich sogar bei einer der zahlreichen Veranstaltungen, auf denen sich die

Da bleibt dann nur, als eine Sonderform des „seriösen" Politklatsches, der Witz. Er ist eine Art fatalistischer Notwehr der Klatschmäuler, die Rache dafür, daß sie doch nichts bewegen können. Als Boris Becker noch nicht einmal den Wimbledon-Pokal in den Händen hielt, lachte man im Regierungsviertel schon über folgendes: „Was ist der Unterschied zwischen Boris Becker und Helmut Kohl? Bei Boris Becker freut sich jeder auf den zweiten Satz." Die Flucht des Verfassungsschützers Tiedge in die DDR wurde so kommentiert: „Helmut Kohl hat in der DDR um politisches Asyl gebeten. Aber die haben ihn wieder zurückgeschickt: Er weiß zu wenig."

Nettigkeiten dieser Art sind das mindeste, was ein Politiker erwartet, wenn er unsereinen fragt, was es im Viertel denn Neues gebe. Der Inhalt der letzten Pressekonferenz von Arbeitsminister Norbert Blüm interessiert da ganz bestimmt nicht. Vielmehr hingegen: Der Münchner Regisseur Peter Schamoni soll einem geheimnisvollen Genossen H. aus Bonn vollbusige Weiber zugeführt haben. Das könne doch nur der Horst Ehmke sein, oder nicht? Und damit sind wir doch wieder beim eigentlich verpönten Klatsch, den man in Bayern treffend als „durch die Reißn drehen" bezeichnet: Es geht hierbei um die Weitergabe und Anreicherung von subjektiv Ungesichertem aus dem Privatleben der Hochmögenden, das man als Journalist nur unter Verwendung vieler Fragezeichen wiedergeben kann. Wer hat in der Ehe des Bundespräsidenten die Hosen an? Sie? Er? Wie ist das mit Helmut Kohl und Juliane Weber, seiner „Vertrauten"? Hatten die was miteinander? Haben es noch? Wo verbrachte die FDP-Generalsekretärin Irmgard Adam-Schwaetzer die Nacht, in der ihr Mann sie telefonisch gesucht hat? Es soll ja der Kollege sowieso von den Schwarzen gewesen sein, nicht wahr? Und wissend grinst anderntags das halbe Regierungsviertel, wenn der Grüne Otto Schily am Vorabend dem spröden Charme einer karottenköpfigen Kellnerin erlegen ist – natürlich war keiner bis ganz zum Schluß dabei. Aber wie sagt man in Bayern: Man sagt ja nix, man redt bloß.

Spätestens seit der Kießling-Affäre weiß man, daß sich auch Geheimdienste auf dieser Ebene informieren. Was Wunder also, daß Schreibdamen aus Zentrale und Fraktion der FDP wertvolle Erkenntnisse beisteuern konnten im Fall der verschwundenen Bangemann-Sekretärin Sonja Lüneburg: Ihren ganzen wertvollen Schmuck habe sie hiergelassen; sie habe vorgegeben, ihr Hobby sei das Fotografieren von Schmetterlingen, aber dann habe sie nicht einmal ein Erinnerungsfoto auf einem Ausflug knipsen können, und außerdem sei sie so etwas wie eine Vizemutti für die Bangemann-Kinder gewesen. Na, wenn das nicht ein einheitliches Bild ergibt!

Wenn in Bonn soviel geklatscht wird, dann liegt das auch daran, daß die Informationspolitik unzureichend ist. Per Gerücht werden dann nur die Erklärungen für all die Widersprüche und Lücken zwischen dem offiziellen Bild und der erlebten Wirklichkeit geliefert. Die offizielle Information ist eben recht einseitig. Unsere Politiker glauben offenbar, dem Wähler das Bild eines rund um die Uhr fürs Volk schuftenden Mandatsträgers vorgaukeln zu müssen, dem alles Menschliche fremd ist. Der nicht ruht, nicht trinkt, kaum ißt, nicht raucht, nicht liebt, sich niemals gehenläßt. Aber was die meisten Menschen ahnen, wir wissen es: Dem ist nicht so.

Nehmen wir als unverfängliches Beispiel das Thema Krankheiten: Am liebsten wird so eine Malaise ganz vertuscht. Und liegt dann mal einer im Krankenhaus, wie gehabt bei Willy Brandt, bei Helmut Schmidt, bei Hans-Dietrich Genscher und so weiter, dann lautet das offizielle Bulletin: Er läßt sich gründlich untersuchen. Dabei hängt der Patient mittlerweile schon am Tropf auf der Intensivstation, was jeder findige Reporter in Null komma nichts heraus hat. Das nährt natürlich die Gerüchte, und ehe sich die gutmeinenden Vertuscher versehen, wird mit dem Schlimmsten gerechnet und ein Nachfolger ins Gespräch gebracht.

Manche haben gelernt, mit Klatsch umzugehen. Die lassen sich soweit mit den Journalisten ein, daß hinter der Politikerfassade in der Öffentlichkeit als zweite Kampflinie „der Mensch wie du und ich im Kreise seiner Familie" aufgebaut wird. Dann muß immerhin nicht mehr jedes Gerücht für möglich gehalten werden.

Während sich die höheren Chargen zusätzlich noch durch ihre Presse- und Öffentlichkeitsarbeiter zur Wehr setzen können, bleibt all den anderen nur eines: dabei zu sein, wo geklatscht wird. Denn erstens tratscht man üblicherweise nur über Abwesende. Zweitens bleibt man so auf dem laufenden. Und unter uns: So wahnsinnig aufregend ist das auch nicht immer.

Almut Hauenschild, 41, schreibt als freie Kolumnistin für acht Tageszeitungen. Ihre Bonner Erfahrungen hat sie 1985 auch in Buchform veröffentlicht. Titel: „Aus gut unterrichteten Kreisen".

Bonner Gesellschaft zur gegenseitigen Benutzung zu eben diesem Zwecke permanent im Kreise dreht.

Andere würden vielleicht sagen: im eigenen Safte schmort. Der Begriff aus der Geometrie paßt jedoch besser. Denn wenn der Auftritt vor der „Bundes-Pressekonferenz" im Wettbewerb der Informationspolitik so etwas wie die Pflicht ist, so ist die Selbstdarstellung der Politiker auf der zweiten Ebene des Informationsgeschehens, in den „Kreisen", die Kür.

Kreise" sind kleinere Gruppen von zehn bis zwanzig Journalisten, zu denen der Gast zum vertraulichen Gespräch gebeten wird. Hier kann er zeigen, was er weiß und was er kann. Nicht jeder allerdings beherrscht dieses Schaulaufen im Dämmerlicht der Vertraulichkeit. Helmut Kohl zum Beispiel steht, was das angeht, auch bei Sympathisanten nicht gerade in allzu hohem Ansehen, unterliegt er doch in „Hintergrundgesprächen" seinem Hang zur Weitschweifigkeit noch mehr als sonst.

Hans-Dietrich Genscher dagegen kann als der wirkliche Erbe der einst von Konrad Adenauer meisterhaft beherrschten Methode verdeckter Nachrichtenstreuung und Meinungssteuerung gelten. Bei Adenauer waren es die „Teegespräche", Genscher lädt am liebsten zum Frühstück ein – einen handverlesenen Journalistenkreis. Und mit nichts korrumpiert man Journalisten leichter als mit kleinen exklusiven Informationen, wie Conrad Ahlers einmal sinngemäß gesagt hat.

Freund und Gegner, Partner und Widersacher der Politiker haben in dieser Bonner Schattenwirtschaft eines gemeinsam: Sie operieren in der Deckung des Quellenschutzes. Was im „Hintergrundgespräch", in den „Kreisen", erzählt und gewertet wird, soll natürlich veröffentlicht werden – aber nicht als Nachricht mit dem handelsüblichen Ursprungszeugnis; etwa: „erklärte der Außenminister". Statt dessen liegt über der Quelle jeder solcher Nachricht oder Meinung ein Schleier („wie aus diplomatischen Kreisen verlautet . . ."), oder sie steckt gar unter einer Tarnkappe: In diesem Fall taucht die Meinung aus dem Hintergrundgespräch im Leitartikel eines Autors dann als dessen eigene Ansicht wieder auf.

Das ist von jeher der eigentliche tiefere Sinn von „Hintergrundgesprächen", ob sie – nur ein paar Beispiele – in dem mehr legendären als wirkungsvollen linken bis linksliberalen Presse-Kreis „Gelbe Karte" stattfinden, im ebenso mystifizierten rechten bis rechtsliberalen „Bergsdorf-Kreis", im demonstrativ überparteilichen „Adler-Kreis" oder im distinguierten „Ruder-Club" der Herren Büroleiter. Am liebsten kommen Genscher und vergleichbare Könner dieses Fachs in Kreise, die zwar einerseits „dicht" sind (wo jeder sich an die Regeln hält), die andererseits aber eine Garantie dafür bieten, daß die dort hinterlassenen Versuchsballons auch tatsächlich aufsteigen. Eins ohne das andere reicht nicht aus.

Das ist ein Ritual mit festen Regeln. Nur die Eingeweihten beherrschen alle Kniffe dieser Informations-GmbH. Wir sind wieder beim Bonner Problem: Denn das, was eigentlich stets deutlich bleiben sollte, wird leicht verwischt – die Trennlinie zwischen Journalisten und Politikern. Der Seher, Hörer, Leser kann oft nicht erkennen, was ihm da täglich widerfährt und häufig ist er auch gar nicht mehr gemeint. Denn am Ende verstehen das, was Bonner Journalisten schreiben, in allen Feinheiten nur noch Bonner Politiker.

So schließt sich auch der Kreis des Informierens und Informiertwerdens in den vielen „Kreisen" zu einem großen Zirkel der Absurdität, in dem alles wichtig ist und voll Bedeutung und alles in Wahrheit kaum ernstgenommen wird: ein Spiel für kennerische Erwachsene, ein Reigen für Zyniker, eine Art Raumschiff-Entertainment.

Kehren wir zurück ins Zentrum der Bonner Inszenierung, zum „Knotenpunkt" Bundes-Pressekonferenz. Letztlich drängt es sie alle hierher, in den Saal mit seinen acht Säulen und 270 Sitzplätzen. Jeder kommt, der was sagen will, und dies gerade vor der gediegenen Holztäfelung. Sie nämlich ist es, die abends, in der „Tagesschau", die Aura gewichtiger Amtlichkeit verleiht. Und sie schafft den Schein der Authentizität. Das ist jemand, verheißt sie, indem sie den Bildschirm um den Kopf des Sprechers herum füllt, der was zu sagen hat – hier, sehen Sie, unverwechselbar: Bonn. So ist dies die Hauptarena im Medienzirkus der Bundeshauptstadt, Bühne für Stars und Pausenclowns, Podium für Illusionsnummern und Eisenfresser. Hier werden große Opern geboten und provinzielle Possen, dramatische Hochseil- und fade Dressurakte.

Die Darsteller wechseln. Die Kulisse aber bleibt: Die 50 quadratischen Tafeln aus Rio-Palisander als Zeugnis für Kontinuität innerhalb so vieler Wechsel- und Wendefälle des Bonner Lebens. Die Holzwand und die Bonner Presse – sie sind immer dabei. □

Der Gipfel ist es, den direkten Draht zu haben

Horchposten der Nation sind sie, die Bonner Journalisten, mal »Vierte Gewalt«, mal Kumpane der Macht, mal Kontrollinstanz, mal Kaffeesatzleser in der Bundeshauskantine. Und beim Weltwirtschaftsgipfel im Mai 1985 waren sie noch mehr: ein Teil des Ereignisses selbst

Dr. Werner A. Perger, 43, ist gebürtiger Wiener. Zwischen 1970 und 1979 schrieb er als Auslandskorrespondent aus Bonn für die in seiner Heimat erscheinende Tageszeitung „Die Presse", zwei Jahre war er Vorsitzender des Bonner „Verein der Auslandspresse", seit 1979 ist er Korrespondent des „Deutschen Allgemeinen Sonntagsblatts". Als freier Mitarbeiter berichtet Perger zudem für das österreichische Nachrichtenmagazin „Profil".

Wir liefern die schönsten Anlagen.
PFANDBRIEF
10000
Die DSL Bank bietet gepflegte Anlagen, die durch Hypotheken und Darlehen der öffentlichen Hand geschützt sind: DSL Bank Pfandbriefe und Kommunalobligationen. Aus ihnen wachsen hohe Zinsen auf einem ertragreichen Boden. Erhältlich bei allen Banken und Sparkassen. DSL Bank, Kennedyallee 62-70, Bonn, 0228/889-0, Btx *67889#.
Geschäftsstellen in Berlin, Frankfurt, Hamburg, München und Stuttgart.
DSL Bank
Zusammen geht's.

Und siehe, es sind lauter Menschen

Man muß schon weit reisen, in meinem Falle bis in den hintersten Winkel der italienischen Region Apulien, bevor man auf die Angabe, man komme aus Bonn, eine dem politischen Status und Gewicht dieser, unserer Bundeshauptstadt entsprechende Würdigung erfährt: „La capitale!"

Zu Hause, in deutschen Landen, bringt ein solches Eingeständnis bestenfalls Desinteresse, meistens jedoch mißtrauische Blicke und einige Zynismen über Bonn und „die Bonner" ein. Solch negatives Urteil oder gar Vorurteil meint nun keineswegs jene braven Bürger der Stadt Bonn, welche da zwischen Kirche und Karneval, Beethoven und Adenauer, Altvater Rhein und dem Vorgebirge seit nunmehr 2000 Jahren ihr biederes Dasein fristen, hervorragend repräsentiert durch einen Oberbürgermeister Daniels, der zwar ebenfalls im Hohen Hause Bundestag sitzt, dort aber übers Hinterbankeln nicht hinauskommt.

Gesellschaft mit beschränkter Achtung

Nein, gemeint ist hier das politische Bonn, also das, was da Bundeshauptstadt geheißen wird. Und dabei handelt es sich in Wirklichkeit weniger um eine Stadt, um ein soziales, kulturelles und architektonisches Gebilde also, denn vielmehr um einen kollektiven Zustand mit leicht neurotisierender Tendenz, in welchem sich einige tausend Menschen auf jeweils längere oder kürzere Zeit – und dabei natürlich immer wichtig, wichtig! – herumtummeln: Politiker, Journalisten, Beamte. Eine geschlossene Gesellschaft drängt sich um das Bundeshaus herum, welche der politischen Macht im Staate huldigt, sich gegenseitig fördert, benutzt, fertigmacht, verachtet, ja bisweilen haßt, und die doch untrennbar aufeinander angewiesen bleibt.

Eine Ironie der Zeitgeschichte, der Kanzlerwechsel und die „geistig-moralische Erneuerung" der Republik nebst Neuwahlen zur Unzeit, hatten mich gewissermaßen über Nacht als frei gewählten Abgeordneten des Deutschen Volkes an den Rhein transferiert. Und damit fand ich mich in einer Szene wieder, welche man als schlichter Normalbürger gemeinhin nur in elektronisch aufgelösten Zeilenbildern unserer öffentlich-rechtlichen Fernsehanstalten wahrnimmt. Nun gab es alles live, lebendig also, und siehe, aus Bildern wurden Menschen.

Da saßen sie, die versammelten Akteure und Heroen der Macht und der Ohnmacht – und unsereins ungläubig staunend dazwischen. Kohl und Barzel zwängten sich in der ersten Sitzung des 10. Deutschen Bundestages noch vereint in die engen Pennälerbänke des Plenarsaales, bevor der eine auf dem Präsidentenstuhl direkt unter dem Gipsadler seinen vergänglichen

Joseph (Joschka) Fischer, 37, ist 1983 für die Grünen in den Bundestag gekommen und war vor der Rotation 1985 parlamentarischer Geschäftsführer und innenpolitischer Sprecher seiner Fraktion. Im folgenden läßt Fischer, der voraussichtlich just zum Erscheinungstermin dieses GEO-Specials im Hessischen Landtag zum ersten grünen Minister in der Bundesrepublik vereidigt wird, noch einmal der Überraschung über seine Bonner Begegnungen freien Lauf

Platz fand, während der andere wenige Meter nebenan auf dem Kanzlersessel die Politik des Aussitzens kreierte.

Allenthalben tappt man nun politischer Prominenz vor die Füße: Da rennt den ermatteten alternativen Volksvertreter freitags nach Sitzungsschluß, als dieser unbedacht um eine der zahlreichen Ecken des Bundeshauses biegt, kein Geringerer als FJS – Schreck, laß nach, der?! – beinahe über den Haufen. Oder Helmut Schmidt ist nahe, obwohl er es mit dem Weltgeist so intim zu haben scheint, daß er seltener geneigt ist, sich in den Niederungen des Hohen Hauses zu zeigen; und wenn, dann in einer gewissen Entrücktheit.

Besonders beeindruckend: die morgendlichen Auftritte des Rainer Candidus Barzel im Bundestag, als er dessen Sitzungen noch mit dickgesalbter Würde kraft Amtes leitete. Angekündigt von einem mächtigen dunklen Gong (leider per Lautsprecher!) erschien der Präsident im Stresemann, gemessenen Schrittes über das Parkett schlurfend, das immer noch belockte Haupt und den Blick in zarten Andeutungen nach rechts und links neigend. Ihm folgte der Direktor des Parlaments, ebenfalls im Stresemann, mit silberner Mähne und einer beeindruckenden Statur. In unendlicher Ergebenheit drückte er seinen mächtigen Schädel auf die Brust herab, so daß ihm ob der vielen Dienstjahre der Hals schon ganz lang geworden war; den Blick hielt er in Demut gesenkt, und überhaupt schritt er mit solch professioneller Leichenbittermiene einher, wie sie bis auf den heutigen Tag wohl allein die hohe Beamtenschaft ins Gesicht zu setzen vermag.

Nun sind sie leider beide nicht mehr, der Rainer Candidus Barzel und sein Schellknecht. Der eine ist am Nebenverdienst gescheitert, der andere ging verdient und ordenbeschleift in den Ruhestand. Betrachtet man sich die Auftritte des neuen Gespanns im Hohen Hause, so sieht der Kenner sofort, daß es sich dabei um stapfende Epigonen handelt, denen es an der Eleganz des Amtes gänzlich mangelt.

Allein Helmut Kohl, der Kanzler, offenbart sich für den Betrachter, sowohl aus der Ferne wie aus der Nähe besehen, in einem unübertrefflichen Gleichmaß: Der Mann wirkt vor allem durch Masse und ist weder für gutsitzende Anzüge noch für eine geschliffene Rethorik gebaut. Kohl, und nicht der Fußballer Briegel, das ist die eigentliche „Walz aus der Pfalz"; man bekommt sie direkt körperlich zu spüren, wenn der Kanzler sich in erhabener Fülle auf einen zuschiebt, meistens im Dauerlauf gefolgt von seinem getreuen, erheblich kürzer geratenen Watschenmann Ackermann. Der Kanzler wirkt dabei ebensowenig militant, wie die von ihm so heiß geliebten und ergo auch zahlreich vertilgten Sahnetorten.

Sauerkraut satt statt preußischer Pflichterfüllung

Des Kanzlers politisches Prinzip ist die Transformation von Masse in Gewicht, und so etwas läßt sich ja nicht nur physikalisch, sondern auch politisch leicht bewerkstelligen. Wo sein Vorgänger in zwanghafter Aktenmanie und vorbildlicher altpreußischer Pflichterfüllung bis in die späten Nachtstunden hinein der schweren Bürde des Regierens sich unterzog, da läßt es Helmut Kohl gemütlich angehen. Berühmt und berichtenswert sind seine pfälzischen Sauerkrautbacchanalien, welche er bis in die frühen Morgenstunden hinein mit den verschiedensten Mitgliedern des Hohen Hauses, etwa der FDP-Fraktion oder dem Haushaltsausschuß, zu begehen pflegt. Opulente Schlachtplatten mit Rippchen und Kraut, Wellfleisch und gut gewürzten Blut- und Leberwürsten werden da im Kanzlerbungalow aufgefahren, daß sich die Tische biegen; man trinkt dazu erlesene Tropfen von Mosel, Rhein und Nahe, gereicht von feschen Burschen und Maiden in den Trachten ihrer pfälzischen Heimat und läßt sich auch den Genuß von scharfen Schnäpsen nicht verleiden.

Ja, man fühlt sich einfach sauwohl, so an der Macht in Bonn am Rhein.

Wie trist hingegen stellt sich die Hauptstadt für die Fußtruppen der Mächtigen dar, für den durchschnittlichen Volksvertreter, gleich welcher Partei er angehören mag. Auch wenn Bonn mit New York sonst nichts, aber auch gar nichts gemein hat, so erkennt man hier wie dort die Leute, die wirklich „in" sind, an ihren „bodyguards" und den gepanzerten Limousinen. Der gemeine Abgeordnete hingegen kommt nicht in den Genuß solch prächtiger staatlicher Fürsorge und jener stählernen Aura der eigenen Bedeutsamkeit. Er hat zwar abzustimmen, andauernd, aber zu sagen hat er recht wenig bis überhaupt nichts, denn auch das Sagen machen die Heroen der Macht allein unter sich oder eben mit den Medien aus.

Und wenn der gemeine Abgeordnete schließlich auch mal fünf Minuten spätabends im Hohen Hause reden darf, dann hat das Fernsehen längst abgeschaltet, die schreibenden Journalisten sitzen bereits beim Bier, und so hört ihm halt der obligatorische Parlamentsstenograph noch zu. Was dem Abgeordneten, dieser frei gewählten Knechtsgestalt des deutschen Volkes, bleibt, das ist der Status und dessen gespreizte Repräsentation. Aber auch hier wird das bereits verwundete Selbstbewußtsein des durchschnittlichen Volksvertreters arg lädiert. Jeder beliebige Ministerialdirektor verfügt über einen Dienstwagen mit Fahrer, während sich unser Abgeordneter zähneknirschend zu drei weiteren Kollegen in den Mercedes des Fahrdienstes des Deutschen Bundestages zwängt. Für seinen Privatwagen hat er zuvor eine bunte Plastikplakette mit dem unvermeidlichen Adler darauf erhalten, damit er zumindest nicht ganz nackt vorfährt – ein Hauch von Macht und Herrlichkeit rechts unten an der Windschutzscheibe.

Zähneknirschen herrscht in der Tiefe des Plenarsaals

Immerhin verfügt der Abgeordnete X über eineinhalb Mitarbeiter/innen, ein Büro, ein Telefon, eine Freifahrkarte 1. Klasse der Deutschen Bundesbahn, einen Platz mit Namensschild irgendwo in der Weite des Plenarsaales, einen Sitz in irgendeinem Ausschuß sowie Diäten nebst Aufwandsentschädigung – nicht zu knapp. „Jeder Idiot von Landrat verdient mehr als wir", lautet dennoch immer wieder mal die Klage auf den Hinterbänken des Hohen Hauses. Und jeden Tag wird der Abgeordnete mit einem Berg von Papier zugedeckt, auf daß er darunter seine politische Ruhe finden möge. Hinzu kommen Einladungen noch und nöcher, denn jeder Verband, jede Interessengemeinschaft, jeder Verein und jede Gesellschaft lädt unseren Abgeordneten, fein nach Ausschüssen und Fraktionen sortiert, automatisch ein. Man kann ja nie wissen, was aus dem am Ende noch alles werden wird.

Auch dort sitzt er dann, unser Abgeordneter, irgendwo in der Weite der Festgesellschaft und muß schon wieder den ewig gleichen Langatmigkeiten seiner Oberen zuhören. Und wenn eines Tages das Protokoll seiner gedenkt, und er die goldbedruckte Einladungskarte auf feinem Büttenpapier zu einem Staatsbankett in den Händen hält, denn jeder und jede kommt mal dran, dann sitzt er wiederum irgendwo in der Weite der Tafelrunde, darf den Exzellenzen kurz mal die Hand drücken und muß sich zum Dessert ein weiteres Mal die sattsam bekannten Langweiligkeiten der Großkopfeten zu Gemüte führen.

Alles in allem also ein elendes Leben im Staube der Großen Politik und im Schatten großer Männer, was da unser Abgeordneter im Dienste des Souveräns zu Bonn am Rhein so etwa jede zweite Woche im Jahr zu fristen hat. Aber wenn es schließlich wieder Freitag geworden ist und unser MdB nach Hause fährt, zurück in seinen Wahlkreis, dann geht es auch mit ihm wieder aufwärts, mit unserem Mann in Bonn, denn schließlich hat ihm ja sein Freund, der Bundeskanzler, sein Freund, der Fraktionsvorsitzende, sein Freund, der Minister, erst gestern ganz vertraulich gesagt . . .

Durch das leere, leblose Regierungsviertel, das sich im wochenendlichen Dornröschenschlaf eines jeden beliebigen Bürovorortes der Republik befindet, tappt noch einiges Volk auf der Suche nach der Macht und den Mächtigen, nach „unserer Bundeshauptstadt", wie man sie eben aus dem Fernsehen kennt. Lärmend erhebt sich ein einsamer Hubschrauber des Bundesgrenzschutzes aus dem Garten des Bundeskanzleramtes, Helmut Kohl fliegt gen Oggersheim oder gar in die weite Welt, nach München, London, Paris, Rom, Washington oder Moskau.

Zurück bleibt Bonn, bleibt eine Kapitale als subjektiver Zustand, als wahrhaft demokratisches Ereignis. Denn welche andere Demokratie in der westlichen Welt kann sich schon einer Hauptstadt rühmen, die sich mit den abreisenden Akteuren in die verschiedenen Provinzen auf und davon macht? Keine, eben! □

Lessenich und Kessenich, Endenich und Limperich – auch das ist Bonn, eine Sammlung von rund 40 Dörfern rings um einen kleinstädtischen Kern. Spötter haben das zum Anlaß genommen für manch garstigen Schmäh. Bonn, meinen sie, sei zwar nur halb so groß wie der Zentralfriedhof von Chicago – aber doppelt so tot. Hübsch-häßlich gesagt. Aber falsch. Denn gerade in der Miniatur, im urbanen Kleinformat, offenbart – oder besser: verbirgt – Bonn seine eigentliche Lebensqualität. In den Nischen siedeln Originale, in der Muße überdauert Tradition, hinterm Gutbürgerlichen gibt's auch schrille Effekte und Post-Moderne. Bonn hat Vielfalt: ein bißchen Boheme, ein bißchen Tante Emma – und neben Regierungsarchitektur eben auch, wie in der Kessenicher Mechenstraße, Winkel fürs Herz

DAS BUNDESDORF LEBT

Abseits des offiziellen Bonn, der Aufmerksamkeit der Politiker

und der Medien entzogen, blüht eine verborgene Gemeinde

In »The 90th« offeriert sich karg-avantgardistische Wohnkultur in einer ständigen Ausstellung. Bei den Anthroposophen in der »Alanus«-Hochschule meißelt der schöpferische Mensch am Stein, und die Punker an der Friedhofsmauer beteiligen sich mit Köpfchen am Bonner Gesamtkunstwerk. Manchmal ist es ein bißchen schwer zugänglich; wie die Unterboden-Galerie im Bredershof, aber selbst Andy Warhol ist hier schon die Treppe runtergeklettert. Manchmal bleibt es stumm – wie die Pantomimengruppe »Die Raben«. Aber die Kunst in Bonn versteckt sich nicht mehr vor der illustren Szene der Nachbarstädte

Neon, Plastik, Eisen spricht. Die Kunstszene ist so attraktiv

geworden, daß selbst Großmeister der Pop-art zur Visite kommen

Zwischen Adenauerallee, Reuterstraße und Poppelsdorfer Allee könnte Heinrich Böll gestanden haben, als ihm das Wort von den »schläfrigen Reizen« Bonns in den Sinn kam. Denn hier, in der Südstadt, hat sich erhalten, was einst als ruhig-gediegenes Domizil für gehobene Schichten entstand: Das bourgeoise Wohnquartier stammt aus der Zeit des letzten deutschen Kaiserreichs. Spätklassizismus und Jugendstil dominieren die Fassaden, Bürgertum und Jungakademiker wohnen auch heute dahinter

Verschont von Bomben und Planier-Planung, hat ein bürgerliches

Refugium seine Schmückstücke geschlossen über die Zeit gerettet

In Mondorf, an der Grenze zu Bonn, werden Fahrgastschiffe geschweißt – ein schwieriges Handwerk, denn während der Familienbetrieb »Lux«-Werft noch über Wasser schwimmt, hat das Nachbarunternehmen schon Rost angesetzt. Dagegen ist der Boden um Bonn für rund 100 Bauern noch immer fruchtbar. Ihr Vieh, ihre Höfe und Häuser sind zwischen Schwarz-Rheindorf und Siegmündung agrarisches Kontrastprogramm zum Büroraum Bonn

Auf den Nebenschauplätzen ist die Stadt ein Rest von

Arbeiter-und-Bauern-Staat – und am Rhein hat sie ihre kleine Werftenkrise

Im Bonn-nahen Naturpark Siebengebirge ist ein Steinbruch zum See geworden. An seinen Rändern erliegen Nacktbadende beiderlei Geschlechts der Lust, den Beweis dafür anzutreten, daß Bonn nicht nur Muffendorf ist. Und Textilfreiheit liegt hier eigentlich auch mindestens so nahe wie auf Sylt oder im Englischen Garten – das Bonner Klima ist sprichwörtlich schwül

Am Dornheckensee würden wohl selbst München-erprobte Spaziergänger die Augen auf

machen. Die Polizei hat mittlerweile beide zugedrückt

Von Bernd Polster mit Fotos von Peter Ginter

Bonn Kuhdorf!" prustete mir der sechsjährige Sohn meiner Besucher bei jeder Gelegenheit triumphierend entgegen. Die Eltern, von denen er das aufgeschnappt hatte, waren aus Hannover angereist. Das Bürschchen posaunte nur laut hinaus, was sowieso jeder dachte. Das ist mittlerweile 15 Jahre her. Ich wohnte damals in Bonn, jener Stadt, deren Provinzialität durch ihre Berufung ins politische Weltgeschehen gnadenlos ans Licht gezerrt wurde, und von der man nur wußte, was sie nicht war: eine Metropole.

Belächelt wird das „Provisorium" gelegentlich noch heute. Aber längst gewinnt man dem urbanen Kleinformat auch positive Seiten ab. Auf der Suche nach Heimat, Unverwechselbarkeit, nach dem vielerorts verlorenen menschlichen Maß hat das brave Bonn nämlich etwas vorzuweisen. Die Stadt bekommt einen Kußmund aufgedrückt, historische Fassaden werden aufpoliert: Zuckerbäckerstuck aus Gründerzeiten, Wein- und Rheinromantik, ein Marktplatz wie aus dem Bilderbuch und rundum fachwerkliches Landidyll. Das Negativklischee vom Bundesdorf scheint sich ins Gegenteil zu verklären. Und gerade auf den Nebenschauplätzen, abseits des Offiziellen, ist Bonn lebendiger und bunter, verschrobener und origineller als ihm das gemeinhin zugetraut wird. Man muß nur in die Nischen gehen, um dieses Bonn zu finden.

„New Yorker Künstler sprechen vom ‚Lower Crazy Village'; Niederdollendorf am Rande des Siebengebirges gilt dort als Geheimtip", schwärmt der Bonner Kunsthändler Hermann Wünsche und schenkt noch einen hiesigen Schoppen „Jungfernberger" ein. Nach 20 Jahren im internationalen Galeriegeschäft hat er 1981 auf der Flucht vor der gut ausgeleuchteten Langeweile üblicher Kunstpräsentation den damals verwaisten Bredershof gekauft, um in den Fachwerkkulissen des ehemaligen Weingutes einen illustren Ausstellungs- und Veranstaltungsbetrieb aufzuziehen.

Über Betonstufen, die unauffällig im Sandboden des Hofes verschwinden, gelangt das Publikum in ein mittelalterliches Gewölbe. Wo vor Jahren noch Weinfässer lagerten, warten jetzt Laser-Simulatoren, Lichtschau, Nebelapparat und eine komplette Bar auf die Besucher. Die teure Technik beginnt allerdings erst einen Meter über dem Boden, weil das Frühjahrshochwasser des nur einen Steinwurf entfernten Rheins den kultivierten Keller ein ums andere Mal überschwemmt.

Moderne Meister vor grauem Drachenfels-Trachyt: Die Galerie auf dem Winzerhof lebt vom Kontrast zwischen avantgardistischem und rustikalem Ambiente. Auch Andy Warhol, Altvater der Popart, sitzt zuweilen in der wiedereröffneten Probierstube. Und wenn zum Botschafteressen ein Convoy standartenbeflaggter Luxuslimousinen durch die Hauptstraße auf den Keller zurollt, lehnen sich die Dollendorfer weit aus dem Fenster. Zwar ist der Bredershof nun schöner hergerichtet denn je, aber was dort geschieht, ist manchem Einheimischen noch nicht ganz geheuer.

Sie hätten es auf dem Damm bei Schwarz-Rheindorf einfacher. Wer hier entlangschlendert, könnte angesichts der Wolfsburg glauben, daß bereits im Norden von Bonn der romantische Rhein beginnt. Das Anwesen aus der Ritterzeit birgt jedoch weder Museumsräume noch Burgschenke. Vor der Tür liegt ein riesiger Misthaufen, obendrauf in Gummistiefeln steht Landwirt Josef Greis, verteilt den Dung mit der Forke und läßt sich keinen Moment von der Arbeit abhalten.

Burgbesitzer Greis ist einer der über 100 Bauern im Bonner Stadtgebiet. Für Landwirt Greis, dessen Tag um sechs Uhr früh beginnt, wenn die Kühe auf den Rheinwiesen gemolken werden, und der um 18.00 Uhr nach dem zweiten Melken selten Feierabend macht, sind Journalisten erst einmal Störenfriede. Wie die Spaziergänger, die sich jedes Wochenende auf der Suche nach optischen Antiquitäten zur ungebetenen Besichtigung auf seinem Hof einfinden. „Dat Neue is viel besser als de ale Driss", teilt der Bauer unmißverständlich mit. Der klotzige Turm des Anwesens, erbaut vor mehr als 600 Jahren, hat allen Treffern standgehalten, als die Amerikaner 1945 vom anderen Ufer herüberschossen. Jetzt aber ist das massive Gemäuer chronisch reparaturbedürftig. Die Ausbesserungen besorgt der Landwirt selber. Daß die roten Ziegelsteine, mit denen er die Geschichte kittet, den historischen Gesamteindruck zerstören, interessiert ihn wenig. Bauer Greis schaut nicht in die Vergangenheit, sondern auf die Zukunft seines Betriebes.

Industriemetropole ist Bonn nie gewesen. Und deshalb sieht es auch nicht nur beim Josef Greis sehr ländlich aus. Zwar konnten auch die rund 40 eingemeindeten Ortschaften der Zersiedlung der letzten Jahrzehnte nicht ganz entkommen, aber sie sind Dörfer geblieben und historische Gehöfte keine Seltenheit. Beim Blick auf die Bauernhäuser in den erhaltenen Ortskernen könnte einem der Gedanke kommen, die Rheinländer seien ein Volk von geringem Wuchs: Schmale, zusammengepferchte Häuser, oft halbiert, mit unterarmhohen Fenstern und Dachrinnen in greifbarer Höhe sind charakteristisch für diese Gegend, in der auf Grund ständiger Erbteilung das Handtuch zur Grundform des Landbesitzes wurde. Das gilt in Lessenich und Kessenich, in Endenich und Limperich, in Dottendorf, Muffendorf, Impekoven, Küdinghoven, Pützchen oder Ückesdorf.

In Richtung Vorgebirge, wo der Kappes wächst und das für seinen Spargel und seine Brombeeren geschätzt wird, liegt Dransdorf, ein zur Verkehrskreuzung degradierter Stadtteil. Auch das ist Bonn. Die Straße hat die Häuser aus dem Blickfeld gedrängt. In einer scharfen Kurve hält sich ein Fachwerkhaus, dessen Giebel sich dem Betrachter entgegenneigt: das wahrscheinlich älteste Wohnhaus der Bundeshauptstadt. Es gehört Margarethe

Abseits der Straßenbaum-Statistik und ohne Zutun des Gartenamtes wird Bonn ganz von allein grün: gewollt wie an der Hausfassade, zufällig wie vor der verwitterten Radrennbahn des Post-Stadions in der Nordstadt, wo kickende Jungs einen Freiraum entdeckt haben

Mauern gewinnen an Grün, Grün gewinnt an Boden

Düren. „Het Jretchen", wie die Nachbarn sie nennen, stammt aus einem anderen Jahrhundert, wurde 1899 als eins von sieben Geschwistern auf diesem Hof geboren, den es wohl nicht mehr geben wird, wenn die alte Frau einmal stirbt.

Die Erben haben keine Verwendung für ein schiefes Haus ohne Flur, ohne Bad, mit unregelmäßigen Lehmwänden, die regelmäßig gepflegt werden müssen. Sie wollen die Bruchbude als peinliche Erinnerung an das karge Arme-Leute-Dasein ihrer Vorfahren lieber heute als morgen aus der Welt schaffen. Der Abriß droht, denn Frau Dürens Anwesen steht nicht unter Denkmalschutz. Wer wollte wohl auch nach ihr darin wohnen?

In Bonn, wo Lobbyisten und Beamte um den besten Wohnraum rangeln und Familien im Schnitt ein Drittel mehr in der Haushaltskasse haben als im Landesdurchschnitt Nordrhein-Westfalens, erreichen auch die Mieten höchstes Niveau.

Dem können viele nicht mehr folgen, auch die meisten der über 40 000 Studenten nicht. Da bieten sich die alten, verschmähten Häuschen, weil billig und bukolisch, als Übergangslösungen an. Im Kessenicher Weidengarten zum Beispiel teilt sich ein junges Paar eine solche Kate, die kaum breiter ist als ein Bett lang. Bei

Wenn in Grau-Rheindorf Kirmes ist, gehört der »Eis-Sepp« dazu: Georg Bissing, ein 82jähriges Original, das nie Geschichte gemacht hat, aber viele Bonner Geschichtchen

extremer Beengtheit und ohne jeden Komfort leben die beiden nun wie selbstverständlich ihr bohemehaftes Chaos.

So wandeln sich die traditionellen, ehemals dorfbestimmenden Kleingebäude in den Bonner Vororten mehr und mehr zu Kuriosa, mal zum vernachlässigten Überbleibsel, mal zu einem mit Wagenrad und Blumenkasten liebevoll verschandelten Schmuckstück. Gleichzeitig werden die Menschen, die darin ein Leben lang wohnen, zu seltenen Exemplaren.

Ein solches „Original" ist zum Beispiel auch der 82jährige Georg Bissing aus Grau-Rheindorf, stadtbekannt als „Eis-Sepp", der mit blau-weiß lackiertem Wagen und Schirmmütze seit den zwanziger Jahren Vanille, Schoko, Nuß und Erdbeer in Waffeln gefüllt hat und, als kostenlose Beigabe, auf der Straße lauthals die Leute unterhielt. Der emsige Eismann fuhr vorwiegend durch die schlechteren Wohnsiedlungen des Bonner Nordens. Denn dort gab es die meisten Kinder. Er selbst hat lange in der „Kuhl" gewohnt, einem im Krieg zerstörten Armenviertel.

„Wore me nit von de Dritte Welt?" denkt Georg Bissing daran zurück und kann sich mit der Wegwerfmentalität der Leute heute nicht abfinden. Im Freibad kramt der Kauz weggeworfene Butterbrote aus den Papierkörben, reinigt die Fundstücke sorgsam, um damit, je nach dem Rest Appetitlichkeit, Vögel zu füttern oder die Stullen an Penner zu verteilen, die er manchmal noch von früher kennt. Am Eiswagen ist der Sepp nur noch einmal im Jahr zu sehen – wenn in Grau-Rheindorf Kirmes ist.

„Ehrengarde der Stadt Bonn". Das Messingschild überm Steuerrad hat der „Vaterstädtische Verein" zur Schiffstaufe gestiftet. Johann Weißbart ist passionierter Karnevalist. Und er ist fahrender Händler. Sein 350-PS-starker Tante-Emma-Laden wird jeden Tag von rund 50 Lastkähnen herbeigefunkt. Denn Weißbart kreuzt zwischen Bonn und dem Chemiehafen Wesseling mit einem Proviantboot auf dem Rhein. Krämer Weißbart verkauft den Schiffsleuten Brötchen, Sprudel und Bananen bei voller Fahrt und besorgt auch schon mal auf Bestellung einen Fernsehapparat. Seit die Zahl der Partikuliere, die ihre eigenen Schiffe fahren, abnimmt und im schnellen Containerverkehr auf Selbstbevorratung umgestellt wurde, ist der Handel von Deck zu Deck allerdings rückläufig. Wie lange sich Weißbart in seinem Gewerbe noch über Wasser halten kann, ist deshalb ungewiß.

Überhaupt fahren im Bonner Rheinabschnitt die meisten Schiffe nur noch vorbei, und die Zahl der Menschen am Ufer, die durch ihre Arbeit mit dem Fluß verbunden sind, nimmt ab. Die Beueler Wäscherinnen etwa schrubbten früher im Rheinwasser die Laken reicher Leute. Mit den Aalen, einer lokalen Spezialität, verschwanden in der Nachkriegszeit auch die Fischer, als der Strom zur Abflußrinne chemischer Werke verkam. Neue Brücken machten die Fährmänner überflüssig. Und auch der traditionsreiche Schiffbau im rechtsrheinischen Bonn blieb von der Krise nicht verschont.

Arbeiter in der Flußlandschaft: »Mir schwimme do eso zwischedursch«

Die Gerüste der alteingesessenen Mondorfer Werft ragen heute als Ruinen übers Ufer. Doch gleich nebenan auf der Lux-Werft wächst gerade eine zweite Montagehalle. Das florierende Nachbarunternehmen, ein 20-Mann-Betrieb in Familienbesitz, blieb als eine der wenigen Neubauwerften zwischen Duisburg und Neuwied übrig. „Me schwimme do esu zwischedursch", erklärt der Chef mit rheinischer Gelassenheit. In seiner kleinen Schiffsfabrik laufen weiße Amüsierbötchen vom Stapel, solche, die auf keiner Rheinpostkarte fehlen dürfen, und von hier aus wurde auch die „Beethoven" nach Bonn hinübergeschickt.

Endenich, ein Dorf, ein Stadtteil in Fußnähe zur Bonner City: Vor dem Krieg war es wegen seiner vielen Tanzsäle eines der beliebtesten Ausflugsziele der Bonner. In den fünfziger Jahren startete in einem dieser Säle das „Rex"-Lichtspieltheater mit dem Breitwandstreifen „Vom Winde verweht". Als zu Anfang unseres Jahrzehnts eine Gruppe junger Cineasten den mittlerweile geschlossenen Vorstadt-Kintopp anmietete, um daraus ein Programmkino zu machen, glaubten viele an ein rasches Ende dieser zunächst etwas abseitig anmutenden Initiative. Und anfangs wirkte die Filmauswahl denn auch ziemlich abgehoben, was weniger am vermeintlich übertriebenen künstlerischen Anspruch der Debütanten lag, als vielmehr daran, daß die Verleiher ihre erfolgreichen Filme nicht gerade für Endenich rausrücken wollten.

Zu einem unkonventionellen Premierenkino avanciert, konnte das „Rex" inzwischen aber manchem Film zu bundesweiter Resonanz verhelfen. Etwa dem in den Großstädten zum Kultfilm avancierten „Kooyanisqatsi", einer Parabel auf

»An Bonn fließt selbst der Rhein vorbei.« Andere mögen den Doppelsinn eines solchen Satzes komisch finden, für den schwimmenden Händler Johann Weißbart ist es ganz einfach gut so: Von seinem Kahn aus beliefert er täglich Schiffer in Eile – mit Getränken und Torte in voller Fahrt; damit der Kohlenpott keine Zeit verliert

Krämer Weißbart kreuzt mobil mit einem Laden auf

BLÄTTERN SIE VOR, BLÄTTERN SIE ZURÜCK

Bonn ist mehr.

Presse- und Werbeamt der Stadt Bonn, Stadthaus, Berliner Platz 2, 5300 Bonn 1

WIRZ & HAFNER

die Unwirtlichkeit der westlichen Zivilisation, zu dessen Uraufführung sich auch der Avantgarde-Komponist Phil Glass in die Bonner Randlage bemühte. Das Programm des „Rex“ zieht ein junges, intellektuelles Publikum an, das die Vorteile eines ausladenden Zuschauerraums mit großer Leinwand und Empore zu genießen weiß. Zugeparkte Bürgersteige und Lärm nach der Spätvorstellung trüben allerdings das Verhältnis zu den Anwohnern, die ohnehin nicht in das „Flohkino“ gehen mögen.

So bleiben Projekte wie das „Rex“ immer ein wenig schillernde Fremdkörper in den doch eher gemächlichen Randgemeinden. Zu heimlichen Hochburgen von Kultur und Konsum alternativen Zuschnitts haben sich dagegen zwei Bürgerviertel entwickelt, die so unterschiedlich sind wie ihre Himmelsrichtungen: die Nord- und die Südstadt.

Die Nordstadt, ein um die vergangene Jahrhundertwende entstandenes Handwerkerquartier, hat ein Kneipen-„Komitee“ von fast 30 Wirten in Anlehnung ans Düsseldorfer Nachtleben neuerdings zur „Altstadt“ umgetauft. Das Vergnügungsareal mit hohem Ausländer- und Studentenanteil bietet in leerstehenden Ladenlokalen und Hinterhäusern dem Unternehmungsgeist der Szene ein Domizil. Neben Studentenpinten und Second-Hand-Boutiquen sind hier eine Öko-Zentrale angesiedelt, eines der beiden Frauenmuseen der Republik und das vorlaute Stadtblatt „De Schnüss“, auf bönnsch: die Schnute. In einer im Hinterhof der Wolfstraße versteckten stillgelegten Stuckfabrik haben sich Künstler, Fahrradbastler und Teetrinker einen Freiraum geschaffen. Unterm Dach machen „Die Raben“ seit drei Jahren sprachloses Theater, auf knarrenden Bohlen und zwischen übriggebliebenen Gipsreliefs.

Auch die Südstadt, eines der größten geschlossenen Gründerzeitviertel Deutschlands und einst standesgemäßes Refugium in einer bourgeoisen Stadt, ist heute wegen ihrer großzügigen Wohnungen, wegen ihrer verschnörkelten Fassaden und grünen Innenhöfe wieder eine begehrte Adresse. Die akademische Mittelschicht, die im Verhältnis zur Gesamtbevölkerung nirgends stärker vertreten ist als in Bonn, hat sich hier allmählich ihre ganz eigene Infrastruktur geschaffen. Auch hier die Devise: Umwidmung alter Räumlichkeiten in neue Funktionen. Die blaue Zapfsäule etwa, die in der Ermekeilstraße auf dem Bürgersteig steht, weist den Weg zu einer Schmuckgalerie, in der die Goldschmiedin Birgitta Knauth ihre Objekte aus Plastik oder Platin zwischen Benzinbehältern präsentiert. Aber es war keine Tankstelle, in der die Künstlerin nun lebt und arbeitet, hier standen einmal die Maschinen der väterlichen Druckerei.

In ihrer Kindheit, so Birgitta Knauth, hat es in ihrer Straße noch zwei Bäcker, ein Lebensmittelgeschäft, einen Metzger und einen Tabakladen gegeben. An deren Stelle sind getreten: ein Laden für Fünfziger-Jahre-Design, ein italienischer Herrenausstatter, ein Antiquariat, ein Studentencafé und diverse Kneipen. Die Goldschmiedin erlebt diesen Wandel als Verlust, aber sie wohnt hier dennoch gern.

Und das Idyll in der Südstadt wäre ja auch perfekt, würde nicht der Stadtteil durch eine Bahntrasse zerschnitten, an deren fast zum Bonn-Stereotyp gewordenen Übergängen die Menschen beidseits der Schranken tagtäglich unfreiwillige und sehr lange Pausen einlegen müssen. Nirgendwo intensiver ist mitzubekommen, was die Einführung des IC-Taktes bedeutet, als in jenem Haus, das, Wand an Wand mit einer Bahnwärterhütte, unmittelbar an der Trasse liegt. Dieses Haus steht in der Weberstraße. Die unter seinem Dach versammelte Gemeinschaft, bei der in Fünf-Minuten-Abständen die Kaffeetassen tanzen, stammt aus einer Zeit, als die Nachbarn wohl noch von Kommune gesprochen haben. Im Keller der 80 Jahre alten Baulichkeit übt an fast jedem Wochentag eine andere Band. Montags um sieben etwa proben die „Mad Mullahs“ ihren Post-Punk. Für die Amateur-Rocker, die jüngst beim „Schrott-Festival“ eines Bonner Autofriedhofs gastierten, ist die exponierte Lage ihrer unrenovierten Bleibe ein Glücksfall. Denn die lärmerfahrenen Mitbewohner ertragen den hart geschlagenen Rhythmus mit dem Gleichmut der Leidgeprüften.

Auf dem Johannishof in Alfter bei Bonn dagegen hört man nur gedämpfte Stimmen. Die Anhänger Rudolf Steiners gehen behutsam miteinander um. Sie haben das im Vorgebirge gelegene Gut zur „Alanus“-Hochschule der musischen und bildenden Künste hergerichtet; mit den sechs Fächern Architektur, Bildhauerei,

Bahnübergang Lessingstraße, Schrankenwärter Juchmes an der Handkurbel: Es gehört zum Bonn-Klischee mit Wahrheitsgehalt, daß sich die Wartezeit an den zehn Kreuzungen mit der meistbefahrenen Fernbahnstrecke der Republik täglich auf Stunden summiert – eine Übung in Gelassenheit

Für Stunden ist die Stadt zehnfach beschränkt

Man erkennt uns nicht nur am Kranich.

O&M LH 5/85

Lufthansa

Buchung und Beratung in Ihrem Reisebüro mit Lufthansa Agentur.

Musik, Malerei, Eurythmie und Schauspiel. Zum Pensum der Dorfuniversität gehört auch die Arbeit in den eigenen, biodynamischen Beeten sowie am niemals abgeschlossenen Umbau. Der Schweinestall wurde zur Mensa mit ekkenlosem Gestühl, die Scheune zum Theatersaal, in dem Bewegungskunst und Beethoven-Konzerte gegeben werden.

Rund 300 Eingeschriebene wollen es im Schatten der Obstbäume, unbehelligt von den Zerstreuungsgefahren des Fernsehkonsums, durch anthroposophische Grund- und Aufbaustudien zum schöpferischen Menschen bringen. Die Bildhauer arbeiten am liebsten auf der Wiese, wo sie unter freiem Himmel dem Stein seine Urpolaritäten abringen; stets mit dem Meißel statt mit der Maschine, auch wenn es Monate dauert. Denn die Beharrlichkeit soll der harmonischen Charakterbildung Vorschub leisten.

Studieren mit Muße, so wie es am Johannishof möglich ist – es paßt zu einem Bonn, das lange Zeit auch im Ruf einer ebenso biederen wie gemütlichen Alma Mater stand. Und Reste davon sind auch noch an der heutigen Massen-Universität zu finden. Man muß dafür bloß durch die Hintertür gehen. Wer die Hofgartenwiese überquert, gelangt, dem Hauptgebäude vis-à-vis, zum „Akademischen Kunstmuseum". Der Eingang dieses tempelähnlichen Baus aus der ersten Hälfte des 19. Jahrhunderts, der, inzwischen frisch gestrichen, als Entwurf der Architekten Waesemann und Schinkel jeden Touristenprospekt ziert, liegt auf der Rückseite. Wer sich dorthin verirrt und das Glück hat, eine der kurzen Öffnungszeiten zu erwischen, den erwarten in lichten Sälen Hunderte von griechischen Skulpturen, getreue Abgüsse der Antike, teils in Reihe, teils gedrängt wie in einer Wartehalle.

Der Betrachter steht meist allein vor den weißen Statuen, von denen einige immerhin so alt sind wie die Universität. Das Gipsfigurenkabinett stammt aus deren Anfängen nach 1818 und sollte, nach dem Gusto ihrer preußischen Gründer, Mitglieder aller Fakultäten dazu animieren, sich in den Geist der Klassik zu versenken. Auch Karl Marx ließ sich, als er hier studierte oder später, als er in der vergeblichen Hoffnung auf eine Professur in Bonn weilte, von den falschen Göttinnen und Athleten faszinieren. Der Grund für den regen Besucherstrom in den ersten hundert Jahren dieser Sammlung dürfte eher profan denn hochgeistig gewesen sein, bot sich doch die Gelegenheit, die Bauprinzipien des menschlichen Körpers im Detail zu studieren.

Im 20. Jahrhundert war diese Abteilung der Altertumskunde dann fast durchgehend für die Neugier geschlossen und wurde erst vor 15 Jahren wieder fürs Publikum geöffnet. Heute kümmert sich Oberkustos Dr. Christiane Grunwald um die 3000 geschichtsschwangeren Skulpturen, von denen noch die Hälfte in den Kellern des ursprünglich einmal als Anatomie fungierenden Gebäudes gehortet sind. Mittlerweile gibt es zwar wöchentliche Führungen, aber nur einmal im Jahr, am Tag der offenen Tür, darf dazu das Schinkelsche Hauptportal geöffnet werden.

Es ist dies nicht der einzige Nachlaß des berühmten Architekten in dieser Stadt, aber Bonn geizt ein wenig mit seiner Geschichte. Und so ahnt der kunsthistorische Laie, der über die schlichte schwarze Eingangstreppe der alten Sternwarte eilt, wohl kaum, welchen Genius er da gerade mit Füßen tritt. Preußens Staatsbaumeister hat das Institut in der Poppelsdorfer Allee nach Plänen P. J. Leydels als eine funktionstüchtige astronomische Maschine errichtet. Die sechs drehbaren Aussichtstürme und die meterhohen Sichtspalten, die wie mit dem Käsemesser in die Seitentrakte hineingeschnitten sind, erlaubten es dem Sternenforscher Friedrich Argelander im vorigen Jahrhundert, den ersten weitgehend vollständigen „Atlas des nördlich gestirnten Himmels" in Nachtarbeit zusammenzutragen – die sogenannte „Bonner Durchmusterung".

Die Teleskope sind längst demontiert. Doch einmal wöchentlich trifft sich hier die „Volkssternwarte e. V.", kommen Freunde des unbewölkten Himmels zusammen, um an historischer Stelle und in aller Beschaulichkeit die Sonnenflecken zu zählen oder über die „Lichtverschmutzung" des nächtlichen Firmaments nachzusinnen. Worauf die Sterngucker gar nicht achten: Von dieser Warte aus eröffnet sich auch der schönste Rundblick über die Stadt. □

Bernd Polster, 33, hat in Bonn Soziologie studiert und als Maler, Fotograf und Designer gearbeitet. Der freie Autor, der abwechselnd in Köln und Bonn lebt, veröffentlichte Bücher zu so unterschiedlichen Themen wie „Das feste Haus. Geschichte einer Straf-Fabrik", „Tankstellen. Die Benzingeschichte" und zuletzt „Wie die Wilden. Tänze auf der Höhe ihrer Zeit".

Mit der »Bonner Durchmusterung«, einem Himmelsatlas, hat der Sternenforscher Argelander einst lauter Lichter ins Dunkel gebracht – von jener Warte an der Poppelsdorfer Allee, von der die Bonner noch heute gern nach oben schauen

Ein himmlischer Ort für Sternengucker

Unser Bosch.

»So schnell habe ich nach dem Theaterbesuch noch nie ein Dinner für zwei gezaubert!«

Mit dem Gourmet von Bosch gelingt Ihnen das romantische Dinner zu zweit in Rekordzeit. Denn der Gourmet von Bosch ist konventioneller Backofen und Mikrowellengerät in einem. Sie können also nicht nur knusprig-braun backen, braten und grillen, sondern auch Zeit sparen: für herrlich saftig-gegrillten Lachs brauchen Sie zum Beispiel nur die Hälfte der Zeit.

Bosch ist für die Familie da.

Der Gourmet von Bosch. »Die Knusperwelle« – mehr als nur Mikrowelle!

Hier abgebildet: der Gourmet von Bosch, eingebaut und mit einem Glaskeramik-Kochtableau. Ein vollwertiges, kompaktes Koch- und Backzentrum. Aber Ihren Gourmet gibt es auch als Tischgerät mit oder ohne Glaskeramik-Kochfeld.

BOSCH

Robert Bosch Hausgeräte, Abt. VGS
Postfach 856, D-8000 München 1,
Postfach 146, A-1011 Wien,
Hohlstr. 188, CH-8021 Zürich.

Mittelalterliche Tradition: Wettstreit der Ausrufer

Erst jetzt entdeckt: Mek-Papua auf Neuguinea

Zum Juwel veredelt: sechsjährige Milliardärs-Tochter

Feuerloch Mauna Ulu: Lavabrei fließt aus dem Krater

Brodelnder Dettifoss: Europas wasserreichster Fall

Der weiße Tod: 600.000 Tonnen Schnee jagen zu Tal

Gegen die Kälte zusammengeballt: Marienkäfer im Winter

Vergoldeter Felsen: buddhistische Mönche beim Gebet

Stammbaum der Geschichte: 900jährige Bavaria-Buche

See-Elefanten: Das Comeback der Kolosse

Spanische Gestüte: wo Pferde noch als Pferde leben dürfen

Chinesische Shar-Peis: Sorgenfalten angezüchtet

Welches Bild berührt Sie mehr als alle anderen? Lesen Sie auf Seite 155, was GEO-Leser als ›ihr‹ Bild gewählt haben…

Anreise

Wer auf dem **Flughafen Köln/Bonn** – 20 Kilometer nordöstlich von Bonn – landet, sollte in den Bus der Flughafenlinie (FL) umsteigen, der im Halbstundentakt zwischen Airport und Hauptbahnhof pendelt. Fahrpreis: sechs Mark. Schneller ist man mit dem Taxi auch nicht, außerdem muß man für den Luxus, fahrplanunabhängig zu sein und direkt vor dem Hotel abgesetzt zu werden, etwa 45 Mark hinblättern.
Wer mit Intercity-, TEE- oder anderen Zügen anreist, muß sich beim Aussteigen im Bonner Hauptbahnhof sputen: Länger als zwei Minuten hält kein Zug. Wenn Sie jemanden abholen wollen: Auf Gleis 1 treffen die Züge aus Richtung Süden ein, am Bahnsteig 2 die Züge aus dem Norden. Telefonische Fahrplanauskünfte kommen unter 11 15 31–34 vom Band; individuellere Auskünfte erhält man an den Bahnhöfen Godesberg (Tel. 36 32 48) und Beuel (Tel. 46 44 96).
Von April bis Oktober kann man Bonn auch über den Rhein ansteuern: Die weiße Flotte der Köln–Düsseldorfer macht auf ihrem Weg von Basel oder Frankfurt nach Rotterdam auch im Schatten des Bundeshauses und des Alten Zolls halt. Zwischen Köln und Mainz trägt der **„Rheinpfeil“** seine Passagiere auf Tragflügeln mit einer Geschwindigkeit von 65 Kilometern pro Stunde über den Strom (Auskunft: 02 21/2 08 80).

Bonntours

Sein Auto läßt man am besten irgendwo auf einem öffentlichen Parkplatz stehen. Denn da sich das enge Rheintal nur schlecht mit einer der höchsten Kfz-Dichten der Republik verträgt, muß man allenthalben mit Staus rechnen. Ist der Weg dann endlich mal frei, so verirrt sich der Unkundige im Einbahnstraßennetz oder gerät in eine Polizeisperre, weil gerade ein ausländischer Potentat im Lande ist.
Mehr schlecht als recht fährt der Bonn-Gast mit **Bussen** und **Bahnen** der Stadtwerke Bonn (SWB): Lange Warte- und Fahrzeiten, das Studium des komplizierten Liniennetzes bei den Bussen und ein zu kleines Straßen- und Stadtbahnnetz strapazieren die Nerven. Dennoch: Die wichtigsten Punkte der Stadt sind gut erreichbar. Vom Hbf ins Regierungsviertel fährt alle fünf Minuten eine U-Bahn. Dem Kampf mit Tarifen und Fahrscheinautomaten entgeht man mit einer **Umwelt-Freundschaftskarte.** Sie gilt im Stadtgebiet in allen städtischen Bussen und Bahnen, ist nicht an den Besitzer gebunden, drei Tage gültig und kostet nur zehn Mark. (Informationsstelle der SWB, in der unterirdischen Ladenpassage der U-Bahn-Haltestelle Hbf; Tel. 71 18 20. Geöffnet montags von 7–19, samstags 9–14, langer Samstag 9–18 Uhr).
Zwischen 0.30 und 1.00 Uhr morgens läuft der Count down: Dann starten die letzten Busse und Bahnen, lediglich ins Diplomatenviertel Godesberg pendelt stündlich eine Nachtbuslinie.
285 **Taxen** und zwei Taxifunkzentralen konkurrieren um Fahrgäste. Grundpreis 3,20 Mark, für jeden Kilometer kassieren die Fahrer 1,60 Mark (Funktaxi Bonn: 55 55 55 und KARO: 22 93 22/44).
Billiger, gesünder und oft schneller fährt man auf zwei Rädern. Fahrräder und Tandems verleiht die Firma Kurscheid (Römerstraße 4; Tel. 63 14 33). Zehn Mark muß man für einen Tag berappen. Eine Woche kostet 32 Mark. Der Drahtesel wird in Bonn immer beliebter, obwohl vor engen Straßen und gefährlichen Kreuzungen häufig das Verkehrszeichen „Rad Ende“ überrascht. Eine vom Allgemeinen Deutschen Fahrrad-Club (ADFC) Bonn herausgegebene **Fahrradkarte** mit allen Radwegen in Bonn und weit darum herum gibt's im Buchhandel für 9,90 Mark.
Von Mai bis Oktober startet täglich der **Sightseeing-Bus** am Abschnitt C3 des Zentralen Omnibusbahnhofes, in den übrigen Monaten nur samstags. Treffpunkt für diese zweieinhalbstündige Stadtrundfahrt ist jedoch die Tourist-Information (Münsterstraße 20, Cassius-Bastei; Tel. 77 34 66/67. Geöffnet montags bis samstags von 8–21, sonntags 9.30–12.30 Uhr). Erwachsene zahlen 14 Mark, Kinder und Jugendliche bis 14 Jahre die Hälfte, Gruppen ab zehn Personen pro Teilnehmer zehn Mark. Eine Multimedia-Show über Bonn ist im Fahrpreis inbegriffen.
Wer einen Überblick bekommen möchte, startet zu einem **Rundflug** über die Stadt. Für 105 Mark kann man zu dritt 15 Minuten lang den Politikern aufs Haupt gucken – vorausgesetzt, die Dunstglocke gibt den Blick frei (Infos: Rhein-Elbe-Flugdienst; Tel. 022 41/2 79 99 und Luftfahrtbetriebsgesellschaft; Tel. 022 41/2 80 98).
In Bonn fährt man **Bötchen.** Wer's erst mal antesten will, setzt für ein paar Gröschelchen mit der „Rheinnixe“ (täglich 7.10–19.30, sonn- und feiertags 9–19.30 Uhr) vom Alten Zoll nach Beuel über. Weitergehende Wünsche nach Rheinfahrten erfüllen die Bonner Personenschifffahrt (Tel. 63 65 42), die Personenschiffahrt Siebengebirge (Tel. 36 37 37) und die Köln–Düsseldorfer (Tel. 63 21 34) mit einer Palette an Tanz- und Ausflugsfahrten. Hauptanlegestelle: unterhalb des Theaters und am Ende der Rheinallee (Von-Sandt-Ufer, Bad Godesberg).

Wo man was erfährt

Wichtigste Anlaufstelle für Bonn-Besucher: Die **Tourist-Information** (siehe oben). Das Monatsprogramm, die **„Bonn-Information“**, mit Veranstaltungskalender und umfangreichem Service-Teil gibt's für eine Mark.
Kostenlos ist ein Führer, der 250 Restaurants und Cafés mit Adressen nennt und 19 Lokale aufführt, die täglich ein „Bonn-Menü“ für neun bis zwölf Mark anbieten. Alternative- und Studentenlokale sucht man in dieser Liste allerdings vergebens. Diese Informationen und einen alternativen Veranstaltungskalender findet man in der Stattzeitung **„De Schnüss“.** Ganz neu: **„Außerhalb des Protokolls“** – ein Stadtbuch mit allen wichtigen Adressen und Tips für Alternative.

Haus- & andere Nummern

Die **Wechselstube** im Hauptbahnhof (Tel. 63 29 58) öffnet montags bis samstags von 7.30 bis 18.30 Uhr und sonntags von 8.30 bis 13.00 Uhr ihre Kassen. Eine **Fahne mit dem Bonner Kußmundsymbol** kann man unter 77 39 27 entleihen.
Wenn Sie nachts ein paar Briefmarken brauchen: Im ehemaligen Palais Fürstenberg am Münsterplatz residiert heute die **Hauptpost** – ein Schalter ist rund um die Uhr geöff-

Einer der schnellsten Wege nach Bonn führt über das Wasser: Der »Rheinpfeil« pendelt mit 65 Kilometern pro Stunde und auf Tragflügeln zwischen Mainz und Köln, und macht in der Bundeshauptstadt Station

Seit 1975 ist Bonn U-Bahn-Stadt: Im Fünf-Minuten-Takt geht's vom Hauptbahnhof ins Regierungsviertel

net. Links vom Postamt können Sie Ihre Pänz (Kinder) im **Kinderforum** abgeben, wenn diese mindestens drei Jahre alt sind: Man kümmert sich um Ihren Nachwuchs, wenn Sie sich mal ungestört in der Stadt umtun wollen.
Wenn Sie sich beschweren wollen: Beim **Bürgertelefon** (Tel. 65 05 00) hebt rund um die Uhr jemand ab.

Klima

„Als Luftveränderung kann Bonn für einige Stunden Wunder wirken", so Heinrich Böll 1963 in „Ansichten eines Clowns". Seither muß sich die Bonner Luft verändert haben, kaum jemand wundert sich über plötzliche Anfälle von Kopfschmerz: Frischluftschneisen sind Mangel, und im Talkessel bildet sich vor allem im Hochsommer durch Autoabgase der berüchtigte Photo-Smog, der Kreislauflabilen das Leben schwermacht. Das Bonner Klima boshaft auf einen Nenner gebracht: im allgemeinen mild, häufig schwül und manchmal bedrückend.
Besonderer Rücksichten auf das Wetter bedarf es beim Kofferpacken nicht. Wasserfeste Schuhe sollte man jedoch immer einpacken: Schnee ist zwar selten, dann aber matschig, und im Frühjahr muß – ungeachtet etwaiger Modelaunen – immer mit Hochwasser gerechnet werden.

	Luft	Gewässer	Trinkwasser	Boden	Abfall	Naturschutz	Gesamt
BONN	3,9	2,8	3,1	3,0	4,3	4,5	3,6
	schlechter	besser	schlechter	gleich	schlechter	schlechter	schlechter
BRD	3,5	3,2	2,8	3,0	3,9	3,9	3,4

In Sachen Umwelt ist die Bundeshauptstadt nicht gerade ein Vorbild für die Republik. Nur bei der Qualität der Gewässer liegt Bonn über dem Bundesdurchschnitt

Bonn hat . . .

. . . subtropische Schwüle im Sommer, Smog aus dem Ruhrgebiet, rheinischen Föhn – dennoch leben Bonner im statistischen Durchschnitt ein Jahr länger als die übrigen Bundesbürger;
. . . ein Pro-Kopf-Einkommen, das 29 Prozent über dem Landesdurchschnitt liegt;
. . . die meistbefahrene westeuropäische Eisenbahnstrecke als Trennungslinie in der Stadt. Die Schranken der zehn Bahnübergänge sind täglich rund acht Stunden lang geschlossen. Über dieses Ungemach hat sich schon Kaiser Wilhelm II. echauffiert, heute „beruhigt" es den innerstädtischen Autoverkehr – sagen die Experten, ohne sich um die Nerven der Autofahrer und die Abgase zu sorgen;
. . . pro Einwohner mehr Wohnraum als jede andere Stadt in Nordrhein-Westfalen;
. . . den Ruf, eine Beamtenstadt zu sein – und so gelang es der Bürokratie für fünf Hallenbäder insgesamt 73 Öffnungszeiten festzulegen;
. . . die höchste Abiturientenquote in Deutschland: 30 Prozent aller Abc-Schützen schaffen die Reifeprüfung;
. . . 54 Quadratkilometer öffentliche Grünflächen, die sich auf 1200 Einzelanlagen – Wälder, Parks, Rasenflächen – verteilen. Damit ist die jüngste Hauptstadt Europas auch die grünste. 40 der insgesamt 141 Quadratkilometer Stadtgebiet sind bebaut, sechs Quadratkilometer sind Wasserfläche;
. . . für jedes Kind einen Kindergartenplatz, 275 Spiel- und Bolzplätze, für Jugendliche 100 Freizeitheime und Offene Türen;
. . . 3005 Diplomaten mit 5920 Familienangehörigen sowie weitere 1230 Bewohner mit Diplomatenstatus (Bonner Raum; Stand: 1. Januar 1985). 120 Staaten unterhalten diplomatische Beziehungen zur Bundesrepublik;
. . . eine Zwei-Klassen-Gesellschaft beim Trinkwasser: In den meisten Stadtteilen schmeckt der Tee dank des Wahnbachtalsperren-Wassers großartig, in Godesberg dagegen aufgrund des Rheinwassers fürchterlich;
. . . 55 Kilometer ausgebaute Wasserwege, 37 Springbrunnen, 860 öffentliche Blumenkübel und 900 Schafe.

Bonner Zahlen

● Das Bundeskanzleramt, geographischer und politischer Mittelpunkt Bonns, liegt auf 7° 7′ 4″ östlicher Länge (wie Spitzbergen und Cannes) und 50° 43′ 14″ nördlicher Breite (wie Neufundland und Sachalin).
● Dem Kanzler, dessen Ministern und allen übrigen, die in Bonn etwas verwalten, gehen 52 000 Mitar- ▷

Bärchen aus Bonn

beiter zur öffentlichen Hand. Die übrigen 98 000 berufstätigen Bonner verteilen sich auf 10 000 Arbeitsstätten, darunter Haribo, Verpoorten, Weck (Einmachgläser) oder die Orgelfabrik Klais, deren Pfeifenwerke in der Weltfriedenskirche von Hiroshima ebenso erklingen wie in der Kathedrale von Lomé oder St. Hedwig in Ost-Berlin (siehe GEO Nr. 12/1985).

- 289 704 Einwohner (am 1. August 1985) machen Bonn der Größe nach zu Nr. 18 unter den bundesdeutschen Städten. Bei Kriegsende lebten 94 000 Menschen im damaligen Bonn; durch eine Kommunalreform kamen 1969 Bad Godesberg, Beuel, Buschdorf, Duisdorf, Hoholz, Holzlar, Ippendorf, Lengsdorf, Lessenich, Oberkassel und Röttgen zu Bonn, wodurch die Einwohnerzahl von 138 012 auf 267 387 stieg.
- Frauen haben in Bonn die absolute Mehrheit: 53 Prozent, auf 100 Herren kommen 113 Damen. Jeder neunte Einwohner Bonns ist Ausländer, jeder siebte konfessionslos, jeder sechste im Bundesdienst, jeder fünfte Angestellter, jeder vierte eingemeindeter Godesberger, jeder dritte evangelisch, jeder zweite katholisch.
- Der Gipfel in Bonn ist der Paffelsberg im Ennert mit 194,8 Metern, das höchste Bauwerk der 180-Meter-Sendeturm des WDR auf dem Venusberg – der übrigens nicht nach der Göttin benannt ist, sondern seinen Namen von Venn (= Sumpf) ableitet. Der Lange Eugen, das Abgeordnetenhochhaus, ragt 112 Meter hoch aus dem Regierungsviertel. Den Tiefpunkt des unpolitischen Bonn bildet mit 45,6 Meter über N. N. die Landzunge Kemper Werth an der Einmündung der Sieg in den Rhein.

Bonn-Specials

Sicherheitsstufe I

Wenn die bunten Fahnen an den Hauptverkehrsstraßen des politischen Bonn wehen, ist Staatsbesuch angesagt – und besondere Vorsicht geboten. Denn je höher die Bonner Polizei das Sicherheitsrisiko für den hohen Gast einschätzt, desto rabiater geht sie vor: Pkws werden bei Stufe I rigoros zur Seite gedrängt, Straßen nach Belieben gesperrt, Unbotmäßige rüde abgekanzelt. Wer zum Arzt, Zug oder Flughafen will, sollte Wartezeiten einkalkulieren.

Staatskarossen

In Bonn fahren pausenlos Wagen herum, deren Nummernschilder zwar das übliche Format, aber ganz andere Buchstaben- und Zahlenkombinationen haben. Der Dienstwagen des Bundespräsidenten hat das Kfz-Kennzeichen 0–1, der Bundestagspräsident läßt sich mit 0–2 chauffieren, der Kanzler mit 0–3 – ganz nach protokollarischem Rang. Steht hinter der 0 und dem folgenden Bindestrich eine zwei- oder dreistellige Ziffer, so ist das Auto für eine Botschaft zugelassen. Die Privatwagen von Botschaftsangehörigen sind nach dem BN durch die Buchstaben AA und eine vierstellige Ziffer gekennzeichnet. Sind die

»I hoab mir g'dacht, Gott weiß, was i anstell'«

Wenn Polit-Touristen Bonn besuchen, gibt es Lehrstunden in dieser unserer Demokratie. Ingrid Müller-Münch hat mitgelernt

Anfangs döst jeder so vor sich hin. In aller Herrgottsfrüh', gut eine Stunde nach Abfahrt des Busses aus Donauwörth, läßt sich der erste kurz nach sechs Uhr morgens zwei Bier aus dem Tiefkühlkoffer reichen, der vorsorglich vorne neben dem Fahrer steht. Um viertel nach neun, als knapp die Hälfte der Strecke „von uns nach Deutschland" zurückgelegt ist, geht's im Bus schon pfundig zu. Über Lautsprecher wirbt die Freistaat-Welle 1: „Weißblauer Himmel und goldgelber Weizen, das ist Bayern".

Aber wir sind auf dem Weg nach Bonn. Je näher wir der Bundeshauptstadt kommen, desto überzeugter zeigt sich ein Mitglied der Reisegruppe, von nun an „nur noch Mercedesse" auf den Straßen anzutreffen. Ein anderer, Geschäftsführer eines kleinstädtischen Mittelbetriebes, kündigt lautstark an, daß er bei der Besichtigung des Bundestages „einfach auf einer Abgeordneten-Bank der Grünen Platz nehmen" und behaupten werde, „ich gehöre zu den neuen Rotierenden". Als dann so gegen halb zwölf linkerhand ein Fluß auftaucht, sind einige enttäuscht: „Was, das soll der Rhein sein?"

Bayerische Schwaben, 50 an der Zahl, die sich für „a bissl nüchterne Leut" halten, wollen den Schauplatz der Großen Politik erkunden. Eingeladen hat sie ihr Bundestagsabgeordneter, Karl Heinz Lemmrich von der CSU. Mit 20 Mark sind sie dabei. Den Rest der Reisekosten trägt der Steuerzahler. Aus gutbegründetem Eigeninteresse hat der MdB seine Besucher vorsortiert; da findet sich kein rotes und grünes Schäfchen unter all den Schwarzen. Die Plätze für die dreitägige Fahrt wurden an sichere Kandidaten vergeben: den Allgäu-Schwäbischen Musikbund, den Bayerischen Landessportverband, die Frauenunion Nördlingen, die Marianne-Strauß-Stiftung, Polizisten, Parteimitglieder und CSU-Sympathisanten.

So wie die junge Frau eines Polizeibeamten aus Genderkingen, 1200 Einwohner, sind viele mit von der Partie, die einfach mal schauen wollen, „wia's bei dene Politiker so zuageht". Anderen – wie dem 1. Bürgermeister der Dreieinhalbtausend-Seelen-Gemeinde Altenmünster – ist es „die Hauptsache, mal weg vom Geschäft zu kommen". Nur der kleine Schweinezüchter aus dem Nest Ehingen, dem man an seinen rissigen Händen sein bäuerliches Tagewerk ansieht, bekundet ein persönliches Anliegen: „Dem Kiechle da, dem hätt' i schon einigs zu soagn." Daraus wird freilich nichts. Den Landwirtschaftsminister bekommt er gar nicht zu Gesicht und muß daher seine Wut über dessen Agrarpolitik, „vor allem das mit der Milch", für sich behalten. So, wie er überhaupt im Verlauf der Reise zusehends verstummt und wohl merkt, daß ihm die Redegewandtheit fehlt, einem Politiker gegenüber die passenden Worte zu finden.

Ähnlich dürfte es so manchem der Mitreisenden aus den etwa 100 Besuchergruppen ergehen, die an den 24 Sitzungswochen des Bundestages nach Bonn pilgern, um persönlich in Augenschein zu nehmen, was ihnen sonst nur durch das Fernsehen geläufig ist. Mindestens 60 000 Menschen strömen Jahr für Jahr in die Bundeshauptstadt. Zwei solcher Gruppen darf jedes Mitglied des Bundestages jährlich auf Kosten des Bundespresseamtes an seine Arbeitsstätte bitten: eine à 50, eine à 30 Personen, die es dann mit Informationen, Stadtrundfahrten, Essen, Unterkunft und Geselligkeit zu versorgen gilt.

Die Kontakte der verschiedenen Reisegruppen untereinander oder gar mit politisch Andersfarbigen sind dabei allerdings flüchtig. Wenn sie überhaupt stattfinden. Meist bleibt man unter sich. So Leute wie die bayerischen Schwaben zum Beispiel treffen ganz sicher kein einziges Mal auf so „a Wolpertinger", wie das Fabelwesen zwischen Hase und Dachs heißt, mit dem man daheim in Bayern die Kinder verschreckt und dessen Gestalt nunmehr die Grünen in Bonn für sie angenommen haben. Einzig am Morgen vor der Abreise kann man diese Fremdlinge aus der sicheren Distanz von der Zuschauertribüne des Bundestages her anschauen, wie sie da unten im Plenarsaal sitzen, bunt bekleidet, dabei brav den Debatten lauschend. Stein und Bein schwört einer der Schwaben hinterher dennoch, genau gesehen zu haben, daß alle Grünen ihre Füße auf dem Tisch hatten. „Was sich ja nicht gehört", was aber als Eindruck mit nach Hause genommen wird und die mitgebrachten Abneigungen bestätigt.

Da geht es mit Detlef Meyer schon besser. Er stellt sich der Besatzung des Busses aus Donauwörth als „Dieter Thomas Heck des Bundespresseamtes" vor. Schnell kommt man sich näher, denn politisch, da denkt man auf gleicher Wellenlänge. Mit dem, was der Herr Meyer nun zwei Stunden lang über die Demokratie erzählt, spricht er seinen Zuhörern aus Süddeutschland so richtig aus der Volksseele. Der Handwerksmeister Ruisinger, für den alle Journalisten, die nicht den offiziellen Regierungskurs steuern, „Schmierer" sind, „hundsmiserable Schmierer", fühlt sich von Meyer jedenfalls verstanden. Auch wenn dem Mann vom Bundespresseamt die Formulierungen des Handwerkers ganz offensichtlich etwas zu derb geraten sind. Als ihn einer aus der Gruppe auf „diese Exoten" anspricht, die Asylanten, die über Ostberlin zu uns herüberkämen und deren Zustrom „man doch unterbinden" müsse, da weiß Herr Meyer wieder eine passende Antwort: Man sei halt gezwungen, mit einem Koalitionspartner zu regieren ... Zum restlichen Schweigen nicken die Anwesenden einverständlich.

Später dann, bei der Stadtrundfahrt, drücken sich einige Köpfe bereits rechtschaffen müde zum Nickerchen in die Buspolster ein. Als ein dunkelhäutiger Ausländer mit vier kleinen Kindern die Straße überquert, schließt jemand aus den hinteren Rängen an das Thema der politischen Lehrstunde von eben an: „Der lebt von der Sozialhilfe!"

Abends dann der Höhepunkt der Reise, der Besuch im holzgetäfelten Bierkeller der bayerischen „Botschaft"; dem „einzigen Ort, wo man sich als Bayer in Bonn aufhalten kann", wie es CSU-Landesgruppenvorsitzender Theo Waigel bei Leberkäs' und schwäbischem Kartoffelsalat erklärt. Dort, in der Enklave Bayerns im irgendwie doch fremden Bonn, ist endlich wieder das zu haben, was den ganzen Tag über an allen Stationen der Reise längst ausgegangen war: a gutes bayerisches Bier.

Alle paar Minuten schallt vom Nachbartisch „Ein Prosit, ein Prosit der Gemütlichkeit." Ja, „die sind immerhin schon zwei Maß vor uns", bedauert eine CSU-Frauen-bewegte Mitreisende.

Der Abgeordnete Lemmrich zeigt an diesem Abend, daß er „sein Geld zu Recht verdient, wirklich zu Recht", darüber ist man sich einig. Kommt der doch um 20 Uhr geradewegs aus Nürnberg, wo der Verkehrsausschuß tagte, war davor in Paris und muß am Wochenende zu Hause am Lech seinem Ruf als nimmermüder Festefeierer und Vereinsfreund gerecht werden. Seit 24 Jahren hält er für die bayerischen Schwaben schon die Stellung in Bonn. Seine Leitsätze haben sich bezahlt gemacht; wonach Politik unterhaltsam sein müsse, es nichts gebe, das sich nicht durch langes Liegenlassen von selbst erledige, und es die wichtigste Aufgabe eines Abgeordneten sei, zu lernen, was man wegzuwerfen habe.

So geht er denn von Tisch zu Tisch, weiß auf alles und jedes etwas zu entgegnen, und sei es nur ein Histörchen oder das mitfühlende Hochziehen seiner Augenbrauen, wenn sich da jemand beschwert, daß die Bundesrepublik keine Waffen in Krisengebiete liefert, was „doch eine wirtschaftliche Schädigung für unsereins ist". Oder ein anderer sich aufregt, daß er beim Bau seines Häuschens für die Steuern jede Quittung aufbewahren mußte und „da kommt so a Schlawiner wie der Garski aus Berlin daher und betrügt den Steuerzahler um Millionen".

Um neun Uhr wird zum Abmarsch geblasen. „Das stinkt mir, daß mir jetzt gehn, wo's grad so schön zünftig war", mault einer der jungen Polizeibeamten auf der Fahrt ins Hotel nach Königswinter. Um gleich darauf mit den anderen einzustimmen in das Lied von der „Goas", die dem Bauern gestohlen wurd'. Glücklicherweise hat an diesem Abend die Hotelbar noch geöffnet.

Denn ansonsten, das wird als Resümee am Schluß der Reise von einigen geäußert, „ist in Bonn nix los. I hoab mir g'dacht, Gott weiß, was i anstell'. Aber um halber elf werden hier ja scho die Bürgersteige hoch'klappt." Kopfschüttelnd kann sich der 1. Bürgermeister der Gemeinde Altenmünster hierüber nur wundern. „Gäb's bei uns so viele Tourischte, dann gäb's auch Heimat- und Musikabende." □

Die Maß ist voll im Keller der Bayerischen Landesvertretung, wenn der CSU-Abgeordnete Wolfgang Götzer aus Landshut seine Wähler bewirtet. Wie jedes Bundestags-Mitglied darf er zweimal jährlich die Basis zu Tisch bitten – in ein Bonn, das vielen schleierhaft war. Und bleibt

Ingrid Müller-Münch, 38, lebt in Köln, ist seit fünf Jahren feste Mitarbeiterin der „Frankfurter Rundschau" und arbeitet zudem für den Westdeutschen Rundfunk.

Ziffern hinter dem BN durch einen Bindestrich getrennt, dann gehört das Fahrzeug einem Botschaftsmitarbeiter ohne Diplomatenstatus; BN–17–267 wäre beispielsweise ein Amerikaner. Wenn hinter dem Bindestrich nach dem BN unmittelbar eine Ziffer folgt, so fährt der Wagen für eine Landes- oder Kommunalbehörde (etwa die Polizei mit BN–3324). Wagen des Bundestags, des Bundesrats und der Bundesregierung führen BD plus Ziffern im Schilde: Dem Bundespräsidialamt gehört das Nummernschild BD 5–1, dem Innenminister BD 9–1.

CD-Geschädigte

Wer einen Diplomatenpaß hat, unterliegt nicht der Straf- und Ziviljustiz des Gastlandes. Wer sich als Bundesbürger von einem Diplomaten geschädigt fühlt, könnte Mühe haben, seine berechtigten Forderungen einzutreiben. Wenn Sie also schuldlos in einen Verkehrsunfall mit einem Diplomaten verwickelt werden, dann wenden Sie sich an das Auswärtige Amt. Es hat einen Fonds, um den Schaden zu regulieren, wenn der Herr vom CD nicht zahlen will.

Überblick

Schöne Aussichten in Bonn haben Sie:

- vom 32 Meter hohen Bergfried der Godesburg-Ruine mit Ausflugsgaststätte: Rundblick auf Bonn, Rheintal, Siebengebirge;
- aus dem Ambassador-Restaurant im 18. Stock des Steigenberger-Hotels, Am Bundeskanzlerplatz/Bonn-Center: Regierungsviertel, Rheintal, Siebengebirge, Kölner Bucht;
- von der Terrasse des Stadthauses, dem 72,1 Meter hohen Sitz der Bonner Verwaltung: Rheintal, Siebengebirge, Kölner Bucht;
- von der Restaurant-Terrasse des Hotels Casselsruhe auf dem Venusberg: Rheintal, Siebengebirge;
- aus dem italienisch orientierten Restaurant Cäcilienhöhe im Stadtteil Bad Godesberg: Rheintal, Siebengebirge;
- vom Kreuzberg, einer historischen Wallfahrtsstätte im Stadtteil Poppelsdorf, Kreuzbergallee: Kölner Bucht, an smogfreien Tagen bis zum Kölner Dom;

▷

● vom Ennertberg im Ortsteil Küdinghoven, am besten erreichbar über die Abfahrt Bonn-Ost der Autobahnroute Beuel–Königswinter: Rheintal;
● von der zwei Kilometer langen, asphaltierten Uferpromenade (Von-Sandt-Ufer) in Godesberg-Plittersdorf: Rhein, Siebengebirge;
● vom Alten Zoll, dem einzigen Überbleibsel der mittelalterlichen Stadtbefestigung (Brassertufer): Siebengebirge, Rhein. Unter den Kastanien ein Denkmal für Ernst Moritz Arndt und zwei Kanonen, die Kaiser Wilhelm I. im Jahre 1871 den Bonnern aus seinem Zeughaus schenkte;
● von den Restaurant-Terrassen der Hotels Schaumburger Hof (Bad Godesberg-Plittersdorf, Am Schaumburger Hof 10) und Dreesen (Bad Godesberg-Rüngsdorf, Rheinstraße 45): Rhein, Siebengebirge;
● während der Kastanienblüte vom Hauptbahnhof durch die Poppelsdorfer Allee aufs Poppelsdorfer Schloß: eine der schönsten Alleen der Welt.

Die schönsten **Aussichten auf Bonn** bieten im Siebengebirge:
● Die Drachenfels-Terrasse und das Berggasthaus auf dem Großen Ölberg: Rheintal bis Köln, Eifel, Taunus.

Das Wappen ist alt, die Farben sind neu: Von den Kölner Kurfürsten erbte Bonn das Balkenkreuz, von den Römern den Löwen. Vergoldet wurde er allerdings erst 1971

Um 10 000 vor Christus: Skelettfunde gelten als Beweis, daß der Bonner Raum schon in der Altsteinzeit besiedelt war.
Um 11 vor Christus: Römer errichten ein Kastell in der Gegend des gegenwärtigen Rathauses – und begründen damit nach amtlicher Ansicht die Stadt Bonnae.
69 nach Christus: Tacitus schreibt über das römische Legionslager „castra Bonnensia“. Es ist die erste schriftliche Erwähnung Bonns, dessen Name vermutlich aus dem Keltischen kommt.
Um 400: Franken verdrängen die Römer.
804: Erste Erwähnung der Siedlung „Villa Basilica“ beim heutigen Münster, sie ist der heutige Stadtkern.
1244: Bonn ist Stadt geworden: Erzbischof Konrad von Hochstaden läßt Mauern um die Stadt ziehen.
1583: Bayerische Truppen sprengen die Godesburg, erobern Bonn und inthronisieren die – bayerischen – Wittelsbacher als Kurfürsten.
1601: Bonn wird endgültig Residenz- und Hauptstadt der Kurfürsten und Erzbischöfe von Köln.
1815: Bonn wird preußisch.
1887: Bonn wird kreisfreie Stadt.
1949: Bonn wird vorläufige Bundeshauptstadt.
1973: Bonn wird definitiv Bundeshauptstadt.

Hotels

Die Hotelszene wird durch Bonns Funktion als Haupt- und Kongreßstadt bestimmt: Es dominiert der Gast, der etwas zu besprechen hat, Familien mit Kindern steigen höchst selten ab, und so geht Effizienz vor Gemütlichkeit. Reservieren Sie Ihr Hotelbett rechtzeitig, denn in Bonn finden jährlich unzählige Tagungen, in Köln und Düsseldorf große Messen statt, und zu hochpolitischen Anlässen fallen Heerscharen von Journalisten ein.

Durchgestylte Postmoderne: Domicil

Großer Komfort

Bristol
Poppelsdorfer Allee; Tel. 2 01 11.
Bonns aufwendigstes und internationalstes Hotel, besonders beliebt, so scheint es, bei arabischen Gästen. Aller Komfort, viel Fitneß-Angebot, reichlich Restauration.

Domicil
Thomas-Mann-Straße 24 und 26; Tel. 72 90 90.
Das Bijou der Bonner Hotellerie! In das spätklassizistische Straßenbild hat der Kölner Architekt Thomas van den Valentyn, Schüler des Wiener Postmodernen Hans Hollein, ein Haus von kurzweiliger Eleganz, raffinierten Details, heiterer Gelassenheit gezaubert. Rotunde, Innenhof, Wintergarten machen diesen Beitrag zur Altstadtsanierung vermutlich zum Bonner Stammhotel sogenannter Individualreisender.

Königshof
Adenauerallee 9; Tel. 2 60 10.
Das erste Haus am Platze des alten Bonn liegt ruhig am Rhein. Nach Renovation und Modernisierung von zeitgemäßem Komfort des internationalen Hotelstandards.

Steigenberger Hotel
Am Bundeskanzlerplatz; Tel. 2 01 91.
Versuchen Sie, ein Zimmer nach Osten zu bekommen: Sie haben dann einen herrlichen Blick über Kanzleramt und Bundestag aufs Siebengebirge, denn das Hotel domiziliert im 13. bis 18. Stock des Bonn-Centers. Ganz oben Swimmingpool, Bar und Restaurant.

Mittlerer Komfort

Continental
Am Hauptbahnhof; Tel. 63 53 60/35.
Drunter die U-Bahn-Haltestelle, drumherum der Autoverkehr, gegenüber der Hauptbahnhof – das

Continental liegt wahrlich verkehrsgünstig. Hinter neudeutscher Sparkassen-Architektur – die Fassaden mit Metallplatten zu verkleiden pflegt – wohnen Sie in funktionalen Zimmern.

Kaiser Karl

Vorgebirgsstraße 56; Tel. 65 09 33.

Dieses Hotel paßt vom Stil und Konzept her eher an die Düsseldorfer Kö, Hamburgs Milchstraße oder Schwabings Schickeria-Laufstege: italienische Möbel, teure Tapisserien, venezianische Spiegel in den Zimmern – die ziemlich klein sind. Empfang wie in einem vornehmen Clubhaus, Limoges-Porzellan zum Frühstück.

Schloßpark-Hotel

Venusbergweg 27–31; Tel. 21 70 36/38.

Aussicht auf den Botanischen Garten oder das Poppelsdorfer Schloß, ruhige Lage, in der Mehrzahl geräumige Zimmer – Vorzüge eines der kleinsten unter den „großen" Bonner Hotels.

Sternhotel

Markt 8; Tel. 65 44 55.

Die Zimmer stammen aus einer Zeit, als „geräumig" noch kein Fremdwort in der Hotelarchitektur war. Das auf zeitgemäßen Komfort renovierte Haus steht direkt neben dem Rathaus am Markt, auf dem im „Bonner Sommer" allabendlich etwas los ist.

Godesburg-Hotel

Auf dem Godesberg; Tel. 31 60 71.

Drachenfels, Rolandsbogen, Rhein und Siebengebirge – sagen Sie bei der Reservierung, was Sie aus Ihrem Zimmer gern sehen möchten. Das an dem Fuß der Godesburg-Ruine gebaute Haus ist eine durchaus gelungene Verbindung von mittelalterlichem Gemäuer und moderner Beton-Glas-Architektur. Zum Komplex gehören Restaurant, Café und Weinstube für Ausflügler und Schaulustige.

Park-Hotel

Am Kurpark 1; Tel. 36 30 81.

Erschrecken Sie nicht, wenn Sie tagsüber ankommen: Abends verebbt der lärmige Autoverkehr. Aus einigen Zimmern wohltuender Blick in den Kurpark und dessen mächtige Wipfel. Im Haus, aber nicht zum Hotel gehörig, ein Tagescafé und eine Bierschwemme.

Rheinhotel Dreesen

Rheinstraße 45–49; Tel. 8 20 20.

Ein liebenswertes Relikt aus jener Zeit, da sich in Bonn noch Millionäre zur Ruhe setzten. Heute ist hier zum Beispiel Prinz Louis Ferdinand von Preußen Stammgast. Die – modernisierten – Doppelzimmer sind in der Größe der guten alten Zeit; aus der ist auch die Sitte geblieben, sonntags – gutbesuchten – Tanztee zu veranstalten. Reservieren Sie rechtzeitig, um ein Zimmer zum Rhein zu bekommen: grandioser Blick über den Strom aufs Siebengebirge.

Schloßhotel Kommende

Oberkasseler Straße 10; Tel. 44 07 34/36.

Die allerschönsten Zimmer in der ehemaligen Deutschordenskommende (siehe Seite 158) gehören zum Schloßmuseum und dienen dort der Ausstellung von fünf Jahrhunderten Wohnkultur. Die 18 Hotelzimmer vermitteln aber durch ihre elegante Möblierung immer noch angenehme Schloßatmosphäre. Schade, daß die Autobahn sich fast wie eine Schlinge um das historische Haus legt und auch den sonst herrlichen Blick auf Bonn beeinträchtigt. Zufahrt am besten über Flughafen-Autobahn oder Bonner Südbrücke bis zur Ausfahrt Stieldorf-Niederholtorf, von dort in die ausgeschilderte Richtung Ramersdorf bis zum Hinweis „Kommende".

Hier kann jeder gute Figur auf Bonner Parkett machen: Tanztee im Rheinhotel Dreesen

Novotel

Pascalstraße/Ecke Adenauerdamm; Tel. 5 20 10.

Spötter lästern, daß dieses Haus eigens für die vielköpfige Rüstungslobby gebaut worden sei, denn es liegt in unmittelbarer Nähe des Verteidigungsministeriums. Versuchen Sie, durch rechtzeitige Reservierung ein Zimmer nach Nordosten zu bekommen: Ausblick auf Rheintal und Bonn. Ein Haus mit dem Charme der internationalen Hotelstandardisierung.

Ausreichender Komfort

Altes Treppchen

Endenicher Straße 308; Tel. 62 50 04.

Das Hotel steht zwar an einer vielbefahrenen Straße, aber die Zimmer liegen ruhig nach hinten. Freundlicher Service.

Bergischer Hof

Münsterplatz 23; Tel. 63 34 41/42.

Im Zentrum, schräg gegenüber dem Münster, und in der Fußgängerzone gelegen; gut 300 Meter vom Hauptbahnhof.

Haus Hofgarten

Fritz-Tillmann-Straße 7; Tel. 22 34 82.

Gemeinschaftsräume von altdeutscher Gemütlichkeit der Jahrhundertwende, zentral, aber nicht am weitläufigen grünen Hofgarten, sondern in einem Häusermeer gelegen.

Schaumburger Hof

Am Schaumberger Hof 10; Tel. 36 40 95/96.

Unter dem Dach des Fachwerkhauses von 1755 schliefen und/oder zechten Beethoven, Alexander von ▷

INFO Mahlzeit: Nicht überall ist »Himmel und Erde« der Himmel auf Erden

Humboldt, Queen Victoria, Helmuth Graf von Moltke, Nietzsche. Die Attraktivität des Hotels erschließt sich Ihnen sofort, wenn Sie an einem schönen Sommerabend unter Linden auf der Rheinterrasse sitzen und über den Fluß auf das Siebengebirge schauen. Beeindruckende Weinkarte.

Und für **Rucksackreisende** mit Jugendherbergsausweis: Jugendherberge Bonn-Venusberg (Haager Weg 42; Tel. 28 12 00) und das Jugendgästehaus Godesberg (Horionstraße 60; Tel. 31 75 16).

Restaurants

Es gibt keine ausgeprägte rheinische Küche, jedoch typisch rheinische Gerichte sind:

- **Sauerbraten mit einer Sauce aus Rosinen, Schwarzbrot und Apfelkraut; das Originalrezept sieht Pferdefleisch vor.**
- **Himmel und Erde, Püree aus Kartoffeln und Äpfeln mit gebratener Blutwurst.**
- **Halver Hahn, ein Roggenbrötchen mit Mainzer oder Limburger Käse und Zwiebelringen.**

Im übrigen bitten die 125 Lokale Bonns ziemlich international zu Tisch: 27 Italiener konkurrieren mit 17 Chinesen, elf Balkanesen, zehn Griechen, fünf Franzosen, vier Spaniern, drei Koreanern, zwei Portugiesen und je einem Indonesier und Zyprioten. In den „besseren" Restaurants werden die Preise eher durch die große Zahl der Spesenesser als durch große Küchenleistungen bestimmt.

JANUAR	FEBRUAR	MÄRZ	APRIL	MAI	JUNI	JULI	AUGUST	SEPTEMBER	OKTOBER	NOVEMBER	DEZEMBER
1 MI	1 SA	1 SA	1 DI	1 DO	1 SO	1 DI	1 FR	1 MO	1 MI	1 SA	1 MO
2 DO	2 SO	2 SO	2 MI	2 FR	2 MO	2 MI	2 SA	2 DI	2 DO	2 SO	2 DI
3 FR	3 MO	3 MO	3 DO	3 SA	3 DI	3 DO	3 SO	3 MI	3 FR	3 MO	3 MI
4 SA	4 DI	4 DI	4 FR	4 SO	4 MI	4 FR	4 MO	4 DO	4 SA	4 DI	4 DO
5 SO	5 MI	5 MI	5 SA	5 MO	5 DO	5 SA	5 DI	5 FR	5 SO	5 MI	5 FR
6 MO	6 DO	6 DO	6 SO	6 DI	6 FR	6 SO	6 MI	6 SA	6 MO	6 DO	6 SA
7 DI	7 FR	7 FR	7 MO	7 MI	7 SA	7 MO	7 DO	7 SO	7 DI	7 FR	7 SO
8 MI	8 SA	8 SA	8 DI	8 DO	8 SO	8 DI	8 FR	8 MO	8 MI	8 SA	8 MO
9 DO	9 SO	9 SO	9 MI	9 FR	9 MO	9 MI	9 SA	9 DI	9 DO	9 SO	9 DI
10 FR	10 MO	10 MO	10 DO	10 SA	10 DI	10 DO	10 SO	10 MI	10 FR	10 MO	10 MI
11 SA	11 DI	11 DI	11 FR	11 SO	11 MI	11 FR	11 MO	11 DO	11 SA	11 DI	11 DO
12 SO	12 MI	12 MI	12 SA	12 MO	12 DO	12 SA	12 DI	12 FR	12 SO	12 MI	12 FR
13 MO	13 DO	13 DO	13 SO	13 DI	13 FR	13 SO	13 MI	13 SA	13 MO	13 DO	13 SA
14 DI	14 FR	14 FR	14 MO	14 MI	14 SA	14 MO	14 DO	14 SO	14 DI	14 FR	14 SO
15 MI	15 SA	15 SA	15 DI	15 DO	15 SO	15 DI	15 FR	15 MO	15 MI	15 SA	15 MO
16 DO	16 SO	16 SO	16 MI	16 FR	16 MO	16 MI	16 SA	16 DI	16 DO	16 SO	16 DI
17 FR	17 MO	17 MO	17 DO	17 SA	17 DI	17 DO	17 SO	17 MI	17 FR	17 MO	17 MI
18 SA	18 DI	18 DI	18 FR	18 SO	18 MI	18 FR	18 MO	18 DO	18 SA	18 DI	18 DO
19 SO	19 MI	19 MI	19 SA	19 MO	19 DO	19 SA	19 DI	19 FR	19 SO	19 MI	19 FR
20 MO	20 DO	20 DO	20 SO	20 DI	20 FR	20 SO	20 MI	20 SA	20 MO	20 DO	20 SA
21 DI	21 FR	21 FR	21 MO	21 MI	21 SA	21 MO	21 DO	21 SO	21 DI	21 FR	21 SO
22 MI	22 SA	22 SA	22 DI	22 DO	22 SO	22 DI	22 FR	22 MO	22 MI	22 SA	22 MO
23 DO	23 SO	23 SO	23 MI	23 FR	23 MO	23 MI	23 SA	23 DI	23 DO	23 SO	23 DI
24 FR	24 MO	24 MO	24 DO	24 SA	24 DI	24 DO	24 SO	24 MI	24 FR	24 MO	24 MI
25 SA	25 DI	25 DI	25 FR	25 SO	25 MI	25 FR	25 MO	25 DO	25 SA	25 DI	25 DO
26 SO	26 MI	26 MI	26 SA	26 MO	26 DO	26 SA	26 DI	26 FR	26 SO	26 MI	26 FR
27 MO	27 DO	27 DO	27 SO	27 DI	27 FR	27 SO	27 MI	27 SA	27 MO	27 DO	27 SA
28 DI	28 FR	28 FR	28 MO	28 MI	28 SA	28 MO	28 DO	28 SO	28 DI	28 FR	28 SO
29 MI		29 SA	29 DI	29 DO	29 SO	29 DI	29 FR	29 MO	29 MI	29 SA	29 MO
30 DO		30 SO	30 MI	30 FR	30 MO	30 MI	30 SA	30 DI	30 DO	30 SO	30 DI
31 FR		31 MO		31 SA		31 DO	31 SO		31 FR		31 MI

Sitzungswochen des Bundestages — Messe in Köln — Messe in Düsseldorf

Sind in Köln oder Düsseldorf große Messen, und die Parlamentarier samt Besuchergruppen in Bonn, dann werden zuweilen die Betten knapp. Für welche Zeit 1986 rechtzeitig Zimmer reserviert werden müssen, verrät dieser Kalender

Haute Cuisine

Ambassador

Im Hotel Steigenberger, Am Bundeskanzlerplatz/Bonn-Center; Tel. 2 01 91.

Das Restaurant mit der schönsten Aussicht in der Bundeshauptstadt. Die Küche ist phantasievoll, bemüht und modern – mit den Abstrichen, die man bei einem großen Hotel machen muß. Angenehmer Service, gute Weinkarte.
Samstagsmittags geschlossen.

Le Marron

Lengsdorf, Provinzialstraße 35; Tel. 25 32 61.

Der Küchenchef des Hauses hat bei hervorragenden Köchen gelernt. Der Patron müht sich, in der altdeutschen Rustikalität keine Gourmettempel-Steifheit aufkommen zu lassen. Der Grande cuisine angemessen ist die sehr respektable Weinkarte.
Vorbestellung nötig. Samstags und sonntagmittags geschlossen.

Petit Poisson

Zentrum, Wilhelmstraße 23a; Tel. 63 38 83.

Ein Bistro voller Plüsch. Man sitzt dicht aufeinander, wenn man nicht zu den Spezis des Hauses gehört. Die Küche wirkt leider so, als täte sie nicht mehr als nötig, dabei könnte sie, wenn sie wollte, dem Marron den ersten Platz streitig machen. Sehr gute Weinkarte.
Vorbestellung nötig. Sonntags und montags geschlossen.

Schaarschmidt

Zentrum, Brüdergasse 14; Tel. 65 44 07.

Kleines, aber feines Restaurant: Der Patron, an dessen Miniküche vorbei man zu Tisch geht, beschränkt sich weise auf eine Karte mit wenigen, aber gut komponierten Gerichten; dazu Tagesempfehlungen. Sehr gute Weinkarte.
Reservierung ist empfehlenswert. Samstagsmittags und sonntags geschlossen.

Der Wirt kocht selbst: Schaarschmidt

Griechisch

Delphi

Zentrum, Kapuzinerstraße 3; Tel. 65 50 80.

Gleich um die Ecke des Bonner Theaters, in den neuen Arkaden. Ein beliebter Treffpunkt für alle, die einen guten Appetit haben – oder, direkter gesagt: viel Fleisch für wenig Geld serviert haben wollen.

Italienisch

Caminetto

Zentrum, Römerstraße 83; Tel. 65 42 27.

Ein Italiener für Betuchte, bei dem die Ravioli publikumswirksam Maultaschen heißen – o weltläufiges Bonn ... Der Service tut ambitionierter, als die Küche ist. Vorbestellung abends empfehlenswert. Sonntags geschlossen.

Cäcilienhöhe

Bad Godesberg, Goldbergweg 17 (auf halber Höhe zum Heiderhof); Tel. 32 10 01.

Prachtvoller Blick über Godesberg und das Rheintal aufs Siebengebirge. Eine ziemlich eingedeutschte italienische Küche mit einer Neigung zu übertriebenem Knoblauchverbrauch. Beliebt bei prominenten Politikern, die keinen sonderlichen Ruf als Gourmets haben.
Reservierung ist empfehlenswert. Samstagsmittags und sonntags geschlossen.

Isola d'Ischia

Bad Godesberg, Brandenburgstraße 4a; Tel. 37 52 52.

Bekannt als „der Italiener beim ZDF". Zweimal die Woche kommt ganz frischer Fisch (aus Paris-Rungis), jeden Tag gibt's empfehlenswerte gemischte Teigwaren und Zuppa Inglese mit Zabaglione. Dieses Restaurant, das sich prominenten Zuspruchs erfreut, gilt vielen als bester Italiener in Bonn – ein, wenn's stimmt, relatives Kompliment.
Reservierung nötig. Montags geschlossen.

Koreanisch

Palais Seoul

Zentrum, Am Boeselagerhof 15; Tel. 63 77 34.

Eine für mitteleuropäische Verhältnisse ambitionierte ostasiatische Küche, die sich koreanisch gibt. Sonja Lee bereitet Vorspeisen von 5,50 (Sojasuppe) bis 14 Mark (Phan- ▷

In Ruhe gereift, in Ruhe genießen.
Das Herzstück edler Weine.
ALTER WEINBRAND
Scharlachberg
MEISTERBRAND
Das Herzstück edler Weine. Von Meisterhand aus Wein gebrannt.
38% vol
Scharlachberg Meisterbrand.
Von Meisterhand aus Wein gebrannt.

tasie aus Meeresfrüchten) und Hauptgerichte vom Schweinefleisch in scharfer Paprikasauce für 16 bis zum Tempura für 26 Mark. Sonntags geschlossen.

Sonstige

Zum Kapellchen

Zentrum, Brüdergasse 12; Tel. 65 10 52.

Ein Restaurant, das Anschluß an die kulinarische Spitzengruppe der Hauptstadt gefunden hat. Es gibt keine Gerichte der Grande Cuisine, aber Fisch und Fleisch sowie Vorspeisen und Desserts in interessanten und soliden Zubereitungen. Auf der Weinkarte angenehm viele Offene.
Sonntags geschlossen.

Korkeiche

Lannesdorf, Lyngsbergerstraße 104; Tel. 34 78 97.

Eines der gemütlichsten Restaurants der Bundeshauptstadt – wenn Sie nicht gerade an einem Tisch zwischen Küche und Toilette sitzen, wo die Laufkundschaft placiert wird. In dem schönen alten Fachwerkhaus unter Denkmalschutz wird Wert auf niedliches und nostalgisches Dekor gelegt. Schade, daß der Patron seinen Bekanntheitsgrad dazu nutzt, fürs Essen und Trinken erheblich höhere Preise zu nehmen als die Qualität es rechtfertigt. Stimmungsvolle Terrasse. Vorbestellung nötig. Nur abends geöffnet, montags geschlossen.

Maternus

Bad Godesberg, Löbestraße 3; Tel. 36 28 51.

In diesem stilvoll gemütlichen Restaurant saß wohl schon jeder mindestens einmal, der im Nachkriegsdeutschland etwas darstellt. Zu den Politikern, Wirtschaftsbossen, Journalisten und Künstlern der Bundesrepublik gesellen sich an den Nebentischen die Bonn-Besucher aus der großen weiten Welt. Gute Moselweine. Ach ja, die Küche: Am besten ißt man Hausmannskost.

Reservierung erforderlich. Sonntags geschlossen.

Die Gästeliste ihres Weinrestaurants ist ein internationales Who is who: Ria Maternus

NT

Zentrum, Martinsplatz (Kaiser-Passage); Tel. 63 37 14.

Das Mobiliar dieses „Nachrichten-Treffs" in der urbanen Boutiquenwelt soll englische Clubatmosphäre assoziieren: Mahagoni, Leder, Messing. Den Namen rechtfertigen ein Fernschreiber und viele Tageszeitungen. Die Küche bemüht sich um das, was ein gutes Bistro bietet.

Täglich geöffnet.

Weinhaus Muffendorf

Muffendorf, Muffendorfer Hauptstraße 37; Tel. 33 02 39.

Ein heimeliges Restaurant in ansehnlichem Fachwerk aus der Zeit um 1800. Karte mit bewährten Gerichten, gelobt werden die Saisonsalate und Terrinen.

Sonntags geschlossen.

Sightseeing

Der Scherz, daß Bonn nur halb so groß, aber doppelt so tot wie der Friedhof von Chicago sei, kann nur von Leuten erfunden worden sein, die sich für nichts als Politik interessieren. Gewiß, Bonn ist nicht mit Sehenswürdigkeiten vollgestopft wie Paris, Rom oder Wien, aber daß es dort weit mehr gibt als Bundeskanzleramt, Beethoven und Bundespresseball, das ist genau so wahr: Römisches, Mittelalterliches und Barockes, Herrschaftliches, Geistiges und Wissenschaftliches.

Zentrum

Altes Rathaus

Eine imposante doppelläufige Freitreppe dominiert das 1737/38 vom französischen Architekten Michel Leveilly erbaute „alte" Rathaus, das heute der städtischen Repräsentation dient. (Die Verwaltung sitzt in dem klotzigen, die Silhouette Bonns mitverschandelnden Stadthaus.) Im Hauptgeschoß des zweistöckigen Hauses mit ausgeprägtem Mansardendach residiert der Oberbürgermeister, der im Gobelinsaal mit französischen Wandteppichen aus dem 18. Jahrhundert festliche Empfänge geben kann. Die Eingangshalle zieren eine barocke Madonna aus Marmor und das sogenannte Wölfchen, in Wahrheit ein Löwe, der als Vorbild für das Stadtwappen diente. Der dreieckige Marktplatz vor dem Rathaus wird seinem Namen gerecht: Wochentags ist hier Markt. Zwischen Mai und September findet fast jeden Abend auf ihm eine Veranstaltung des „Bonner Sommers" statt.

Münster

Die Ursprünge des Münsters reichen weit zurück: Über einem Märtyrergrab des 3./4. Jahrhunderts entstand um 400 eine Saalkirche. Mehrmals wurde in den folgenden Jahrhunderten um- und ausgebaut, ansehnlicher wurde die Kirche aber dadurch nicht unbedingt. An der Westfront fügte man 1883 bis 1889 Portal, Ziergiebel und Obergeschosse der Flankentürme hinzu. Im Innern ist nicht mehr viel Mittelalterliches erhalten; am sehenswertesten: der romanische Kreuzgang aus dem 12. Jahrhundert – einer der besterhaltenen seiner Zeit in Deutschland. Ansonsten: Ostkrypta (11./12. Jahrhundert), Marmoraltäre (17./18. Jahrhundert), Sakramentshäuschen (1619), und Bronzestatue der heiligen Helena (um 1630), Rokoko-Holzkanzel (um 1750/60).

Universität

Die über 40 000 Studenten erfreuen sich eines besonders schönen Hauptgebäudes: Das Kurfürstliche Schloß, 1697–1705 von Enrico Zuccalli begonnen, 1715–1723 nach Plänen des französischen Architekten Robert de Cotte vollendet, war die Residenz des Kölner Kurfürsten Joseph Clemens und seines Nachfolgers Clemens August. Die Uni wurde 1818 vom preußischen König Friedrich Wilhelm III. gegründet. Sehenswert: die Schloßkirche (einst die Kapelle der erzbischöflichen Kurfürsten, im Louis-XVI.-Stil mit schöner Apsis und Akustik); und die vergoldete Madonnenstatue aus Blei über dem Südportal des Hauptgebäudes (Hofgartenseite).

Namen-Jesu-Kirche

1686–1717 für Jesuiten im Stil der „Jesuitengotik" erbaut, die vor allem gotische und – in geringerem Maß – romanisierende Stilelemente mit zeitgenössischem Barock verband. Zwei mächtige Türme, Kanzel von 1698, eindrucksvoller Freskenschmuck (Bonngasse 6–8. Führungen auf Anmeldung; Tel. 63 33 44).

Sammelsurium an Baustilen: Namen-Jesu-Kirche

Endenich

Schumannhaus

Die ehemalige Heil- und Pflegeanstalt des Ortsteils Endenich verwahrt heute einen großen Teil des Komponisten-Nachlasses – aus tragischem Grund: Der musikalische Repräsentant der deutschen Romantik verbrachte hier nach einem Selbstmordversuch die letzten beiden Lebensjahre als Pflegefall. Neben den Gedenkzimmern für Robert und Clara Schumann domiziliert die städtische Musikbibliothek. Die öffentlichen „Hauskonzerte" gehören zum Bonner Kulturleben (Sebastianstraße 182; Tel. 77 36 56. Besichtigung der Gedenkzimmer montags, mittwochs bis freitags 10–12, mittwochs und freitags 16–19, dienstags und donnerstags 15–18, sonn- und feiertags 10–13 Uhr).

Regierungsviertel

Villa Hammerschmidt

Nach einem gewissen Albert Troost, dem Zuckerindustriellen Leopold König und dem Geheimen Kommerzienrat Rudolf Hammerschmidt zog 1951 Theodor Heuss in den Präsidenten-Amtssitz der neuen Republik. Die 1863 bis 1865 in einem weitläufigen Park errichtete herrschaftliche weiße Villa ist heute mit wertvollem Mobiliar und bedeutender Kunst aus Leihgaben von Bundesländern, staatlichen Museen und Schlössern ausstaffiert. – Keine Besichtigung.

Kanzleramt

Bis 1976 regierten die Bundeskanzler aus dem **Palais Schaumburg**. Diese Villa erbaute 1858–1860 der Rentier Loeschigk, dessen Teilhaber im Samt- und Seidegeschäft Otto Wesendonck war, Ehemann der in Bonn beerdigten Richard-Wagner-Muse Mathilde.

1891 zog der preußische Generalmajor Prinz Adolf Wilhelm Victor zu Schaumburg-Lippe nach seiner Heirat mit Wilhelmine Victoria – Schwester Kaiser Wilhelms II. – ein und adelte die Villa Loeschigk zum Palais Schaumburg. 1939 wurde das Deutsche Reich Hausherr und quartierte Militär ein, das später der belgischen Armee weichen mußte, die hier bis 1949 ihren Führungsstab hatte. Dann amtierten in dem weißen Haus am Rhein fünf Kanzler und tagten elf Kabinette, ehe Helmut Schmidt in das **neue Kanzleramt** umzog.

Dieses zweistöckige Gebäude mit vier Trakten, einer Fassade aus getöntem Glas und bronzefarbener Aluminiumhaut, verbindet für Spötter den Charakter einer Konzernverwaltung mit dem Charme einer Gesamtschule. In den 240 Räumen der deutschen Machtzentrale sitzen etwa 420 der engsten Kanzlermitarbeiter. Keine Besichtigung.

Im Garten des Kanzleramtes eine zweiteilige monumentale Skulptur des englischen Bildhauers Henry Moore, die dessen Bewunderer Helmut Schmidt hat aufstellen lassen.

Bundeshaus

In den strengen Formen des Bauhauses ist die Keimzelle dieses Gebäudekomplexes für Bundestag und Bundesrat gehalten: die 1930 bis 1933 errichtete Pädagogische Akademie, in deren Aula heute der Bundesrat tagt.

Der Plenarsaal für den Bundestag ist 1949 angebaut worden – und größer als der im Berliner Reichstag. Da der Saal baufällig ist, plant das politische Bonn im Rahmen einer Neukonzeption des gesamten Regierungsviertels und einer Parlamentsreform ein neues Plenum; die Abgeordneten werden dann während der Bauzeit in einem benachbarten ehemaligen Wasserwerk tagen. (Besichtigung an sitzungsfreien Tagen jede volle Stunde montags bis donnerstags von 9–16, freitags von 9–14 Uhr, nur für Gruppen und nach schriftlicher Anmeldung. Teilnahme an Sitzungen des Bundestags nur nach mehrwöchiger vorheriger Anmeldung; Tel. 16 21 80).

Langer Eugen

Das 112 Meter hohe, 29stöckige Abgeordneten-Hochhaus am Rhein ist nach dem ehemaligen Bundestagspräsidenten Eugen Gerstenmaier benannt, der den Bürobau durchgesetzt hat. In dem Wolkenkratzerle des Architekten Egon Eiermann sind 345 Abgeordnete mit 395 Mitarbeitern und 150 Bedienstete der Bundestagsverwaltung untergebracht; jedes MdB teilt sich mit seinem Mitarbeiter ein Dienstzimmer von 5,5 x 3,7 Metern.

Rheinauepark

Der 160-Hektar-Park ist fast so groß wie die Bonner Innenstadt. 45 Kilometer Spazierwege, davon sechs Kilometer Rheinuferpromenade, führen zu 5000 Bäumen, 157 000 Forstgehölzen und einem Auensee, aber auch zu einem Rosen- und Steingarten. Der 2000 Quadratmeter große Blindengarten ist so bepflanzt, daß Tast- und Geruchssinn entwickelt und geschult werden können; notwendige Erläuterungen sind in Blindenschrift gegeben. Einer der Spazierwege ist als „römische Straße" mit 26 Repliken römischer Steindenkmäler aus dem Landesmuseum angelegt.

Poppelsdorf

Poppelsdorfer Schloß

Kurfürst Joseph Clemens, gleichzeitig Erzbischof von Köln, konzipierte es als Lustschluß – zu seinem bereits fertigen Stadtschloß (der heutigen Universität). Beide Residenzen wollte er durch einen romantischen Kanal verbinden, doch es reichte dann nur zu einer Kastanienallee, die noch heute jedes Frühjahr in schönster Blüte steht. Die 1715 nach Plänen des Pariser Hofarchitekten Robert de Cotte und des örtlichen Baumeisters Guillaume Hauberat begonnenen Bauarbeiten wurden 1723 durch den Tod des Kurfürsten unterbrochen. Vollendet wurde das Schloß unter seinem Nachfolger Clemens August – unter Mitwirkung von Balthasar Neumann. 1818 überließ der preußische König Schloß und Garten der neugegründeten Universität. Heute beherbergt das Schloß immer noch Institute der Uni, lädt zu Konzerten und lockt zu Spaziergängen im angrenzenden Botanischen Garten. Dort gedeihen Tausende von Pflanzenarten, sogar Ananas und Bananen – und jedes Jahr gilt das Erblühen eines Kaukasischen Mandelbaums als Einzug des Frühlings in Bonn.

Lengsdorf

Kreuzbergkirche

Diese barocke Wallfahrtskirche ist vor allem wegen ihres Anbaus international bekannt: wegen der 28stufigen Heiligen Stiege. Solche Treppen symbolisieren für Christen den Aufstieg des Menschen in den Himmel: Auf der mit Reliquien geheiligten Stiege rutscht der Gläubige auf Knien hoch zu einem Kreuzaltar und sieht dabei, wenn er aufblickt, an der gänzlich bemalten Decke den Himmel mit Gottvater. Architekt der 1746–1751 gebauten Bonner Treppe, deren Stufen aus rötlichem Lahnmarmor sind, war Balthasar Neumann, ihm assistierten bedeutende Maler und Stukkateure. Im Sommer geben in der Kirche berühmte Organisten aus aller Welt ▷

Auf daß Waldsterben ein Bonner Thema bleibt: Aktion von Umweltschützern im Rheinauepark

INFO Ordnung: Unten betete das Gesinde, oben Klerus und Adel

Orgelkonzerte (Kreuzbergallee; Tel. 28 50 03, die Kirche ist im Sommer täglich von 15 bis 17 Uhr geöffnet, die Stiege samstags und sonntags nach den Messen bis 17 Uhr, sonst nach Vereinbarung).

Bad Godesberg

Redoute

Als Gartenschloß für Maria Theresias 16. Kind, Maximilian Franz, erbaut und auch zwei Jahre lang, bis zum Einmarsch der französischen Truppen, genutzt. Nach wechselvoller Geschichte dient die festliche Redoute heute der Bundesregierung, dem Bundespräsidenten und anderen Notablen für große Empfänge. In dem spätklassizistischen Gebäude hat Joseph Haydn den jungen Beethoven kennengelernt, Rommel den Frankreichfeldzug geplant und Adenauer die Formulierung des Grundgesetzes gefeiert. Sie alle hatten ein bißchen Glück, denn eine Renovierung ergab 1972, daß die Statik falsch berechnet und das Fundament eigentlich zu schwach war. Nicht zu besichtigen.

Muffendorf

Ein malerisches Ensemble jahrhundertealter Fachwerkhäuser umrahmt die Hauptstraße des mitten im Grünen gelegenen Ortes aus karolingischer Zeit. Auffälligster Bau in der Straße ist die ehemalige Kommende, 700 Jahre lang Sitz eines Komturs (Vizechefs) des Deutschen Ritterordens. Jetzt residiert hier der belgische Botschafter. Keine Besichtigung.

Alt-St. Martin

Barocke Ausstattung, Rokoko-Hochaltar. Die frühromanische Kirche wurde im 17. Jahrhundert gänzlich umgebaut, nur Chorus und Apsis sind in der ursprünglichen Form erhalten (Martinstraße; Tel. 32 28 77. Sonntags geöffnet, sonst auf Anmeldung).

Vilich

Wasserburg Lede

Von Vilich, einst Hauptort dieser Gegend und heute zum Stadtteil Beuel gehörend, führt eine Pappelallee zur Wasserburg Lede, deren Bau im 13./14. Jahrhundert errichtet, 1583 zerstört und erst Anfang dieses Jahrhunderts wiederaufgebaut wurde. Malerisches Gemäuer in einem anheimelnden Park.

Romantisch aus Bruchstein: Burg Lede

Schwarz-Rheindorf

Doppelkirche Schwarz-Rheindorf

Ihr richtiger Name: St.-Klemens-Kirche, aber man kennt sie als die Doppelkirche Schwarz-Rheindorf. Ein originelles Gotteshaus im spätromanischen Stil, 1151 geweiht: Hier wurden zwei Kirchen übereinander gebaut, die durch eine achteckige Öffnung unter der Kuppel verbunden sind. Die Unterkirche hatte Graf Arnold von Wied als Kölner Erzbischof fürs Gesinde, die Oberkirche für sich und seinesgleichen angelegt. Unten sind kunstgeschichtlich bedeutende romanische Wandmalereien (über Visionen des Propheten Hesekiel) zu sehen, in der Oberkirche die Offenbarung des Johannes (Dixstraße; Tel. 46 16 09. Geöffnet montags bis samstags von 9 bis 18.30, sonntags von 12 bis 18.30 Uhr).

Ramersdorf

Kommende Ramersdorf

Auf der Hinterlassenschaft der Deutschordenskommende, einer der ältesten Niederlassungen des Deutschen Ritterordens am Rhein, 1254 erstmals erwähnt und bis 1806 im Besitz des Deutschen Ritterordens, ließ sich 1884 der Kölner Bankier von Oppenheim einen Herrensitz im Stil der Gründerzeit bauen – vom selben Pariser Architekten namens Hoffmann, der auch die Drachenburg entwarf (siehe Seite 175). Heute ist die Kommende Schloßhotel, Café und Restaurant, Museum, Teppichgalerie und Antiquitäten-Kabinett. Schöner Blick auf und über Bonn.

Museen

Nicht alle Bonner Museen sind bildend, aber jedes ist beeindruckend. Die museale Palette reicht von Beethovens Geburts- zu Ernst Moritz Arndts Sterbehaus, von einer Meteoritensammlung bis zum „Postwertzeichenarchiv". Als Bundeshauptstadt profitiert Bonn außerdem davon, daß viele Botschaften und Konsulate Künstler ihrer Länder präsentieren.

Archäologie & Geschichte

Der Schädel eines Neandertalers um 50 000 vor Christus und der Grabstein des römischen Hauptmanns Caelius, einziger nicht literarischer Beweis für die Varus-Schlacht im Teutoburger Wald, sind Prunkstücke des 1820 gegründeten Museums rheinisch-westphälischer Altertümer bei der Universität Bonn, das heute **Rheinisches Landesmuseum** heißt (Colmantstraße 14–16; Tel. 63 21 58. Geöffnet dienstags, donnerstags und freitags 9–17, mittwochs 9–20, samstags und sonntags 10–17 Uhr). Seine Exponate erzählen die regionale Kulturgeschichte von der Steinzeit über die Römer bis zum Mittelalter. Daneben ist Kunst vom 15. bis zum 20. Jahrh. zu sehen. Außerdem präsentiert der Museumsdirektor und Journalist Klaus Honnef aktuelle Avantgarde aus Europa und Übersee, Malerei ebenso wie Fotografie und Skulptur.

Antikes

Etwa 1500 Abgüsse von antiken Originalplastiken aus allen bedeutenden Antikensammlungen der Welt präsentiert das **Akademische Kunstmuseum** (Am Hofgarten 21; Tel. 73 77 38. Geöffnet sonntags bis dienstags von 10–13, donnerstags von 16–18; sonntags um 11 Uhr Führungen, außer an Feiertagen). Weiterhin zeigt es griechisches Kunsthandwerk des 3. und 4. Jahrhunderts nach Christus im Original und Römisches: Vasen, Terrakotten, Bronzen, Marmornes.

Ernst Moritz Arndt

Rheinromantik dominiert in der regionalgeschichtlichen Bildersammlung und beim Kunstgewerbe im Ernst-Moritz-Arndt-Haus (Adenauerallee 79. Geöffnet täglich außer montags von 10–17 Uhr). In dem Wohn- und Sterbehaus Arndts sind auch kleinere kulturgeschichtliche Wechselausstellungen und Reminiszenzen an den Historiker und Dichter in dessen Biedermeier-Ambiente zu sehen.

Beethoven

Die Hinterhof-Dachstube, in der Ludwig van Beethoven 1770 geboren worden ist, gehört heute zu dem Gedächtnisstättenkomplex **Beethovenhaus**, Bonngasse 20; Tel. 63 51 88. Geöffnet von April bis September wochentags 9–13 und 15–18 Uhr, sonn- und feiertags 9–13; von Oktober bis März wochentags 9.30–13 und 15–17, sonn- und feiertags 9.30–13 Uhr. Zu betrachten sind hier Gesichts- und Totenmaske, der Spieltisch der ersten Orgel, die das Wunderkind Beethoven beherrschte, und sein letzter Flügel, Portraits und fast 500 Originalhandschriften des Komponisten.

Blick auf die Büste: Beethovenhaus

Im Nachbarhaus zur Rechten pflegt das **Beethovenarchiv** als wissenschaftliche Forschungsstätte Handschriften sowie Notendrucke und bereitet die Gesamtausgabe der Briefe, Skizzenbücher und vollendeten Werke des Komponisten vor. Unter den verwahrten Briefen finden sich auch Mitteilungen, daß Beethoven Eier verschwendet und gern Karpfen gegessen habe. Besichtigung nur nach Vereinbarung.

Preußischer Kulturbesitz

Als eine Art Schaufenster Berlins in Bonn nutzt die Stiftung Preußischer Kulturbesitz das **Wissenschaftszentrum** (Bad Godesberg, Ahrstra- ▷

Altersvorsorge, Versicherungen, Bausparen und Investment.
Durchblicken.
Entdecken.
Wer als Besucher in Bonn die Augen offenhält, findet viel Beachtenswertes. Wer im Leben nach vorn schaut und durchblickt, überläßt seine Zukunft nicht dem Zufall.
Mit der Iduna läßt sich die Zukunft sicherer machen durch Absicherung nach Maß. Die Iduna hat die richtigen Versicherungen für Sie. Bei der Iduna finden Sie die richtige Baufinanzierung.
Mit der Iduna erschließen Sie sich die richtigen Investment- und Anlagemöglichkeiten. Vor allem aber hat die Iduna den richtigen Gesprächspartner für Sie – 20.000 mal im Bundesgebiet, unter „Iduna" in Ihrem Telefonbuch.
Der Iduna-Fachmann berät Sie detailliert und ausführlich.
Er hilft Ihnen, Ihren persönlichen Rahmen auch in Zukunft zu sichern.
Weitere Informationen: Iduna, Hauptverwaltung, Abt. IS, Postfach 30 27 61, 2000 Hamburg 36.
IDUNA
Immer der richtige Rahmen
O.O.P.& P. HAMBURG

ße 45, Ecke Kennedyallee; Tel. 30 20. Geöffnet sonntags bis freitags 10–17, donnerstags bis 19 Uhr). Sie stellt hier häufig eines ihrer vielfältigen Sammelgebiete zur Schau.

Naturkunde

Es enthält die größte Sammlung an ostasiatischen Schmetterlingen der Welt, 80 000 ausgestopfte Vögel und 30 000 Säugetiere sowie zahlreiche Dioramen von Tieren in ihren natürlichen Lebensräumen – doch trotz dieses eindrucksvollen Bestands ist das **Museum Alexander Koenig** (Adenauerallee 150–164; Tel. 21 10 26/28. Geöffnet dienstags bis freitags 9–17, samstags und sonntags 9–12.30 Uhr, feiertags geschlossen), eher als Gastgeber für den Parlamentarischen Rat am 1. September 1948 bekanntgeworden denn als eines der drei bedeutendsten zoologischen Museen Deutschlands (neben dem Frankfurter Senckenberg- und dem Stuttgarter Naturkunde-Museum).

Tierisches: Museum Alexander Koenig

Briefmarken

Eine der größten philatelistischen Sammlungen der Welt enthält das sogenannte **Postwertzeichenarchiv** (Adenauerallee 81; Tel. 14 91 67. Geöffnet sonntags von 10–13, mittwochs von 9–15 Uhr, feiertags geschlossen) im Bundespostministerium. In zweimonatigem Wechsel werden die Briefmarken der einzelnen Mitgliedsländer des Weltpostvereins gezeigt.

Edle & andere Steine

Vor allem die Schmucksteine und die Meteoritensplitter sind sehenswert für die wenigen unprofessionellen Besucher, die sich ins **Mineralogisch-Petrologische Museum** (Poppelsdorfer Allee; Tel. 73 27 61. Geöffnet mittwochs von 15–17, sonntags von 10–12 Uhr; für Gruppen bei rechtzeitiger Anmeldung auch zu anderen Zeiten) der Uni im Poppelsdorfer Schloß verirren. Dabei schätzen es Fachleute als eine der bedeutendsten Mineraliensammlungen.

Galerien

Bonns Kunstszene ist klein, aber fein. Nicht provinziell, sondern Terrain für Kenner, die sich neben den gerade in Mode befindlichen Spielarten gegenständlicher Malerei vor allem in weniger kommerziellen Kunstformen zurechtfinden, etwa Video, Konzeptkunst, Skulptur oder Fotografie.
Sein Renommee als kunstfreundliche Bundeshauptstadt hat sich Bonn in den siebziger Jahren erkämpft, als dank eines beispielhaften Förderungssystems die kommerzferne Avantgarde am Rhein blühte. Aus jener Zeit rühren noch die freundschaftlichen und treuen Beziehungen der Bonner Galeristen und Museumsleute gerade zur deutschen Kunstszene.
Internationalen Zuspruch erhofft man sich von dem Neubau des Kunstmuseums und von der geplanten Bundeskunsthalle.

Galerie Klein

Königstraße 71; Tel. 21 77 40.
Geöffnet montags bis freitags von 10–13 und von 15–18.30 Uhr.

Das kleine Stadthaus der Galerie, in unmittelbarer Nähe des Poppelsdorfer Weihers gelegen, stammt aus der Gründerzeit.
Das Galerienprogramm zeigt hochkarätige Arbeiten der Gründerväter heutiger Kunst. Schwerpunkt sind die Pioniere der rheinischen Kunstszene, die von Erhard Klein schon vor ihrem Export nach Übersee treu vertreten wurden, von den Düsseldorfern Joseph Beuys und Ulrich Rückriem bis zu den Kölnern Jürgen Klauke und Sigmar Polke.

Galerie Lempert

Prinz-Albert-Straße 38;
Tel. 21 07 61.
Geöffnet montags bis freitags von 10–18.30, samstags von 10–13 Uhr.

Ein Unikum nicht nur für die Bonner Kunstszene: Fritz Lempert führt ausschließlich Künstlerplakate, und das in allen Preis- und Qualitätsstufen, von jung und alt, aus allen Zeitperioden. Vom „Wilden“ für 20 Mark über Hundertwasser und Chagall reicht das Angebot bei einem Durchschnittspreis zwischen 50 und 100 Mark bis zum signierten Picasso-Linolschnittplakat für immerhin 8000 Mark.

Setzt auf klassische Moderne: Galerist Pudelko

Galerie Hennemann

Poppelsdorfer Allee 17;
Tel. 22 37 69.
Geöffnet dienstags bis freitags von 11–13 und von 15–18, samstags von 11–14 Uhr.

Die fünfziger Jahre kommen wieder in Mode: Auf die gegenständliche „wilde“ Malerei folgt das Abstrakte, und die Galerie von Marion Hennemann, treue Anwältin des deutschen Informal, steht vor ihrem dritten Frühling. Wer die abstrakte Poesie eines Meistermann, Schuhmacher oder Fred Thieler liebt, findet bei Hennemann eine der besten Adressen mit größter Auswahl.

Galerie Magers

Händelstraße 13; Tel. 65 05 75.
Geöffnet dienstags bis freitags von 15–18.30 Uhr und nach Vereinbarung.

In den siebziger Jahren war die Galerie von Philomene Magers ein wichtiger Treffpunkt der internationalen Video-Avantgarde. Und auch heute noch, wo Video wieder in Mode kommt, ist die Galerie Magers eine der besten Video- und Installationsadressen Deutschlands.

Galerie Pudelko

Heinrich-von-Kleist-Straße 11;
Tel. 22 42 30.
Geöffnet montags bis freitags von 10–13 und 15–18.30, samstags von 10–14 Uhr.

Weiterhin Bonns Prestigegalerie, mit einem der Bundeshauptstadt würdigen Programm. Aktuelle Kunstrichtungen werden fast gänzlich ausgespart, – man hält sich an die etablierten Werte der klassischen Moderne. Mit der Eleganz eines Diplomaten präsentiert der Hausherr die Malerei des 20. Jahrhunderts von Picasso bis Sam Francis – gewürzt durch vier bis fünf Einzelausstellungen pro Jahr.

Raum für Newcomer und Kommerzmuffel: Raum 41

Raum 41

Wolfstraße 41; Tel. 69 32 58.
Geöffnet montags bis freitags von 15–18, samstags von 11–13 Uhr.

Der von Walter Smerling vor gut einem Jahr neueröffnete Raum 41 ist gleichzeitig Galerie und Tummelfeld der Talente abseits der Kommerz-Szene. Thematische Gruppenausstellungen wechseln ab mit Bildhauer-Shows oder Neuentdekkungen farbenfroher Jungwilder der dritten Generation.

Neben dem eher beschaulichen Bummel durch die Bonner Galerienszene kann ein Rundgang durch Bonns **Museen für zeitgenössische Kunst** ein echter Arbeitsgang werden. Denn als besonders bezuschußte Bundeshauptstadt kann sich Bonn gleich drei kleine, aber ehrgeizige Ausstellungshäuser mit hochkarätigem Programm leisten, in Erwartung der bis jetzt nur geplanten Kunsthalle. Die wichtigste permanente Sammlung befindet sich im **Städtischen Kunstmuseum** (Rathausgasse 7; Tel. 77 36 86. Geöffnet täglich außer montags und freitags von 10–17 Uhr, dienstags und donnerstags von 10–21 Uhr). Zu sehen gibt es sechs Dutzend Werke von August Macke, sehr viel von Joseph Beuys sowie Sehenswertes von Gotthard Graubner, Konrad Klaphek, Bernhard Schultze. Außerdem: Wechselausstellungen über regionale Kunstgeschichte, junge Aktualität oder auch Klassiker der ersten Jahrhunderthälfe.

Der **Bonner Kunstverein** (Adenauerallee 7; Tel. 22 48 00. Geöffnet dienstags, mittwochs und freitags von 10–17, donnerstags bis 19, samstags und sonntags von 11–13 Uhr), idyllisch in kleiner Villa gelegen, bemüht sich um die Bonner Künstlerszene, die überregional noch kaum von Bedeutung ist. ▷

Sesselrücken: In Bonner Theatern sitzt

Shopping

Bonn hat zwar nicht das modische Flair einer Weltstadt, hat auch keine prägende Gesellschaft oder hauptstädtische Trendsetter, aber nach Düsseldorf muß nicht mehr fahren, wer aus der Bonner Biederkeit ausbrechen, à la mode sein, seine vier Wände zieren oder seinen Bildungshunger stillen möchte.

Wer Altes mag, kann bei **Barbara Fahr** (Friedrichstraße 37; Tel. 65 34 93), Silber, Jugendstil und Art deco kaufen. Auch **Reschke und Obermeyer** (Wesselstraße 14; Tel. 65 28 03) offerieren alten Schmuck, Silber, stilechte Möbel verschiedener Epochen, Gemälde von Nachimpressionisten und Expressionisten.

Die **Universitätsbuchhandlung Bouvier** (Am Hof 32; Tel. 72 90 10) beweist, daß Bonn eine lesefreudige Stadt ist: Die Professoren und Studenten, oder auch das Bonner Bildungsbürgertum sowie gehobene Ministerialbürokraten, aufgeschlossene Diplomaten, bildungsbeflissene Journalisten und der eine oder andere Politiker haben Bouvier – laut eigenen Angaben – zur zweitgrößten Buchhandlung der Bundesrepublik (nach Hugendubel in München) gemacht. Ungefähr 150 000 Titel stehen in den Regalen.

In der **Kleinen Vitrine** (Bad Godesberg, Moltkestraße 52; Tel. 35 74 34) finden Sie schnell eine Kleinigkeit als Mitbringsel für Leute, die schon alles haben, und beim **Steckenpferd** (Bad Godesberg, Am Fronhof 10, Altstadtcenter; Tel. 35 15 60) gibt's alles für den Reiter: vom modischen Accessoire über Breeches, Fellshampoo, Jodpur-Hosen und Maßsättel bis zum Zylinder für die große Dressurprüfung.

Wer das Besondere sucht, kann es in der **Galerie Dr. Mohammady** (Bad Godesberg, Max-Franz-Straße/Ecke Burgstraße; Tel. 36 46 85) finden. Dr. med. (a. D.) Mohammady präsentiert edle und ethnologisch interessante Teppiche, vornehmlich alte, turkmenische, kaukasische und persische. Im Antiquitäten-Angebot besonders englische Kleinmöbel, Louis-XVI.-Kommoden, Silber und Porzellan.

Exotisches: Galerie Dr. Mohammady

Der Künstler und seine Köpfe: Pannwitz

Wer seinen Kopf neu stylen lassen will, ist bei **Pannwitz** (Martinsplatz 2a, Kaiser-Passagen; Tel. 65 35 06) richtig. Manfred Pannwitz gehört zu jener internationalen Garde der Friseure, die von Beruf Hairstylisten sind. Pannwitz und sein Team brillieren regelmäßig beim Schaufrisieren in der Alten und der Neuen Welt, was er durch unübersehbar viele Urkunden aus München oder New York demonstriert. Man spricht im Salon englisch und französisch und komplettiert das Angebot mit einem Sonnenstudio.

Alles, damit man fest im Sattel sitzt: Steckenpferd

Bonner Bühnen

Keine Stadt in der Bundesrepublik bietet ihren Bewohnern, relativ gesehen, so viele Theaterplätze wie Bonn – das ist allerdings noch keine künstlerische Leistung. Doch die könnte darin zum Ausdruck kommen, daß die „Bühnen der Stadt Bonn" mit ihrem Großen Haus für Schauspiel, Oper und Ballett unter allen deutschen Großstädten „die beste Theaterplatzausnutzung" aufzuweisen haben. Vielleicht deswegen, weil der Abstand zur Bühne in diesem Großen Haus nirgends mehr als – für Theaterleute ideale – 25 Meter beträgt? Oder doch eher deshalb, weil Millionen aus der Bundeskasse einen international vorzeigbaren Kulturbetrieb in Szene setzen sollen?

Oper

„Bonn steht auf der gleichen Stufe", urteilt Renata Scotto, eine der gefeierten Sopranistinnen der New Yorker Met, „wie Hamburg, München oder Berlin." Das ist auch ein Erfolg des Generalintendanten: Der ehrgeizige Elsässer Jean-Claude Riber (siehe Seite 72) hat persönliche Beziehungen zu internationalen Stars: Und so singt Peter Hofmann den Parsifal, Maria Chiara die Aida und José Carreras den André Chénier. Opern werden grundsätzlich in den Sprachen der Original-Libretti gesungen (Großes Haus, Am Boeselagerhof 1; Tel. 77 36 68).

Theater

Außer im **Großen Haus** – 896 Sitze, Marmor in der Eingangshalle, Zebranoholz an den Wänden, künstlerische Accessoires vom Holzschneider HAP Grieshaber, Lichtplastiker Otto Piene und vom Bildhauer Erich Hauser – wird auf der **Werkstattbühne** (Rheingasse; Tel. 77 36 80, vorwiegend Avantgardistisches), in den Godesberger **Kammerspielen** (Bad Godesberg, Am Michaelshof 9; Tel. 36 30 99, vor allem prominent besetzte Tourneen und Ballett) und in der **Beueler Schauspielhalle** (Siegburger Straße 42; Tel. 72 84 10) einer ehemaligen Jutefabrik, inszeniert. In Beuel zumeist Theater, das seinen Effekt aus großzügigen Raumwirkungen bezieht – wie „Die letzten Tage der Menschheit" von Karl Kraus.

Das Angebot der städtischen Theater wird durch mehrere **private Bühnen** ergänzt:

Das **Contra-Kreis-Theater** (Am Hof 3–5; Tel. 63 23 07), geleitet von Katinka Hoffmann und Horst Johanning, bietet ambitionierte Boulevardstücke. Während der Saison wird jeden Freitag ab 23 Uhr der Versuch unternommen, in Bonn ge-

nug informative Unterhaltung und unterhaltsame Information für eine Talkshow mit Entertainement aufzubieten – Prominenz zumindest treibt dies „Bonnfetti" regelmäßig auf.
Auf Schauspiel und Musicals ist Godesbergs **Kleines Theater** im Park (Bad Godesberg, Koblenzer Straße 78; Tel. 36 28 39) programmiert; Leitung: Walter Ullrich.
Bonns kleinste Bühne, das **Eurotheater Theater Central** (Mauspfad 9, Tel. 65 29 51), spielt für maximal 51 Zuschauer alles, was klein und fein ist: vom „Urfaust" bis zu Fremdsprachigem.
Für Kinder und Teenager: das Beueler **Theater der Jugend** (Beuel, Hermannstraße 50; Tel. 46 36 72). In einem früheren Kino wird für Kinder ab sechs, aber auch für deren Eltern gespielt.

Kabarett

Kabarettistisches, das eher von witzigen, schauspielerischen Einfällen als tagespolitischen Pointen lebt, bietet die **Springmaus** – eine buntzusammengewürfelte Truppe des Kanadiers William Mockridge, der seit Jahren dem Ensemble des Bonner Theaters angehört. (Haus der Springmaus, Oxfortstraße, zwischen Nummer 10 und 12; Tel. 65 43 11).

Schauspiel fast hautnah zu erleben: Eurotheater Theater Central

Und wie bekommt man Karten?
Für die Bühnen der Stadt Bonn ab acht Tagen vor der jeweiligen Vorstellung an der Theaterkasse am Mülheimer Platz montags bis freitags von 11–13 und 16–18, samstags von 11–13 Uhr. Telefonische Bestellungen montags bis freitags von 13.45–16 und samstags von 11–13 Uhr unter 77 36 66/67.
Für die anderen Bühnen gibt's Karten an den Theaterkassen:
- Kammerspiele: montags bis samstags von 15–19 Uhr (Theaterplatz).
- Contra-Kreis-Theater: montags von 10–14, dienstags bis freitags von 10–20, samstags von 10–13 und 18–20, sonntags 18–20 Uhr.
- Kleines Theater: täglich von 16–19 Uhr.
- Theater der Jugend: montags bis samstags 9–11 Uhr, und in „der kleine Laden" (Sternstraße 95; Tel. 63 43 35).

Konzerte

Das Städtische Kulturamt organisiert **Sinfonisches:** Die 121 Musiker des Orchesters der Beethovenhalle treten allein in ihren beiden Konzertreihen an 21 Abenden im Jahr auf, oft unter namhaften Gastdirigenten. Gelegentlich geben sie sonntagvormittags kostenlose Fa- ▷

Vielseitig verwendbar: In der Beethovenhalle ertönt Klassisches und Modernes, tanzt die Presse und tagen Politiker

milienkonzerte in der Beethovenhalle, als Einführung in die Welt der Musik.
Kammermusik: Konzerte im Studio der Beethovenhalle, in der Aula des Konrad-Adenauer-Gymnasiums in Bad Godesberg, in der Redoute in Bad Godesberg und im Festsaal der Universität (Hauptgebäude).
Hauskonzerte im Schumannhaus: Werke von Beethoven bis Webern.
Orgelkonzerte: In der Kreuzberg- und in der Kreuzkirche.
Kirchenkonzerte: In der Namen-Jesu-Kirche in St. Joseph und St. Remigius.
Schloßkonzerte: Im Poppelsdorfer Schloß – unter anderem Höfische Tafelmusik.
Beethovenfest: Alle drei Jahre tritt die Crème der internationalen Beethoven-Interpreten in Bonn auf: 1986 voraussichtlich vom 7. bis 29. September.
Informationen über das städtische Konzertangebot unter Tel. 77 45 18/89. Karten an der Konzertkasse Mülheimer Platz 1 (montags bis freitags 11–13 und 16–18, samstags 11–13 Uhr; telefonische Bestellungen unter 77 36 66/67 montags bis freitags 13.45–16, samstags 11–13 Uhr).
Private Veranstalter bieten zusätzlich:
Akademische Konzerte: mit international bekannten Orchestern und Solisten.
Pro Musica: Kammermusik-Zyklen, Solisten-Auftritte.
Informationen über diese „Konzertrabofsky-Abende“ unter Tel. 66 20 01 dienstags bis freitags 9–13 Uhr. Karten in mehreren Bonner Geschäften, telefonisch unter 65 50 88 montags bis freitags 9–12 Uhr oder unter 63 85 86 während der Ladenöffnungszeiten.
Konzerte im Bahnhof Rolandseck: Kleines, aber feines Programm der Agentur „arts & music“. Informationen unter 0 22 28/5 78, Karten auch unter 0 22 28/73 65.

Bonner Sommer

Unter dem Motto „Kultur, Spaß und Provokation“ finden von Mai bis September rund 220 Veranstaltungen des „Bonner Sommer“ statt, zumeist unter freiem Himmel und immer bei freiem Eintritt.

Das Programm reicht von Filmdiskussionen im Innenhof des Poppelsdorfer Schlosses bis zum Rock-Festival im Rheinauenpark, von „Literatur zum Anfassen“ bis zur Oper alternativ, vom Festival der Fanfaren bis zu Frauen spielen Musik von Frauen, von „Europäischen Glanzlichtern der leichten Muse“ im Eurotheater Theater Central bis zur „Musik im Park“ für junge Leute an jedem Mittwoch im Godesberger Stadtpark.

Programmhefte gibt's ab Ende April bei allen städtischen Auskunfsstellen – so beim Stadthaus, Alten Rathaus oder der Touristeninformation der Cassius-Bastei.

Nationales und Internationales: französisches Maskenspiel beim Bonner Sommer

Alternative Kultur

Um alles, was im herkömmlichen Bonner Kulturbetrieb nicht auf die Bühnen und in die Volkshochschule kommt, bemüht sich das „Kultur Forum“ im Bonn-Center am Bundeskanzlerplatz: vom „Kino gegen den Strich“ bis „Folklife“, vom Amateurtheater bis zu Amnesty-International-Dokumentationen, vom Multi-Media-Spektakel bis zum Tanzschulabend (Infos: Tel. 77 45 17 zu Bürozeiten der Stadtverwaltung, Karten: Tel. 21 25 21 an Veranstaltungstagen ab 18 Uhr).

Wo Seite an Seite Berühmtheiten ruhen

Ein Gang über Bonns »Alten Friedhof« ist ein Schritt auf Kulturland: Geschichtsunterricht zwischen Engeln und irdischen Größen

Marmorne Elfen – steinerne Engel. Über den Gräbern liegt der Geruch von Hopfen. Lastwagen lassen die Motoren aufheulen, wenn sie durch das Tor der nahe gelegenen Brauerei fahren. Verkehrslärm zweier Hauptstraßen und das Rattern der Eisenbahnzüge haben die Ruhe verdrängt: Der Alte Friedhof von Bonn liegt mitten in der Stadt.
Ein paar Touristen streifen mit ausgefalteten Lageplänen an den efeuüberwucherten Gräbern vorbei. Ein Gärtner kehrt das Laub unter der uralten Eiche zusammen, die der Dichter Ernst Moritz Arndt einst aus Rügen kommen ließ. Die Berber aus dem gegenüberliegenden Obdachlosenasyl suchen sich ein lauschiges Plätzchen, an dem sie ihren Wermut trinken können.
Dennoch, gestört wird die melancholisch-sanfte Atmosphäre auf dem Alten Friedhof weder durch vorbeibrausende Autos noch durch skurrile Besucher. Gewaltige Buchen werfen ihre Schatten auf die marmornen Büsten von Komponisten und Schriftstellern, Philosophen und Politikern. Dabei war die illustre Ruhestätte, heute Zeugnis einstiger Bonner Geistesgröße, ursprünglich eher Ab-

Pilgerstätte für Cineasten: Rex

Kinos

Das einzige unter Denkmalschutz stehende Lichtspieltheater der Bundesrepublik, das **Metropol** am Markt, macht noch keine Filmstadt. Die großen Publikumsfilme starten inzwischen auch schon in der Kinoprovinz – also auch in Bonn –, dort muß man nach Programmkinos indessen recht lange suchen. Finden wird man zwei: Doch kaum ein Klassiker verirrt sich in das durchweg aktuelle Programm von **Atlantis 1 und 2** (Kesselgasse, zwischen Friedrichstraße und Oxfordstraße); der etwas heruntergekommene Charme des Interieurs und die bisweilen experimentierfreudige Filmauswahl zeichnen das **Rex** (Frongasse, Endenich) aus. Wer früh kommt, kann – trotz Einheitspreis – einen der vier alten Lehnsessel auf der Empore ergattern.

Nightlife

Großstadtbeleckte Nachtbummler werden der Bonner Kneipenszene wahrscheinlich so viel Vitalität zugestehen wie einem Päckchen tiefgefrorener Fischstäbchen.
Wer dagegen nach irren Tönen und nach schrillen Farben sucht, der findet in Bonn nur das Graue. Dabei böten ein imposanter Jung-Frauenüberschuß und eine amtlich bestätigte Junggesellen- und Strohwitwerschwemme die ideale Voraussetzung für einen babylonischen Sündenpfuhl. Doch Otto Nachtnormalverbraucher ist ein hochmanierlicher, angehender Nachwuchsjurist, dem der Sinn nach Haben, nicht nach „in"-Sein steht, und seine typische Antipodin ist eine kreuzbrave Stenotypistin.
Bonns nächtliche Stärken sind daher immer noch die bier- und weinseligen Studentenpinten. Erfreulich für alle, die im Dunkeln tappen: vielerorts Zechen zu Dumping- ▷

schiebe-Areal. Als sie 1715 vom Kölner Kurfürsten Joseph Clemens eingeweiht wurde, sollte sie Begräbnisstätte „vor gemeine Einwöhner, Passanten und Soldaten" werden. Im Leben wie im Tode blieben Bürger und Plebs getrennt – wer es sich leisten konnte, ließ seine Angehörigen auf dem Kirchhof von Sankt Remigius zu Grabe tragen. Und erst 1787 wurde der Friedhof „vor der Sternenpforten" zur letzten Ruhestätte für alle Bonner Verstorbenen: die anderen Kirchhöfe waren inzwischen restlos überfüllt.
Fortan wurde der Geist des humanistischen Bürgertums festgehalten in Denkmälern aus Carrara-Marmor – und jede Stilrichtung ist vertreten. In Adolf von Donndorfs prächtigem Grabmal für Robert Schumann wird strenger Realismus mit Allegorisch-Mythischem verbunden: Unter dem Bildnisrelief des Komponisten kniet eine bekränzte Muse, spielt ein Putto auf der Violine, lächelt versunken eine Elfe. Viele seiner Zeitgenossen schlug der Bonner Bildhauer Albert Hermann Küppers in Marmor – am gelungensten wohl den Mineralogen Johann Jacob Noeggerath. Realistisch bis ins kleinste Detail wirkt der urwüchsige Gelehrte auf dem Steinblock. Küppers schuf auch das Kriegerdenkmal des Friedhofs, auf dem eine Walküre den sterbenden Soldaten schützt – eine Komposition von kühler Trauer, ohne hehres Pathos.

Der preußische Baumeister Karl Friedrich Schinkel setzte dem Historiker Barthold Georg Niebuhr ein klassizistisches Denkmal, für das Christian Daniel Rauch die Marmorreliefs arbeitete – ohne Leid und Trauer in den Mienen der voneinander Abschied nehmenden Eheleute, eher voller Ruhe und Frieden. Im Stil der Gründerzeit ist die pompöse Grabstätte der Wesendoncks gehalten, ein schlanker Bronzegenius hält die Totenwache über Mathilde Wesendonck, die Freundin Wagners, die ihn zum „Tristan" inspirierte.
Die Liste mit Namen berühmter Toter läßt sich fortsetzen: Das Profil des Romantikers August Wilhelm von Schlegel wirkt preußisch-kühl. An Ernst Moritz Arndt und seine Frau erinnern protestantisch-schlichte Steinkreuze. Einen nazarenischen Engel aus rotem Sandstein stellte der Bonner Bildhauer Hermann Rudolf Heidel auf das Grab seiner Angehörigen. An die Mutter Ludwig van Beethovens gemahnt eine schlichte Tafel mit Worten ihres Sohnes. Ein irisches Hochkreuz, ein mit Löwenpranken versehener Sarkophag des englischen Predigers James Anderson, die italienische Inschrift auf der Grabplatte Adelaide Schopenhauers, einer Schwester des Philosophen, und das Grabmal von Lilljehorns, des unter falschem Namen im rheinischen Exil lebenden Mitverschwörers gegen König Gustav III. – dies alles unterstreicht die frühe Internationalität der kleinen Universitätsstadt.
Nur das in der Welt bekannte Nachkriegs-Bonn der Politiker und Diplomaten findet sich hier nicht. Denn seit 1884 dürfen nur noch Besitzer von Familiengruften ihre Angehörigen auf dem Alten Friedhof bestatten lassen. Auch dreieinhalb Hektar voller Berühmtheiten wurden nach einem Jahrhundert zu klein. Für Förderer des Friedhofs und bedeutende Persönlichkeiten werden jedoch auch Ausnahmen gemacht. Im Sommer 1985 für Mildred Scheel. *Simone Hamm*

Das Grab des Komponisten Robert Schumann. Es sollte, wie seine Witwe Clara 1874 an den Bildhauer Adolf von Donndorf schrieb, »etwas Symbolisches« werden, »das die Charakteristik meines Mannes künstlerisch repräsentiert«. Robert Schumann ist nicht der einzige Repräsentant auf dem Friedhof mitten in Bonn. Um ihn herum: lauter noble Namen aus Kunst und Wissenschaft

Preisen, eine liebenswert familiäre Nachtschwärmer-Szene, in der fast jeder jeden kennt und irgendwo trifft.

Aktuell

Gerhard-von-Are Straße 8; Tel. 65 30 77. Montags bis samstags von 10–1, sonn- und feiertags von 16–24 Uhr.

Man schmeichelt sich gern als „Journalisten-Treff" und kultiviert das Image mit einer Riesenauswahl an Druckschriften, diversen Fernsehern und einer musealen Schreibmaschinensammlung. Nummer 1 in der Innenstadt für Singles, Duos oder ganze Trupps, die sich die Nacht lesend, plaudernd oder über die Weltlage simpelnd um die Ohren schlagen.

Apfel

Wilhelm-Levison-Straße 22; Tel. 21 52 71. Täglich 19–1 Uhr.

Die Studentenkneipe Apfel im urigen Holz-Look verdient wohl schon allein deshalb Erwähnung, weil der

Journale zuhauf, Journalisten en masse und jede Menge Leute, die das Ambiente von Druckerschwärze lieben: Aktuell

„Playboy" bei seinen Exkursionen in die Bonner Nacht hier die willfährigen Gespielinnen für seine allseits bekannten An- und Auszüglichkeiten gefunden hat.

Aquarium

Friedrichstraße 49; Tel. 65 32 20. Täglich von 11–1 Uhr.

Ins Aquarium tauchen die Herren der Schöpfung ab, denen es nach ihresgleichen gelüstet. Der günstige Bierpreis (bis 20 Uhr gibt's den Halben für 1,30, danach für 1,50 Mark) lockt aber auch ganz normal gepolte Schluck- und Guckspechte in den anheimelnd schummrigen Schuppen mit kleiner Tanzfläche.

Biskuithalle

Siemensstraße 12; Tel. 62 26 98. Mittwochs, freitags, samstags und vor Feiertagen von 21–5 Uhr.

Diese vielversprechende Neueröffnung geht gerade – als einzige Großraumdisko im Stadtbereich – mit pompöser 100 000-Watt-Lightshow, 10 000-Watt-Sound und etlichen innenarchitektonischen Sperenzchen auf Kundenfang.

Bla Bla

Bornheimer Straße 20; Tel. 63 71 40. Täglich von 20–1 Uhr.

Diese geräumige Dunkelkammer im Lässig-Look annonciert sich selbst als „semipermeable, durchgestylte Kneipe". Auf jeden Fall tagen – oder

besser gesagt nächtigen – hier auch die „Psychodelics“: von Kopf bis Fuß geschwärzte Jungindividualisten, die bei Cure-Musik und ethnologischen Riten eine rätselhaft verzerrte Wiederauferstehung der sechziger Jahre zelebrieren.

Bonngout

Remigiusplatz 4; Tel. 63 72 12.
Täglich 8.30–3 Uhr.

Zur Zeit das unschlagbare Straßencafé in Bonn, mitten in der Fußgängerzone, für alle, die es darauf anlegen, zu sehen und gesehen zu werden.

Club Populaire

Kasernenstraße 28; Tel. 65 55 20.
Täglich von 13–3, samstags und sonntags von 15–3 Uhr.

Das gute alte Hippie-Gammel-Zottel-CP trauert einer glorreichen Vergangenheit als Folklore-Hochburg nach. Heute gewährt es einem jeden Nachtasyl, der woanders etwa aufgrund seines Leibesumfangs oder auch seines Geisteszustands wegen abblitzen würde.

Gambrinus

Kaiserstraße 135; Tel. 21 82 90.
Täglich 17–1 Uhr, samstags und sonntags erst ab 19 Uhr.

Der Links-Touch, den der in Bonn hochangesehene Gambrinus sich mit Kohl-Spott-Plakat etc. umhängt, hat nicht einmal Ex-Regierungssprecher Boenisch davon abgehalten, sich das reichhaltige Weinangebot munden zu lassen. So geben sich denn auch allabendlich nicht nur der deutsche Michel, sondern auch hochkarätige Politjournalisten und staatstragende Kräfte auf engem Raum oder der beschaulichen Außenterrasse die Ehre.

Wo sich VIPs und ganz Normale am Weine delektieren: Gambrinus

Gesindehaus

Clemens-August-Straße 59; Tel. 22 99 01.
Täglich von 18–1 Uhr.

Das putzige Gesindehaus mit seinen Butzenscheiben hat es in sich: In dieser urigen Pinte quetschen sich nämlich stets Angehörige der gebildeten Mittelschicht – seien es nun angehende Juristen oder ausgehende Mediziner – aneinander wie Ölsardinen. Viele versüßen sich in dem Gedränge auch nur schlückchenweise die Zeit, bis eine Etage darüber, in der „Orangerie“ mit der so beliebten südlichen Küche, ein heißumkämpftes Sitzplätzchen frei wird.

Grunert's Nachtcafé

Kaiserstraße 87; Tel. 22 34 56.
Täglich von 22–5 Uhr.

Rundherum eine helle, glänzende und fein gespiegelte Neueröffnung, die auf engstem Raum einen Hauch ▷

von New Wave vermittelt. Zu früher Stunde lassen sich hier vor allem Gestalten nieder, die von Feeling und Outfit den Casablanca-Touch draufhaben.

Headline

Sterntorbrücke 17; Tel. 65 44 10. Montags bis donnerstags von 12–1, freitags und samstags bis 3, sonntags von 16–1 Uhr.

Mit dem Headline ist vor gar nicht langer Zeit – wie ein strahlender Komet – das erste Neon-Café am trüben Bonner Nachthimmel aufgegangen. Inmitten von geschmackvollem Dekor und schmucker Flora geben sich die strammsten Knaben und ebenmäßigsten Girls der Bundeshauptstadt dem allgemeinen Voyeurismus preis.

Neon – nun auch in Bonn: Headline

Im Malkasten

Immenburgstraße 21; Täglich außer sonntags von 17–5 Uhr.

Vorsicht: Das Restaurant Malkasten pappt als Durchlauferhitzer und zum Mutantrinken an einem riesigen Bunker, in dessen labyrinthartigen Gängen das älteste Gewerbe der Welt seine Dienste feilbietet. In den Malkasten schneien Freier, Professionelle und Schaulustige herein.

Jazz Galerie

Oxfordstraße 24; Tel. 63 93 24. Täglich von 20–3 Uhr.

Dieser ewig dunkle, bierbärtige Jazz-Großkeller hat sich unlängst zu einer grandiosen Metamorphose aufgerappelt und sich ein ansprechend helles Interieur zugelegt. Auch musikalisch geht man mehr auf zeitgemäßere Pop-Hörgewohnheiten ein. Alle naselang sind Live-Konzerte, bei denen ausgefallenere Töne wie Afro-, Freejazz- oder Zigeunerklänge erschallen.

Vom Erfinder des Briefordners bis zu Deutschlands bekanntestem Bankier

Die kleine Residenz am Rhein wurde von Bayern aus dem Hause Wittelsbach geprägt: vom Kölner Erzbischof **Ferdinand** (1577–1650), der seine Residenz wegen Querelen mit Köln hierher verlegte, von **Joseph Clemens** (1671–1723), der mit 17 Jahren die Kurwürde übernahm und Bonn durch Stadtschloß und Poppelsdorfer Schloß zur Barockresidenz aufplusterte, die dann sein Nachfolger, der Wittelsbacher **Clemens August** (1700–1761) vollendete.

Weltweit bekanntester Bonner ist unstreitig **Ludwig van Beethoven** (1770–1827). Tonangebend in Bonn waren auch **Elsa Reger** (1879–1951), die das Werk ihres Mannes, Max Reger, dermaßen förderte, daß die Stadt ihr ein Ehrengrab gab, und die Pianistin **Elly Ney** (1882–1968), die berühmt-berüchtigte Beethoven-Interpretin. In Büchern über Bonn fehlt selten **Robert Schumann**, obwohl der Komponist, Musikkritiker und -förderer hier nur seine letzten beiden Lebensjahre in einer Heil- und Pflegeanstalt dahindämmerte.

Zu jenen – wenn auch kaum jemals gebürtigen Bonnern, die sich mit ihrem Lebenswerk selbst ein Denkmal setzten, gehört **Peter Joseph Lenné** (1789–1866): Der Gartenarchitekt legte die Grünanlagen für Schloß Sanssouci und den Berliner Tiergarten (neu) an und initiierte die Gärtnerlehranstalten und gartenbaulichen Hochschulen in Deutschland. **August Macke** (1887–1914) gründete 1911 mit Kandinsky, Kubin, Marc und Münter den „Blauen Reiter".

Von sich reden machten auch Bonner Professoren aller Fakultäten. Der Astronom **Friedrich W. A. Argelander** (1799–1875) widmete sich der wissenschaftlichen Beobachtung der veränderlichen Sterne und katalogisierte in seiner „Bonner Durchmusterung" 324 198 Sterne. **Heinrich Hertz** (1857–1894) beschrieb als erster die Ausbreitung elektromagnetischer Wellen und formulierte eine exakte Definition der Härte, **August Kekulé von Stradonitz** (1829–1896) entdeckte die ringförmige Struktur des Benzol und gilt als einer der bedeutendsten Förderer der theoretischen Grundlagen der organischen Chemie. Der Mathematiker und Physiker **Julius Plücker** (1801–1868) schuf mit dem Mechaniker **Heinrich Geißler** (1815–1879) Voraussetzungen für die moderne Vakuumtechnik. Im Jahre 1969 gelang dem Chirurgen **Alfred Gütgemann** (1907–1985) die erste Leberverpflanzung in Deutschland.

Unter den Geisteswissenschaftlern ragen die Historiker heraus: **Friedrich Christoph Dahlmann** (1785– 1860), als Liberaler in der Frankfurter Nationalversammlung von 1848, begründete die politische Geschichtsschreibung kleindeutscher Prägung, die sein Schüler Treitschke fortschrieb; **Barthold Georg Niebuhr** (1776–1831) erschloß die historische Quellenkritik. **August Wilhelm von Schlegel** (1767–1845), Professor für Kunst- und Literaturgeschichte sowie Orientalist, brillierte durch sein untrügliches Sprachgefühl als glanzvoller Übersetzer Shakespeares, Dantes oder Cervantes', war Wegbereiter der Romantik und des Studiums der altindischen Philologie. Sprachwissenschaftler **Friedrich Christian Diez** (1794–1876) widerlegte die bis dahin gültige These, das Provençalische sei als einzige Fortsetzung des Latein die Wurzel aller romanischen Sprachen. Der Geschichtsprofessor, Vorkämpfer für die deutsche Einheit und Dichter patriotischer Lieder **Ernst Moritz Arndt** (1769–1860) dichtete aufrührerisch: „Der Gott, der Eisen wachsen ließ", „Was ist des Teutschen Vaterland?"

Bonner sind schließlich auch Deutschlands bekanntester Bankier, **Hermann Josef Abs** (*1901), der Erfinder des Briefordners, Lochers und Umlegekalenders, **Friedrich Soennecken** (1848–1919), und – laut Baedeker – **Heinrich Cornelius** (1486–1535). Cornelius? Nie gehört? Der Theologe, Arzt, Jurist und Herr eines schwarzen Pudels wurde auch Agrippa von Nettesheim genannt und stand Goethe Modell für den „Faust".

Namhafte Bonner, die Bonn namhaft gemacht haben

Beethoven

Elly Ney

Lenné

Macke

Argelander

Hertz

Kekulé

Dahlmann

Niebuhr

Schlegel

Arndt

von Nettesheim

Keine gewöhnliche Kneipe, kein gewöhnlicher Kneipier, vielmehr längst Legende: Karlchen

Karlchen

im Presseclub, Heinrich-Brüning-Straße 20; Tel. 21 59 80.
Geschlossen: bis 17, samstags bis 21 Uhr, sonn- und feiertags und während der Parlamentsferien.

Es gibt rund 150 Cocktails und fast dreimal soviel geistige Getränke aller Art. Doch was wird am häufigsten bestellt? Jawoll, ein Bier. Spötter rätseln, ob das an der Sparsamkeit oder an der Provinzialität der deutschen Männer liegt. Gastgeber Karl(chen) Rosenzweig, für die vornehme „Zeit" der „wohl weltläufigste deutsche Barkeeper", ist ein Ausbund an Kommunikation, notfalls über Sylt, wo er in Kampen berühmt geworden ist, oder über Kunst–Karlchen malt in der Freizeit.

Kerze

Königstraße 25; Tel. 21 07 69.
Täglich von 20–5 Uhr.

Unsagbar traditionsreiche Bonner Einrichtung. In den kleinen Nischen verlieren sich zu spätester Stunde Politiker, Beamte, Journalisten, Studenten und andere aus der Spezies der Nachtaktiven zu alkoholtiefsinnigen Gesprächen.

Lamme Godzak

Argelanderstraße 86; Tel. 21 29 57.
Täglich von 19–1 Uhr.

Der Lamme hat, zumindest bei fortgeschrittenen Semestern, den Ruf als schönste (Wein-)Kneipe weg. Mit seiner freundlichen, dunklen, verräucherten Täfelung, den geschwungenen hohen Fenstern und den verstaubten Weinflaschen täuscht er ein Jahrhundert Reifung vor und zählt doch erst wenige Lenze. Am reichhaltigen Weinangebot und den liebevoll zubereiteten kleinen Gerichten haben sich schon jede Menge Größen aus der Bonner Kultur- und Politprominenz gütlich getan.

Lampe

Breitestraße 35; Tel. 65 71 62.
Täglich von 19.30–1 Uhr.

Die Lampe ist mit ihren 45 Sitzplätzen jede Nacht einem Vielfachen an Liebhabern ein trostreiches Licht in der Finsternis. Erznormale, dämmerige Studentenpinte, deren betont anti-elitärem Odium und breitgefächertem Bierangebot nicht nur der statistische Durchschnitts-Studiosus auf den Leim geht.

Locke

Prinz-Albert-Straße 20;
Tel. 22 41 70.
Täglich von 20–3, freitags und samstags von 20–5 Uhr.

Die Locke ist der Prototyp der klassisch hölzernen, dunklen und urgemütlichen Studentenpinte, in der Philosophie und Schwachsinn gewälzt werden. Das meist jungakademische Locke-Publikum hat einen liebenswürdig sanften Einschlag von Freakigkeit. Evas Töchter heben rühmend hervor, daß sie hier auch nach drei Uhr morgens noch solo antanzen können, ohne machistische Nachstellungen befürchten zu müssen.

Manchen ein trostreiches Licht in der Bonner Kneipen-Finsternis: Lampe

Madox

Münsterstraße 11; Tel. 63 00 90.
Täglich von 20.30–1 Uhr.

Die Kleinraum-Disco Madox hat eine bewegte Vorgeschichte und sich von der verruchten Junkie-Höhle zum schillernden Schicki-Micki-Treff hochgerangelt. Zum Aerobic-Parkett schleicht man sich an einer strahlend hellen Cocktailbar zur Linken und einer einladenden Couchgarnitur zur Rechten vorbei, bis man sich im gleißenden Licht und unter aufpeitschenden Funkie-Rhythmen freistrampeln kann.

Namenlos

Bornheimer Straße 20–22;
Tel. 63 86 40.
Täglich von 19–1 Uhr.

Das Namenlos hat vor kurzem, sofort nach seiner Eröffnung, raketenartig als der Magnet für die verstreuten Szene-Splitter im braven Bonn abgehoben. Bei geschmackvoll moderner, aber unaufdringlicher Einrichtung und Niedrigstpreisen (Mineralwasser für eine Mark) lauschen hier Punks, Teds, Popper und andere exotische Sorgenkinder der Wohlfahrtsgesellschaft einträchtig den neuesten Klängen und lassen sich friedfertig von Jung-Normalbürgern begucken.

Nerveus

Franzstraße 36; Tel. 65 12 97.
Täglich von 20–1 Uhr.

Im behaglichen, kleinen Nerveus treten sich zu Solidaritätspreisen Linke, Grüne und Kontragesinnte gegenseitig auf die Füße. Ungeachtet einiger New-wave-Andeutungen in der Aufmachung ist der Ton salopp, man findet schnell Kontakt. Bonner Bart-Ökos stopfen übrigens soviel starken holländischen Tobak und deutsches Bier in sich hinein, als seien sie Versuchskaninchen der Genußmittelindustrie.

Pinte

Breitestraße 46; Tel. 65 61 51. Täglich von 18–1 Uhr.

Ein Abstecher in die Mini-Pinte kann leicht dem Irrsinn gleichkommen, fürs Guinnesbuch der Rekorde so viele Leiber wie möglich in eine Telefonzelle zu stopfen. Der Akzent liegt eindeutig auf Oldtime.

Wintergarten

Maxstraße 30–32; Tel. 63 90 52. Täglich von 18–24, sonntags von 10–14 Uhr.

Rustikales Balkenwerk und handgeformte Keramikfliesen werden in diesem Wein-, Bier- und Speisehaus von kostbar wirkenden Lampenschirmen in betörend goldenen Glanz getaucht. Bei entsprechenden Temperaturen hält König Kunde, der hier aus allen Alters- und Sozialschichten kommt, auch auf der für Altstadtverhältnisse herausragenden Außenterrasse Hof und delektiert sich an frischem Norwegerlachs oder einem guten Tropfen. Sehr beliebt ist auch das üppige Sonntagmorgen-Frühstück. □

Abseits, andererseits und außerdem

Was den Baedeker füllt, interessiert noch lange nicht jeden Bonn-Besucher. Abseits von Beethovenhaus und Bundeskanzleramt, Münster und Marktplatz, Poppelsdorfer Schloß und Palais Schaumburg, Rathaus und St.-Remigius-Kirche gibt es eine Menge interessanter Ziele für Leute, die Alternatives mögen, Statt-Zeitungen lesen, auf dem Öko-Trip wandeln oder sich einfach nur mal austoben wollen. Beispielsweise und besonders diese:

Einst Brotfabrik, heute selbstverwaltetes Kulturzentrum, in dem Theater- und Mediengruppen proben. Hier: »Camera D'Aria (Germania Brotfabrik, Kreuzstraße, Beuel)

Extravagante treffen sich im neuen Café »Extro« mit Gleichgesinnten: Schicki-Mickis, aber auch Leute aus anderen Szenen (Lessingstraße, Südstadt)

Seit Jahren totgesagt, aber immer noch quietschlebendig: Die Rheinterrassen. Hier spielten BAP und Ideal, als sie noch keiner kannte (Grau-Rheindorf, Estermannstraße)

Ganz auf Frauen eingestellt: Im Frauenmuseum (Im Krausfeld) gibt's Kunst von Frauen, ein Frauencafé nur für Frauen, und die Redaktion von »Lila Lotta« – einer Frauenzeitung

Nacktbader meiden Freibäder und tummeln sich am Dornheckensee (nahe Autobahnkreuz Ramersdorf). Ein 70 Meter tiefes Wasserloch, umgeben von hohen Felswänden. Vorsicht: kalte Strömungen

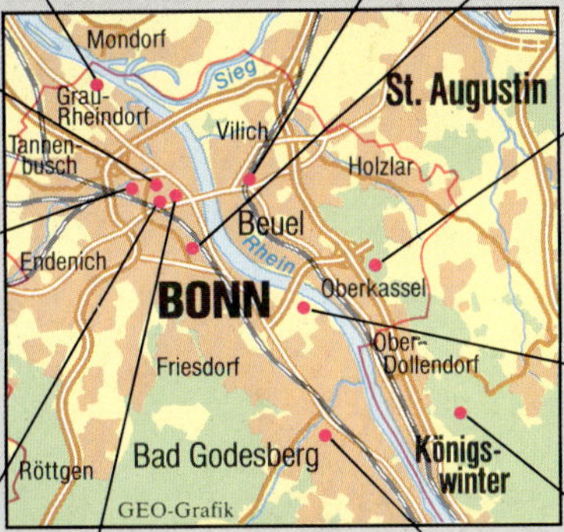

In dem alten Ziegelbau (Wolfstraße) hat sich ein Kommunikationszentrum etabliert: Teestube, Pantomimenstudio, Fahrradwerkstatt. Außerdem wird beraten, wer ökologisch bauen will

Angeblich der größte Flohmarkt der Bundesrepublik: Rund 1000 Händler verhökern Altes und auf alt Getrimmtes (Rheinauepark, an jedem dritten Samstag des Monats von April bis Oktober)

Bonner Gipfel: Wer hoch hinaus will, der fahre in die Vorgebirgsstraße (Höhe Ellerstraße). An einer Hauswand können Fassadenkletterer ihre Kondition prüfen und ihre Ausrüstung checken

Ein Exot im Bonner Blätterwäldchen: die Stattzeitung »De Schnüss«. Wer miterleben möchte, wie das Alternativ-Magazin entsteht: Jeden Donnerstag um 20 Uhr ist Redaktionskonferenz, Gäste sind willkommen (Wilhelmstraße 3/Friedensplatz)

Im Hansa-Haus (U-Bahn Rheinallee) haben Bonns Rockmusiker ihr Zuhause: Probenräume und ein Studio, in dem »Schroeders Roadshow« und »Purple Schulz« auf Band gingen

Kurz vor der Auffahrt zum Petersberg, rechts ab im Wald, haben sich die Nazis eine unterirdische Waffenschmiede in den Berg gebuddelt. Überall entdeckt man Eingänge zu diesem überdimensionalen Fuchsbau

Bonn-Enthusiasten schwören, außerhalb der Bundeshauptstadt gebe es kein Leben. Bonn-Kenner wissen, daß das etwas übertrieben ist

Das Umland hält, was die Hauptstadt verspricht

Von Ingeborg Flagge

Unkel, Ende August 1985: „In Unkel liegt im Wein noch Wahrheit", schreibt Rudolf Hartmann an seinen Getränke-Laden. Auch „Im Lämmlein" sitzen fröhliche Zecher schon am Nachmittag vor ihren Schoppen. In der glasüberdachten Reblaube, wo fast reife Trauben von der Decke hängen, ist von der Glykoldiskussion nichts zu spüren – auch 1985 wird der Rebensaft das meiste Geld in die Stadtkasse bringen. Die SPD in der Hauptstraße lädt ein zu einem Moseltreffen mit Willy Brandt, im Haus gegenüber des Zechertreffs stehen nur türkische Namen neben der Klingel. Unkel strahlt friedliche Koexistenz aus.

Neugierige Besucher schieben sich durch die engen, fachwerkbestandenen Gassen. Nur wenige interessieren sich dafür, daß der „Unkeler Hof", wie ein kleines Schild verrät, erst seit 1860 Hotel und Gasthof ist und im 16. Jahrhundert Dependance des Kölner Ursulinenklosters war. Konrad Adenauer, so ein weiterer Hinweis, wohnte vom Herbst 1935 bis zum Sommer 1936 im noch heute existierenden „Pax"-Erholungsheim, weil die Nazis ihn aus dem Regierungsbezirk Köln ausgewiesen hatten: Unkel, eine kleine Stadt bei Bonn, aber Geschichte auf Schritt und Tritt.

Wein und Fachwerk: Unkel

Doch die rüstigen Herren, die in der „Traube" ihre Damen beim Schunkelwalzer drehen, haben damit nichts im Sinn. Und auf der prächtigen Terrasse des Rheinhotels Schulz, hoch über dem Fluß, läßt eine füllige Mittvierzigerin den Träger ihres Kleides von der Schulter gleiten und rückt noch mehr in die Sonne – auf der Suche nach sommerlicher Restsüße.

Der Blick ist berauschend: Vor mir der Rhein, begeisterter Nationalisten „deutscher Strom", auf dem gerade ein Schleppkahn an der weißen „Austria" vorbeigleitet, die mit fröhlichen Tagesausflüglern rheinaufwärts zur Lorelei fährt. Im Rheinknick, Richtung Bonn, „grüßt", wie es in romantischen Formulierungen heißt, der Drachenfels mit seiner auf Touristen so anziehend wirkenden Burgruine.

Auf dem gegenüberliegenden Ufer zerstört eine Hochstraße auf Stelzen die grüne Landschaft. Ein Intercity-Zug fährt vorbei und füllt das breite Rheintal mit rauschendem Lärm. Das Idyll hat Fehler, sicher. Und ein Rothenburg ist Unkel nicht. Aber ein sympathischer Ort mit Fachwerkwinkeln, wie es nur noch wenige am Rhein gibt. So lebendig es auf der schattigen Rheinpromenade zugeht, so ruhig ist es auf dem am Fluß

Wo Bonner Drachen fliegen können: Stoppelfelder bei Euskirchen

gelegenen alten Friedhof, dem schönsten weit und breit. „Fahre, wer fahren will. Ich liege vor Unkel still“, steht auf dem Grabstein des Fährmanns Vollmer. Nur wenige Lebende können sich eine solch beschauliche Lage leisten. Bienen summen. Die Holzuhr am Turm zeigt vier. Bonn ist eine Ewigkeit entfernt.

Dabei sind es mit dem Auto nur wenige Minuten bis zur Bundeshauptstadt. Doch südlich von ihr, wo sich Rhein auf Wein zu reimen beginnt und die deutsche Romantik keinen Felsen unbesungen gelassen hat, ist die Stadt ein Ort irgendwo, ein wenig konkretes Synonym für Politik, von der man täglich im Radio und Fernsehen hört. Viele Bonn-Enthusiasten schwören zwar, es gebe „extra Bonnam nulla vita“, kein Leben außerhalb von Bonn, doch für den Fall, daß ihnen die hauptstädtische Decke wieder einmal auf den Kopf fällt, suchen sie sich Orte wie Unkel als Schlupfwinkel auf Zeit.

Mich selbst zieht es unter die Pflaumenbäume des Weinhauses „Gut-Sülz“ in **Oberdollendorf.** Auf der schrägen Wiese, hinter mir den Weinberg, rechts friedlich grasende Ponys und um mich herum spielende Kinder, schwatzende Mütter und elegantere Herrschaften mit hochgekrempelten Hemdsärmeln, habe ich unzählige sonnige Nachmittage und laue Abende vor einer oder mehreren Flaschen Wein verdöst und diskutiert. Nicht selten trafen dann so nach und nach Journalistenkollegen ein, die sich wieder einmal über des Kanzlers wolkige Ansichten gewundert hatten und hier beim Wein selbst ein wenig abheben wollten.

Als Kind war ich ein Rheinfan und habe **Königswinter** geliebt und Europas meistbestiegenen Berg, den **Dra-**

Rheinromantik: Gewitterstimmung über dem Siebengebirge

Europas meistbestiegener Berg: Drachenfels

Weingenuß auf grüner Wiese: »Gut-Sülz« in Oberdollendorf

Einst Jagdrevier, heute Naturpark: Kottenforst

chenfels, häufig auf einem Esel erklommen. Damals machte die Bötchenfahrt Spaß, waren Königswinters Andenkenbuden lustig, war die lahme Zahnradbahn ein Erlebnis und waren die weinseligen Menschenmassen ein reines Vergnügen. Heute nerven mich der Rummel in Königswinter, die lauten Weinlokale, die Musikberieselung. Aber eine Studie ist das alles schon wert: Auf dem Drachenfels trifft sich an sommerlichen Wochenenden halb Europa in kurzen Hosen, um den international renommierten und in der Tat atemraubenden Blick auf das Rheintal und die Inseln **Nonnenwerth** und **Grafenwerth** auszukosten. Am Horizont, wenn man Glück hat und das Wetter klar ist: die Kölner Domtürme.

Relativ ist auch das Vergnügen, in **Bad Breisigs** braunem Thermalwasser zu schwimmen. Den kaputten Knochen tut's gut. Ein bißchen Vergänglichkeit atmet das Areal aber schon, wenn hier Beamtenwitwen und pensionierte Ministerialbeamte, die mit der sehnigen Grandezza und der schlotternden Kleidung englischer Kolonialvertreter ins Wasser steigen, besinnlich ihre ruhigen Runden drehen. Und manchmal kann es einem passieren, daß man beim Kraulen in dem rostig-undurchsichtigen Wasser jemanden anrempelt und bei der Entschuldigung dann merkt, daß es der Bundesarbeitsminister Norbert Blüm ist.

Auf dem Wege zurück von Bad Breisig nach Bonn liegt ein klassizistisches Gebäude, das auch die Hauptstadt schmücken würde: der weiße **Bahnhof Rolandseck**. 1856 wurde er als Endstation einer Privatbahn eingeweiht. Von Richard Wagner bis zur Königin Viktoria stiegen hier vornehme Herrschaften aus, um

Touristen auf Schritt und Tritt: Königswinter

Kunst statt Fahrkarten: Bahnhof Rolandseck

sich im damals schon vielbesuchten Rheintal zu verlustieren. Wer den Bahnhof heute betritt, sucht vergebens nach Fahrkartenschaltern und Schließfächern. Statt dessen findet er moderne Kunst. Und wenn er Glück hat, läuft ihm Yehudi Menuhin in die Arme oder Marcel Marceau. Beide kommen häufig zu Vorstellungen von „Arts and music", einer Gesellschaft einfallsreicher und engagierter Künstler und privater Kunstnarren. Sie retteten, Anfang der sechziger Jahre, das vom Abriß bedrohte Gebäude mit seinem diskreten Charme des vergangenen Jahrhunderts und verwandelten es in den „großen Kunstbahnhof" für kleine Konzerte, flotte Feste und moderne Wechselausstellungen. Auch die dadaistische Sammlung Hans Arps fand hier ihre Bestimmungsstation; sie ist als Dauerausstellung zu besichtigen.

Selbst das stille Örtchen des Bahnhofs ist ein kleines Kunstwerk und viel mehr als eine schnöde Bedürfnisstätte. Der schottische Maler Steven Mc Kenna hat die Wände mit Szenen der griechischen Mythologie und mit Fruchtbarkeitssymbolen geschmückt. Zudem schaut einem eine Gesellschaft bekannter Künstler von ihren Portraits herab schweigend zu.

Szenenwechsel. Wer es im bevölkerten Rheintal nicht aushält und als Gegenpol zu den Bonner Aufregungen Ruhe und Einsamkeit sucht, der findet sein Ziel in 15 Minuten Autofahrt vom Bonner Zentrum in jede Richtung: kuschelige Dörfer, Burgen aus allen Jahrhunderten, Wasserschlösser, Dome und Klöster, Moore, Talsperren, kleine Hügel und hohe Berge – es gibt wenig, was es in Bonns unmittelbarer Umgebung nicht gibt; einige Scheußlichkeiten inklusive.

Im Südosten liegt der gar nicht so rauhe **Westerwald,** über dessen Höhen der Wind auch nicht kälter pfeift als über die Obstbäume im **Bergischen Land** bei Leichlingen. Jenes im Nordosten von Bonn gelegene Gebiet hat zahlreiche Talsperren und im glatten Gegensatz zu seinem Namen nur mäßig hohe Hügel, die ideal zum Wandern sind. Der Holzkohlebedarf unserer Vorfahren im Mittelalter hat das Bergische Land in ein Obst- und Ackergebiet verwandelt. Die Rodungen haben die ehemals ausgedehnten Wälder auf Waldstückchen reduziert.

Schlimmer ist der Eingriff des Menschen in die Natur im größten bundesrepublikanischen **Tagebau** für Braunkohle zu sehen, in einem Gebiet, das im Nordwesten von Bonn liegt. Riesige Bag- ▷

Halten Sie sich bei Aquavit einfach an unsere Empfehlung:

KÜHL, SANFT DÄNISCH

LEVERANDØR TIL DET KGL. DANSKE HOF DE DANSKE SPRITFABRIKKER

DER DÄNISCHEN AKVAVIT-TRADITION VERPFLICHTET

6 Original-Gläser für DM 33,60 bei Einsendung eines Verrechnungsschecks. Danisco · DDSF Berlin GmbH, Ilsenburger Str. 15, 1000 Berlin 10.

ger schaufeln hier die oberen Erdschichten ab und ebnen das Land zu einer öden Mondfläche ein. Wie Kulturinseln stehen die zahlreichen Burgen und Schlösser in der erschöpften Landschaft. Der Besucher, der sie von einem hoch gelegenen Punkt überblickt, kann sich kaum vorstellen, daß hier einmal wieder Wiesen wachsen und Felder wogen sollen. Und doch ist es so. Wo das braune Gold abgebaut ist, wird vorbildlich wieder aufgeforstet.

Eine ebenfalls sehr herbe, allerdings gänzlich andere, weil gewachsene Landschaft in der Nähe Bonns ist die südwestlich gelegene **Eifel.** Vor 350 Millionen Jahren aus dem Meeresboden des verlandeten Devon-Meeres entstanden, können Sammler hier jede Menge Fossilien entdecken. Und wenn nicht auf einem Spaziergang, dann doch auf jeden Fall in den Museen der Dörfer und Städtchen. Die kreisrunden Maare (mare = Meer) – durch Eruptionen aufgerissene Erdtrichter, die dann voll Wasser liefen – der Vulkaneifel wirken wie tote Augen und können an Regentagen schon schwermütig stimmen. Auch die vielen Mineralquellen sind ein Zeichen vulkanischer Aktivität. Wer in der Einsamkeit des Laacher Sees, des größten Eifelmaares, jedoch auf das **Kloster Maria Laach** stößt, vergißt angesichts dieser „Romanik in Vollendung" die düstere Landschaft sofort. Kloster Maria Laach – das ist Sehen, Staunen und Bewegtsein. Ich kenne kaum eine andere Architektur, bei der die Beschreibung „Baukunst" so angemessen ist. Die plötzliche Konfrontation mit dem sandsteinfarbenen Bauwerk mitten im Wald – sie ist in jedem Fall dramatisch.

Romanisch und romantisch: Abtei Maria Laach

Schon Goethe war von der großartigen Benediktiner-Abtei begeistert, und Dorothea von Schlegel schrieb 1808 in einem Brief an ihren Mann: „Die bewaldeten Felsen um den Wundersee . . . dann die Abtei am Ufer mit der alten Kirche, die Menschenspur und Kunst . . . die Staunen und Schrecken von der Seele löst . . . Ich habe den besten Willen, es Dir zu beschreiben, aber es geht nicht . . ."

Szenenwechsel. Empfänge. Bonn, im 19. Jahrhundert für den Dichter Ernst Moritz Arndt eines „der lustigsten Landstädtchen, die man vielleicht weit und breit finden mag" – obwohl ihm dort Berufsverbot erteilt wurde –, hat hohen Besuch. Wenn der Staat für Reagan oder die Eiserne Lady Thatcher Staat machen will, gibt er sich fürstlich, bettet die Gäste in **Schloß Gymnich** bei Erftstadt und empfängt in **Schloß Augustusburg** in Brühl: Handkuß im weltberühmten, rosaweißen Treppenhaus Balthasar Neumanns, Defilee mit Orden in einem der berühmtesten Barockdenkmäler des 18. Jahrhunderts. Breit gestreckt und süddeutsch heiter liegt Schloß Augustusburg in seinem Park; ein Ausblick, der auch einem ehemaligen Hollywood-Schauspieler den Atem verschlagen muß.

Daß Demokratien auf das bauliche Idyll absolutistischer Zeiten zurückgreifen und Politiker bei Empfängen die Verwaltungsatmosphäre ihrer Büros fliehen und sich in Schlösser begeben – es ist europaweit der Brauch. Feudale Pracht macht auch die Kleinen größer. Bonns Umland bietet dazu reichlich Chancen.

Konrad Adenauer dagegen, der schlitzohrigste Import, den Bonn je von Köln bezogen hat, schätzte einen weniger aufwendigen Rahmen. In den dreißiger Jahren übersiedelte er in jenes schlichte Häuschen in **Rhöndorf,** in dem er 1967 auch starb. Das an einem steilen Hang inmitten von Obstbäumen und Ziersträuchern gelegene Domizil des Rosenfreundes Adenauer, der den Nachkriegsdeutschen von seiner italienischen Reise das kleinkarierte Cadenabbia-

Barockmusik in Brühl: Capella Clementina im Schloß Augustusburg mit berühmter Treppe

Adenauer-Domizil, Quartier für Staatsgäste: Gartenhaus in Rhöndorf, Schloß Gymnich bei Erftstadt

Hütchen und die Boccia-Bahn mitbrachte, ist heute Gedenkstätte, Museum und Wallfahrtsort für viele, die sich nach den Aufbruchzeiten der fünfziger und sechziger Jahre zurücksehnen. „Dat wo ne Käl", meint ein vielleicht Siebzigjähriger, der versonnen und wehmütig eine Nachbildung des Schwertes Karls V. betrachtet, das Adenauer in seinem Todesjahr aus Spanien mitbrachte.

Doch nicht nur ältere Leute drängeln sich in Adenauers ehemaligen Wohnräumen. Auch eine ganze Reihe jüngerer Deutscher scheint neugierig zu sein, ein wenig darüber zu erfahren, in welchem Ambiente jener Mann sich entspannte, dessen selbsterklärter politischer Enkel nunmehr ein Aquarium im Bonner Arbeitszimmer stehen hat.

Ein Abstecher zur großen Konkurrenz im Norden: Adenauer war gebürtiger Kölner. Doch obwohl Bonn selbst eine der solidesten konservativen Mehrheiten der Bundesrepublik hat, sind die Bonner das Mißtrauen gegenüber diesem kölschen Schwarzen nie ganz losgeworden. Das Mißtrauen hat Tradition. Bonns fast 2000 Jahre alte Geschichte kann sich zwar mit **Kölns** ruhmreicher Vergangenheit durchaus messen, aber Köln in seiner prallen Lebendigkeit, rheinischen Unbekümmertheit und wachen Kultur war immer Bonns übermächtige, nur schwer erträgliche Schwester. Erst seit Bonn im Wechselbad von Segen und Fluch seines Hauptstadtdaseins ein neues Selbstbewußtsein gefunden hat, ist die Konkurrenz der Domtürme erträglich geworden.

Heute fahren Bonner zum Einkaufen und zu Veranstaltungen nach Köln, ohne sich wie Besucher aus der Provinz zu fühlen. Und natürlich empfehlen sie allen Besuchern, sich Köln nicht entgehen zu ▷

lassen – was ich hiermit auch tue. Köln hat Museen, Restaurants, Cafés, Läden, Galerien und Originale in einer Fülle, mit der Bonn nicht konkurrieren kann. Aber ich versichere den geneigten Lesern, daß sie sich nach der Rückkehr in Bonn viel wohler fühlen werden. Bonn ist persönlicher. Und obwohl das Bonner Umland auch das Kölner Umland ist, obwohl die Planer wegen der Nähe der beiden Städte von einer Agglomeration sprechen, trennen beide Städte Welten. Und Bonner wie Kölner legen gleichermaßen Wert auf die Feststellung, daß es von Zentrum zu Zentrum immerhin 29 Kilometer Distanz sind.

Wohnen bei Bonn und um Bonn herum: Wenn eine verträumte Kleinstadt wie aus einem Dornröschenschlaf zur Hauptstadt erwacht, muß es früher oder später Raumprobleme geben. Schon in den fünfziger Jahren blähte sich in Bonn eine Ministerialbürokratie auf, Wohn- wurde zu Büroraum umfunktioniert, weil er mehr Rendite brachte, und die Bonner Neubürger mußten sich auf der grünen Wiese umgucken. Viele der so entstandenen Siedlungen wurden 1969 bei der kommunalen Neugliederung zu einem Teil Bonns. Einige Randgemeinden jedoch widerstanden dem Hauptstadtsog.

Das rechtsrheinische **St. Augustin** ist ein solcher Ort. Aber von der Wiese, auf der die ersten Bewohner ihre Häuser bauten, ist nichts geblieben. Im Gegenteil. St. Augustin ist zersiedelt, ein Niemandsland aus überdimensionierten Straßen, einfallslosen Hochhäusern und Restflächen, die zu nichts Sinnvollem nutze sind. Trotz aller Bemühungen, hier eine Stadt mit Gesicht und Identität zu bauen, wohnt und kauft man lieber woanders.

Folklorelei: Eierkrone in Küdingshoven, Backstube in Kundert

Töpferei im Kannenbäckerland, Weinfest in Walporzheim

Meckenheim-Merl ist da anders. Vergangenheit hat diese zwischen Rhein und Eifel gelegene Entlastungsstadt für Bonn nicht. Was die in den letzten 20 Jahren auf 21 000 Einwohner angewachsene Gemeinde aber hat, ist Zukunft: Über die Hälfte ihrer Einwohner ist weniger als 40 Jahre alt. Meckenheim-Merl liegt inmitten von Baumschulen, Obstgärten und Rosenfeldern. Obwohl das Reißbrett noch erkennbar ist, auf dem die Stadt entstand, hat sie durch sorgfältige und langfristige Planung die Lebensqualität erreicht, die St. Augustin abgeht. Grüne Witwen jedenfalls stehen in Meckenheim-Merl schon längst nicht mehr Spalier, wie „mdb", das „Magazin der Bundeshauptstadt", noch kürzlich vermutete. Es gibt vornehmlich niedrige Häuser, vielfältig in ihrer Gestaltung und gut eingewachsen, das kleine neue Zentrum ist ein lohnender Aufenthaltsort, bei dem man nicht nur gerade mal Milch kauft. Meckenheim ist eine neue Stadt mit erkennbar eigenem Gesicht, die sich, anders als St. Augustin, nicht nur schnell irgendein Kleid von der Stange übergeworfen hat.

Es ist bedauerlich, daß viele Dörfer und Kleinstädte in Bonns Umgebung, die bisher Eigenart hatten, Gefahr laufen, sie zu verlieren. Sie restaurieren und modernisieren sich teilweise an den Rand der Unkenntlichkeit. **Siegburg** ist solch ein gelifteter Nachbar Bonns. Sein riesiges neues Verwaltungszentrum am Stadteingang soll zusammen mit einer Hochgarage ein modernes Stadttor bilden, das Siegburgs traditioneller Kleinmaßstäblichkeit allerdings einen Schlag ins Gesicht versetzt. Da kann dann auch die geschickt gestaltete neue Fußgängerzone, die „Holzgasse", mit ihrem liebevoll wiederhergestellten Stilsalat aus kleinen Häuschen keine historische Identität retten. Große Leerflächen, wo alte Gebäude abgerissen worden sind und das Geld oder die Nachfrage für neue Einrichtungen fehlen, liegen wie Wunden in der Altstadt.

Bad Honnef dagegen kann sich zu seinem Zentrum gratulieren, ganz besonders zu dem neuen Rathaus. Auch für Baukunst-Laien lohnt sich ein Besuch dieser Stadt. Der Kölner Architekt Joachim Schürmann straft hier mit seinem Rathausbau aus weiß gestrichenem Beton und ohne die so oft verunglückenden nostalgischen Anbiederungen alle Altbaufanatiker Lügen, die in moderner Bauweise eine Erfindung des Teufels sehen. Das Honnefer Rathaus gibt der Stadt eine Mitte, ein frisches Herz. Wie der neue Bau sich den alten Fachwerkhäusern in Höhe und Proportionen anpaßt, wie er selbstbewußt modern den leicht abschüssigen, sorgfältig gepflasterten Rathausplatz umarmt – das ist zeitgenössische Baukunst, wie man sie selten trifft.

Ein Bonner hat sich kürzlich in einem Leserbrief an eine Tageszeitung beschwert: „Des Kaisers neue Kleider sind mir zu uniform." Er meinte die ewig gleichen rotgepflasterten Fußgängerzonen in Bonns diversen Stadtteilen.

Aber Bonns Umland ist alles andere als uniform. Man kann das Pflaster der Fußgängerzonen mit Leichtigkeit verlassen. Und so viel Milieu, so viel Vielfalt auf kleiner Fläche wie hier, wird man in anderen Teilen der Bundesrepublik nur schwerlich finden. Das Umland hat dabei einen großen Vorteil: Es ist noch unbekannter als die Hauptstadt selbst. □

Dr. Ingeborg Flagge lebt in Bonn als Chefredakteurin der BDA-Zeitschrift „Der Architekt".

Neu. Die einfache Kleiderpflege auf dem Bügel.

dress fit. Dampft Falten raus. Bringt Frische rein.

Knitterfalten, Sitzfalten und Gerüche in der Garderobe entstehen zwangsläufig: durch Sitzen oder Fahren, im Büro, auf Reisen, in Gaststätten oder Kantinen. Wenn Sie sich das nicht leisten können, leisten Sie sich den dress fit von Rowenta.
Ein ganz neuartiges Gerät: einfach mit Wasser füllen, ans Stromnetz anschließen und nach wenigen Minuten mit kräftigem Dampfstoß die Falten glätten und das Gewebe auffrischen. Ideal für Reisen und Zuhause: damit Sie immer wie aus dem Ei gepellt sind.

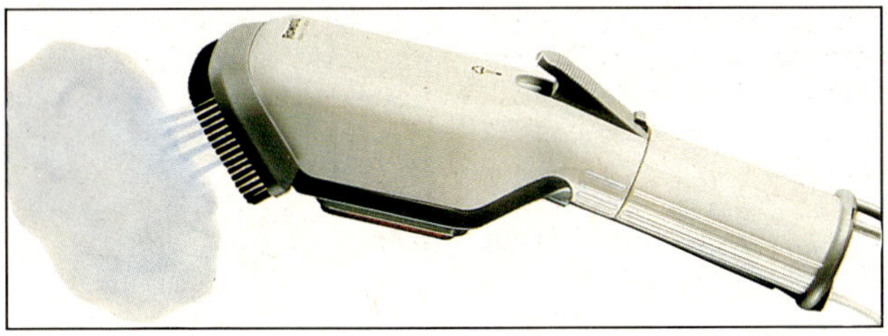

Neuartig. Einzigartig. Von Rowenta.

Rowenta

KÖLN
Kölner Dom
Königsdorf
Lindenthal
AB-Kreuz Köln-West
Horrem
Frechen
Klettenberg
Zollstock
Deutz
Brück
Königsforst
136 m
Ab-Kreuz Rath/Heumar
Forsbach
Overath
Agger
Bergisches
Naturpark
AB-Kreuz Köln-Gremberg
AB-Dreieck Köln-Porz
Rösrath
Rodenkirchen
Urbach
Berrenrath
Hürth
Flughafen Köln Bonn
Seelscheid
Land
Meschenich
Nordrhein-
Westfalen
Schloß Gymnich
Gymnich
Godorf
Rhein
Ranzel
NSG
Wahner Heide
Fliegenberg 134 m
Lohmar
Bergisches
Neunkirchen-
Berzdorf
Schloß Augustusburg
Brühl
Liblarer See
AB-Abzweig Erftal
Troisdorf
Erft-
Liblar
Keldenich
Wesseling
Nieder-kassel
Wahnbach-talsperre
Happer-schoß
Siegburg
AB-Dreieck St. Augustin
Walberberg
Sechtem
Menden
Buisdorf
stadt
AB-Kreuz Bliesheim
Merten
Mondorf
Sieg
AB-Dreieck Bonn-Beuel
Mülldorf
Niederpleis
Erp
Ville
Weilerswist
Bornheim
Kemper Werth
Grau-Rheindorf
BGS
St. Augustin
Hangelar
Hennef (Sieg)
Buschdorf
Burg Lede
romanische Doppelkirche
Schwarz-Rheindorf
Birling-hoven
Metternich
Alfter
Alanus-Hochschule
Tannenbusch
Dransdorf
BONN
Beuel
Pützchen
Hölzlar
Holzlar
Land
Niederberg
Erft
Lessenich
Limperich
Ramersdorf
Kündinghoven
Hoholz
Ennert 151 m
Pleiser
Wester-hausen
Uckerath
Rotbach
Lommersum
Heimerzheim
Asylantenwohnheim
Endenich
Kreuzbergkirche
Impekoven
Duisdorf
Lengsdorf
WDR-Sender
Kessenich
Dornenheckensee
Rheinaue-Park
Oberkassel
Ländchen
Siebengebirge
Naturpark
Hardtberg 156 m
Hardthöhe
Naturschutzgebiet Siebengebirge
Frauenberg
Großbüllesheim
Swisttal
Ückesdorf
Ippendorf
Fachwerkhaus
Friesdorf
Plittersdorf
Ober-Dollendorf
Nieder-Dollendorf
Petersberg 331 m
Gr. Ölberg 460 m
Buschhoven
Röttgen
Godesburg
Bad Godesberg
Rüngsdorf
Muffendorf
Königswinter
ehem. Kommende
Mehlemer Fähre
Drachenfels 321 m
455 m
Bf. Kottenforst
Staatsforst Kottenforst
Kottenforst-Ville
Lannesdorf
Mehlem
Rhöndorf
Euskirchen
Odendorf
Swistbach
Drachenfelser Ländchen
Nonnenwerth
Bad Honnef
Grafenwerth
Windhagen
Stotzheim
Merl
Villip
Wachtberg
Rolandseck
Bahnhof
Rheinbach
Meckenheim
Rheinbreitbach
Asberg 435 m
Vettelschoß
Kirchheim
Oberwinter
Merzbach
Wormersdorf
Unkel
Bruchhausen
Naturpark
Wachendorf
Arlöff
Steinbachtalsperre
Naturpark Kottenforst-Ville
AB-Kreuz Meckenheim
Fritzdorf
Birresdorf
354 m
Ohlenberg
Erpel
Kasbach-
St. Katharinen
Flamersheimer Wald
Remagen
Rhein-
Bad Münstereifel
Sahrbach
Berg
Kalenborn
Ahrgebirge
Linz a. Rh.
Dattenberg
Knippberg 537 m
Regierungsbunker
Marienthal
Ahrweiler
Dernau
Bad Neuenahr-
Ahr
Sinzig
Leubsdorf
Westerwald
Radioteleskop Effelsberg
Mayschoß
Walporzheim
Altenahr
Rheinland-
Mahlberg
Bad Hönningen
Holzmülheim
Königsfeld
Bad Breisig
Rheinbrohl
Lind
Ahrbrück
Dedenbach
Brohl-Lützing
Gönnersdorf
Rupperath
Heckenbach
Niederzissen
Pfalz
Brohlbach
Burgbrohl
Schuld
Dümpelfeld
Wassenach
Schöneberg 670 m
Glees
Kempenich
Wehr
425 m
Laacher See
Nickenich
Reifferscheid
Kaltenborn
Weibern
Maria Laach
GEO-Grafik
Wald
Weinanbaugebiet
Braunkohle-Tagebau
Naturschutzgebiet Naturpark
AB-Anschlußstelle (Auswahl)
5 km

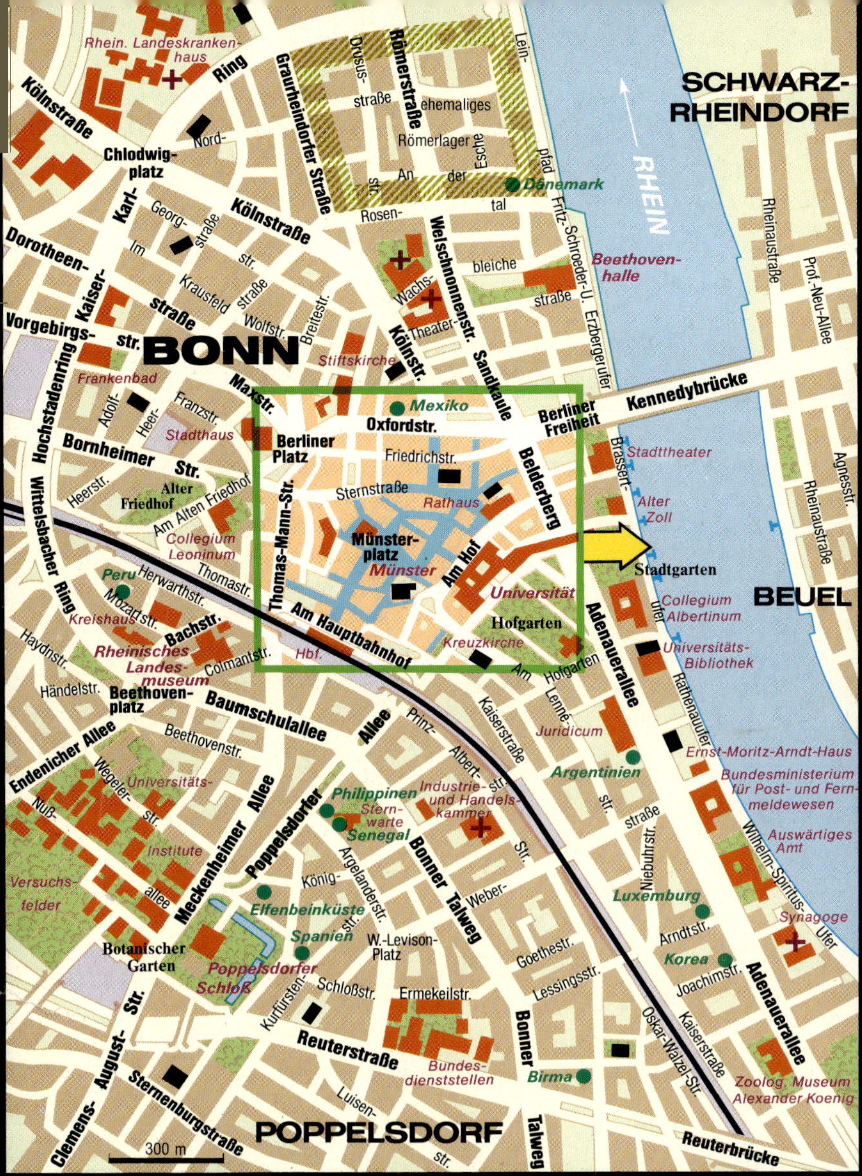

BONN
SCHWARZ-RHEINDORF
BEUEL
POPPELSDORF
RHEIN
Rhein. Landeskrankenhaus
Ring
Kölnstraße
Chlodwigplatz
Römerstraße
ehemaliges Römerlager
Graurheindorfer Straße
Dänemark
Beethovenhalle
Kennedybrücke
Berliner Freiheit
Stiftskirche
Mexiko
Oxfordstr.
Berliner Platz
Friedrichstr.
Sternstraße
Rathaus
Münsterplatz
Münster
Am Hof
Universität
Hofgarten
Kreuzkirche
Am Hauptbahnhof
Hbf.
Stadthaus
Frankenbad
Bornheimer Str.
Alter Friedhof
Collegium Leoninum
Peru
Bachstr.
Rheinisches Landesmuseum
Beethovenplatz
Baumschulallee
Stadttheater
Alter Zoll
Stadtgarten
Collegium Albertinum
Universitäts-Bibliothek
Adenauerallee
Juridicum
Argentinien
Ernst-Moritz-Arndt-Haus
Bundesministerium für Post- und Fernmeldewesen
Auswärtiges Amt
Philippinen
Sternwarte
Senegal
Industrie- und Handelskammer
Universitätsinstitute
Versuchsfelder
Botanischer Garten
Poppelsdorfer Schloß
Elfenbeinküste
Spanien
Luxemburg
Korea
Synagoge
Bonner Talweg
Reuterstraße
Bundesdienststellen
Birma
Zoolog. Museum Alexander Koenig
Reuterbrücke
Sternenburgstraße
Clemens-August-Str.
Endenicher Allee
Meckenheimer Allee
Poppelsdorfer Allee
300 m

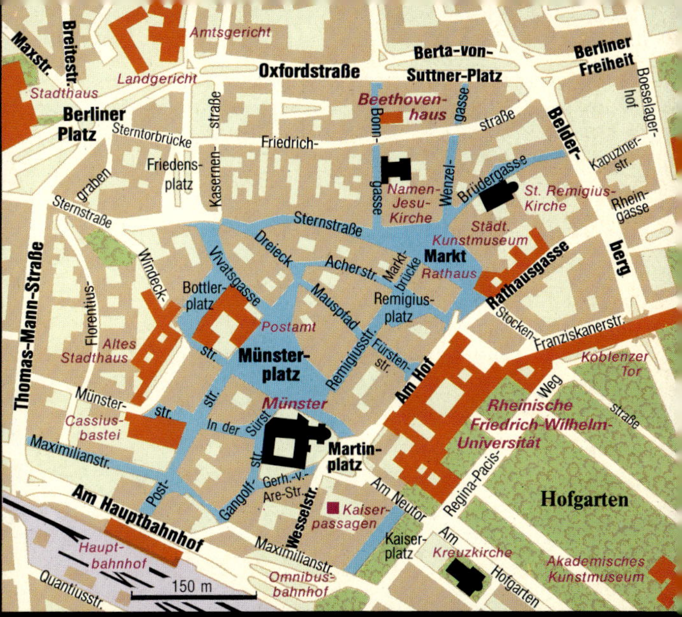

Amtsgericht
Landgericht
Oxfordstraße
Berta-von-Suttner-Platz
Berliner Freiheit
Stadthaus
Berliner Platz
Beethovenhaus
Namen-Jesu-Kirche
St. Remigius-Kirche
Städt. Kunstmuseum
Sternstraße
Markt
Rathaus
Rathausgasse
Friedensplatz
Bottlerplatz
Postamt
Münsterplatz
Remigiusplatz
Altes Stadthaus
Münster
Martinplatz
Cassiusbastei
Koblenzer Tor
Rheinische Friedrich-Wilhelm-Universität
Hofgarten
Thomas-Mann-Straße
Am Hof
Kaiserpassagen
Am Hauptbahnhof
Hauptbahnhof
Omnibusbahnhof
Akademisches Kunstmuseum
Kaiserplatz
150 m

GEO-Grafik
N
Tannenbusch
Dransdorf
Inneres
Finanzen
Ernährung, Landwirtschaft und Forsten
Arbeit und Sozialordnung
DUISDORF
BONN
Schumannhaus
BEUEL
Wirtschaft
Verteidigung
POPPELSDORF
Kreuzbergkirche
Post- und Fernmeldewesen
Auswärtiges
Bundespräsidialamt
Presse und Informationsamt der Bundesregierung
Bundeskanzleramt
Bundeshaus
Sender
Abgeordnetenhaus ('Langer Eugen')
Venusberg
KESSENICH
Wirtschaftliche Zusammenarbeit
Ippendorf
Freizeitpark-Rheinaue
Großbritannien
Röttgen
Justiz
Forschung und Technologie
Bildung u. Wissensch.
Innerdeutsche Beziehungen
Jugend, Fam. und Gesundh.
Verkehr
DDR
Heiliger Stuhl
UdSSR
Jugendherberge
Godesburg
BAD GODESBERG
Frankreich
Cäcilienhöhe
Alte St. Martinskirche
Raumordnung, Bauwesen und Städtebau
USA
2 km
Ministerium
Wohngebiet
Fußgängerzone
Industriegebiet
Park, Grünanlagen
Krankenhaus
diplomatische Missionen bzw. Vertretungen

PLITTERSDORF
BAD GODESBERG
SCHWEINHEIM
RÜNGSDORF
RHEIN
Kuba
Schweiz
Zentralfriedhof
Sambia
Südafrika
Bulgarien
Norwegen
Gotenstraße
Lesotho
Uruguay
Honduras
Marokko
Paraguay
Saudi-Arabien
Simbabwe
Ruanda
Israel
Liberia
DDR
Panama
Guatemala
Thailand
Malta
Somalia
Portugal
Zypern
Gabun
Kongo
Kamerun
Mali
Mauretanien
Bangladesch
Jordanien
Libanon
Ghana
Tschad
Malaysia
Griechenland
Togo
Algerien
Chile
Libyen
Pakistan
Niger
Irak
Island
Finnland
Zentralafrika
Uganda
Burgfriedhof
Godesburg
Kenia
Ecuador
Ägypten
Syrien
Tansania
Oman
Bolivien
Qatar
Italien
Vietnam
Dom. Republik
Redoute
Stadthalle
Nicaragua
Sudan
Friedhof
China
Koblenzer Str.
Ubierstraße
Moltkestr.
300 m

Godesburg
Koblenzer Straße
Moltkestraße
St. Marien-Kirche
Theaterplatz
Postamt
Bahnhof
Kammerspiele
Am Kurpark
Stadtpark
Tennisplätze
Kleines Theater
Stadthalle
Redoute
Redoutenpark
Rathaus
Kurfürstenallee
150 m

Das nächste GEO-Special **AUSTRALIEN** erscheint am 12. Februar

Heiligtum der Aborigines, Touristenziel der Weißen: die Katatjuta-Berge in Nordaustralien

Ureinwohner-Hütte in Arnhemland, Hochhäuser in Sydney, Mietnixen zur Parkuhrfütterung an der Goldküste

Als Captain James Cook im Jahre 1770 die Ostküste Australiens erreichte, mögen ihn ähnliche Gefühle bewegt haben wie einen Astronauten unserer Tage, wenn er den Mond betritt. Denn ähnlich fremd, ähnlich fern erschien den Europäern damals der Fünfte Kontinent, den die Australier mit einem Anflug von Selbstironie »down under« nennen – »dort unten«. Er ist der kleinste aller Erdteile, der letzte, den die Europäer in Besitz nahmen. Und so ganz von unserer Welt ist er in unserer Vorstellung eigentlich noch immer nicht. Immer noch denken wir, wenn von Australien die Rede ist, an ein entlegenes, wunderliches, bizarres Land. Tatsächlich gibt es in den Wüsten und Regenwäldern Australiens immer noch Gebiete, die noch nie eines Weißen Fuß betreten hat. Doch gerade deswegen ist Australien für zivilisationsmüde Europäer zur alternativen Welt geworden, zum letzten Ziel ihrer Sehnsucht nach Frieden und Harmonie. Nicht zuletzt deshalb sind seit dem Zweiten Weltkrieg vier Millionen Menschen aus aller Welt nach Australien ausgewandert, und Jahr für Jahr kommen an die 100 000 weitere hinzu. Haben sie das Paradies gefunden? Die Antwort ist: Ja, aber sie mußten dafür kämpfen

Fotovermerke nach Seiten. Anordnung im Layout: l. = links, r. = rechts, o. = oben, m. = Mitte, u. = unten

Titel: Henning Christoph

Seite 3: o. Renate v. Forster; u. Henning Christoph

Seite 4: o., u. m. Henning Christoph; o. m. Dorothea Schmid; u. Renate v. Forster

Seite 5: o. Wilfried Bauer; u. l. Poly-Press; u. m., u. r. Dieter Bauer/Stern

BONN – EIN BEKENNTNIS ZUR PROVINZ
Wilfried Bauer: 8/9, 16/17, 18, 19 (6), 20/21, 24 o., m., 25 u. r., 26/27, 28/29 o., 28 u. m., 30/31; Klaus Siebahn: 8 u. l., 10 u. l., 12 u. l., 14 u. l., 16 u. l., 18 u. l., 20 u. l., 22 u. l., 24 u. l., 26 u. l., 28 u. l., 30 u. l., 32 u. l.; Henning Christoph: 6/7, 15 u. r., 22/23, 25 o. r., u. l., 28/29 u.; Renate v. Forster: 14 u. m.; Dieter Bauer/Stern: 10/11, 14/15 o., 24 u. r., 25 o. l., m. r.; Peter Ginter: 12, 19 o. l., u. m. l.; Axel Carp/Stern: 13, freigegeben durch Luftamt Hamburg Nr. 1380/85; Friedrich Gier: 14/15 u., 25 m. l., 29 u. r., 32/33

DAS CAPITALE MINIMUM
K. H. Schoenfeld/Hamburger Abendblatt: 35; Jupp Wolter: 36; Markus/Stern: 37; H. E. Köhler/Frankfurter Allgemeine Zeitung: 38; Horst Haitzinger: 39

KEINE REDE VON KRAFT UND HERRLICHKEIT
Sven Simon: 44, 45; Konrad R. Müller: 46; Jupp Darchinger: 47

EINE SEHR DEUTSCHE STRASSE
Henning Christoph: 48–60, außer Wilfried Bauer: 50/51; Deutsche Luftbild: 56, freigegeben durch Luftamt Hamburg, Nr. 2492/77

DAS DEKORATIVE MANDAT
Henning Christoph: 62/63, außer Dieter Bauer/Stern: 62 m. r.

DER MÜHSAME MARSCH DURCH DIE KONVENTIONEN
Dorothea Schmid: 64–68, außer Renate v. Forster: 67 o.

THEATER
Renate v. Forster: 72; Wilfried Bauer: 73

DIE FREMDE WELT AM RHEIN
Henning Christoph: 74–90, außer Wilfried Bauer: 80 o. r.; Dieter Bauer/Stern: 80 u. r.

DAS HEIMLICHE MONSTER
Hermann Dornhege: 93; Sven Simon: 94

DIE FURCHT DER HERREN IN DER FESTUNG
Renate v. Forster: 96–104, außer Sven Simon: 102; Fotovision/Thelen: 106

WAS IST DIE MACHT DER MÄCHTIGEN?
dpa/Ossinger: 108

DER VERBANDS-PLATZ
Peter Ginter: 110/111; Poly-Press: 112/113

ES GIBT EINE LUST AM REGIEREN
dpa/Melchert: 117

DIE VERSÖHNLICH UNTERRICHTETEN KREISE
Renate v. Forster: 118/119, 122

UND SIEHE, ES SIND LAUTER MENSCHEN
Jupp Darchinger: 124

DAS BUNDESDORF LEBT
Peter Ginter: 126–142, außer Dieter Bauer/Stern: 130/131, freigeg. durch Luftamt Hamburg, Nr. 1381/85

INFO
Thomas Mayer: 146 u.; Henning Christoph: 147; Wilfried Bauer: 148, 149, 157, 158 r., 160 l., 164 u., 165 u., 171 (1); Peter Ginter: 150, 165 o.; Renate v. Forster: 151, 154 u. l., 162 o., u., 167, 170 u.; Rainer Drexel: 152, 154 o. r., 160 o. r., u. r., 162 m., 163, 164 o., 166, 168 l.; Friedrich Gier: 158 l.; Bildarchiv Preußischer Kulturbesitz: 168 r. (12); Dieter Bauer/Stern: 170 o.; Joker: 171 (10)

DAS UMLAND HÄLT, WAS DIE HAUPTSTADT VERSPRICHT
Hermann Dornhege: 172/173, 175 o., m., 178, 179 o., 181 o. r., u. l., u. r.; Wilfried Bauer: 174/175, 175 u.; Friedrich Stark: 176 o.; Rainer Drexel: 176 u.; Georg Fischer/Visum: 179 u. l.; Rudi Meisel/Visum: 179 u. r.; Friedrich Gier: 181 o. l.

Seite 184: o. Nicole Viloteau; u. l. Penny Tweedie/Impact Photos; u. m. Peter Dasse; u. r. Sally Fear/Impact Photos

KARTEN
Günther Edelmann/Detlef Maiwald/Studio für Landkartentechnik: 57, 182/183

BERICHTIGUNG

Auf Seite 19 hat uns der Genius loci leider einen zu spät bemerkten Streich gespielt. Statt Beethoven zeigt das Foto Goethe und David aus Gips.